KB237218

육 체,
비평의
주사위

최성실 비평집
육체, 비평의 주사위

펴낸날/ 2003년 11월 7일

지은이/ 최성실
펴낸이/ 채호기
펴낸곳/ (주)**문학과지성사**
등록번호/ 제10-918호(1993. 12. 16)

서울 마포구 서교동 363-12호 무원빌딩(121-838)
편집/ 338)7224~5   FAX 323)4180
영업/ 338)7222~3   FAX 338)7221
홈페이지/ www.moonji.com

ⓒ 최성실 2003. Printed in Seoul, Korea

ISBN 89-320-1459-0

육 체,
비평의
주사위

최성실
비평집

문 학 과 지 성 사
2003

책머리에

1980년대 중후반에 대학을 다닌 우리 세대의 공통적인 특성이 있다면, 아마도 그것은 한 번도 '중심'에 있어본 적이 '없음' 아닐까. 바깥에서 배회하기란 우리 세대가 타고난 운명이었던 것이다. 이 세대적인 운명의 감각으로 삶과 깨어진 역사적 시간의 틈새를 벌려왔다고 말한다면 지나친 과장이거나 엄살일까.

혁명이 아닌 전복과 전위에, 역사적 시간이 아닌 그 이면의 시간에 더 많은 관심과 의미를 부여하게 된 것은 포즈가 아닌 존재론적 고민의 발현인 것이다. 감히 말하건대, '쓴다는 것'은 이를 꾸역꾸역 토해내는 '방식'이었다. 파편적이고 부분적인 것들을 전체적인 것과의 길항관계 속에서 사유하기란 언어가 아니라 언어 이전의 무수한 몸짓에 의해서만 가능할지도 모른다는 인식의 정점에 문학이 있었다. 문학이라고 불리우되 실체가 분명하지 않은 헛개비 같은 것은, 나를 끊임없이 구석으로 몰아넣었고 '극'에 달하게 했다.

그런 나에게 비평적 글쓰기란 갇힌 현실에서 벗어나 끊임없이 개체적 자율성과 비균질한 삶의 편린들을 직시하는 것으로 다가왔다. 어떠한 동일성도 파괴시키면서 살아 있는 힘의 역동성과 가능성을 향해서 움직이는 글쓰기란 개체적 자율성과 이를 둘러싸고 있는 맥락들과의 관련 속에서 가능한 것이었다. 개체와 맥락이 서로 소통하는 방식으로서의 문학과 이에 대한 비평적 글쓰기는 하나의 개별자가 그 개별자로서 발생할 수 있는 근거가 되는 것이 무엇인가와 그 맥락에 대해서 끊임없이 질문을 던지게 했다. 부분이기도 하면서 전체이기도 하고 통합되어 있으면서 동시에 분열되어 있는 육체에 대한 관심은 이로부터 생겨난 것이다.

고혹적인 육체는 언제나 전위적인 욕망을 품고 움직이며 소멸한다. 육체적 고유성은 세계와의 긴장 속에서 자신의 존재를 애매하게 드러내는 물질적인 것에서 드러나는 것이다. 다층적인 힘들의 자장 속에서 존재하는 육체란 생물학적인 것을 넘어서 지극히 사회적이고 정치적인 것이다. 그리고 육체의 자율적인 감각들이 갖는 고혹적인 매력은 현실과 적당히 타협하지 않으면서 소통의 근거지를 찾아서 부유한다. 따라서 개별적인 고유성을 향한 육체적 반란은 문학의 특수한 자율성의 감각과 조우하면서 힘의 자장들을 키워나가는 것이다.

비균질적이며 불균등한 애매함을 견디면서, 던져짐의 우연을 긍정하고, 바닥에 떨어진 후 조합의 필연을 받아들이는 주사위의 운명과 육체의 처연함은 서로 닮아 있다. 실체 없이 텅 비어 있는, 환원 불가능한 힘들의 복수성으로 구성된 육체는 이를 둘러싸고 있는 맥락을 시끄러운 소음으로 들끓게 한다. 이러한 불균등한 힘의 긴장 속에서 움직이는 육체들의 다양한 현시와 맥락들을 1990년대 문학은 치열한 방식으로 보여주고 있었던 것이다.

이 비평집에 수록된 글은 1990년대 한국 문학의 미세한 지각을 발생시키는 육체의 의식적, 무의식적 요건들을 더듬어보고자 한 것들이다. 1990년대 달라진 문화적 지형도 속에서 한국 문학은 나름대로 자생적인 목소리를 찾고 있었다. 문학은 정치, 사회적인 것뿐만 아니라 인간 심연에 박혀 있는 무수한 욕망의 덩어리들과 몸살을 앓으면서 소통과 생성의 가능성을 만들어갔던 것이다. 문학은 '문학'을 넘어서 존재할 수밖에 없는 시대적인 변화 속에서 다양한 문화적 자장과 소통의 근거지를 만들어가야 했다. 문학적인 것이 배태하고 있는 잡종적이고 혼성적인 전위적 상상력의 근거지는 문학외의 문화적인 것과 다르지 않았으며, 어떤 측면에서는 더 심층적인 배면을 훑고 있었다.

1990년대 한국 문학에서 육체적 상상력은 이를 위한 부정성negativity의 기제로 무엇보다 구체적인 자기 윤곽을 그려나가고 있었다. 이것이 '육체'를 화두로 단행본 개념의 비평집을 묶게 된 동기다. 그 과정 중에서 많은 글들을 버리고 잘라내야 했다.

잔해로 남겨진 부분들을 껴안고 살아야 하는 것도 나에게 남겨진 몫이다. 비판적으로 사유하는 것은 냉혹하고 혹독한 자기 검열과 자기 현시의 반복을 통해서 가능하다는 사실도 문학을 통해서 알았다. 적당히 타협하지 않으면서 문학적으로, 인간적으로 살자고 다짐했던 것이 얼마나 오만불손하고 방자한 것이었는지를 상기하면 새삼 머리가 숙여진다. 그럼에도 불구하고 문학 안에서 유랑하는 홈리스로 살아남고자 하는 마음에는 변함이 없다. 비균질적인 개체적 자율성을 옹호하고, 주이상스jouissance의 기제가 되는 것들의 반란을 꿈꾸면서.

고개 숙여 감사드려야 할 분들이 너무도 많다. 언제나 따뜻한 시선으로 힘을 실어주시는 학교 선생님들과 선후배 동학들, 글쓰기를 시작할 때부터 줄곧 지금까지 든든한 문학적 버팀목이 되어주신 『문학과지성』 선생님들과 『문학과사회』 동인 여러분들, 출판 시장의 어려움에도 불구하고 소명감으로 비평집을 출간하고 계신 채호기 사장님, 면밀하고 꼼꼼하게 책을 만들어주신 편집부 여러분께 진심으로 감사드린다.

2003년 11월
최성실

육 체,
비평의
주사위

차 례

제 1 부

하위문화적 상상력과 새로운 문학적 글쓰기— 몇 개의 블록, 또는 나쁜 유토피아 13

국가주의라는 괴물과 성 정치학 35

한국 문학의 성적 상상력 — 포르노, 에로티즘, 섹슈얼리티 60

근대, 자본주의, 여성성 — 영원히 남성적인 것이 우리를 끌어내린다 74

제 2 부

육체, 광기, 나비처럼 가벼운— 이인성, 최수철 91

그대가 부르는 '이름,' 그것이 진정 내 '이름'이란 말인가— 잡종적 주체를 위한 변론: 배수아, 오수연 103

소설을 모독하는 방식으로서 소설 쓰기— 영원한 '미성년,' 다시 시작되는 '엽기전': 백민석, 김연경 124

견고한 모든 것은 '권태' 속에 녹아내린다— 패러디 소설의 가능성과 그 한계: 이치은론 141

제 3 부

영원한 '현재'의 시간을 위한 변주곡— 오정희론 155

메두사의 얼굴을 한 섹슈얼리티, 그 존재론적 모순— 오정희, 전경린, 이평재 168

'상징'으로부터의 일탈을 꿈꾸는 소설의 이피퍼니— 서하진, 전경린 181

스펀지와 타월의 언어로 시 쓰기— 김혜순, 허수경 192

제1부

하위문화적 상상력과 새로운 문학적 글쓰기
―몇 개의 블록, 또는 나쁜 유토피아

토킹 헤즈의 「천국」에 나오는 한 구절:
그곳이 하늘이네/그곳은 아무것도 아닌 곳이네/
결코 아무일도 일어나지 않네

1

미국이 제3세계에 입을 벌리면서 기본적인 판단 기준으로 내세우는 것은 그 나라의 일인당 국민 소득이 얼마냐의 문제가 아니다. 그것보다 먼저 그 나라를 어떻게 해볼까(?)를 결정하는 것은 맥도날드의 존재 여부라고 한다. 만약 맥도날드가 없는 나라가 있다면 바로 그곳에 맥도날드가 들어설 수 있게 하는 것이 정상 회담을 하는 것보다 더 중요한 일차적인 목표가 된다는 것이다. 전쟁을 치를 필요도 없이, 특별히 정치적인 문제를 건드리지 않고도 맥도날드 체인을 들여놓는 일만으로도 문제 해결의 열쇠를 쥘 수 있다는 것이다. 따라서 요즘 신문지상에 보도되고 있는 맥도날드 폭발, 테러, 독극물 협박 사건은 결코 단순한 문제가 아니다.

이러한 패스트푸드점의 특징은 그곳을 이용하는 사람들이 불특정 다수이며 특별히 계층이 나누어져 있지도 연령이 구분되어 있지도 않다는 것, 그리고 고급 레스토랑이나 일반적인 대중식당의 틈 사이를 공략한 다양한 메뉴와 가격으로 문화적 위화감을 조성할 수 있는 요소들이 모두 제거되어 있다는 데 있다. 적당한 가격으로 전문 레스토랑에서 파는 파스타와 훈제 요리를 먹을 수 있는 참으로 평등한 공간인 것이다. 그러니까 그곳에서는 스테이크에 레드와인을 곁들인 요리를 먹지 않는다는 사실 때문에, 또는 이 나이에 햄버거를(?)이라는 쓸데없는 자의식을 갖지 않고도 얼마든지 새로운 취향의 음식 문화를 즐길 수 있는 것이다. 왜 그런 유토피아적(?) 공간에 테러를 가하는가.

거기에는 모든 이질적인 것을 잡아먹고 의연하게 웃고 있는 '평등'과 '수평성'에 대한 아나키스트적인 분노가 자리하고 있다. 이질적인 것들을 하나로 묶어버리는 평등주의는 미국식 문화와 동질성을 강조하는 이데올로기를 만들어내면서 안녕과 평화, 행복한 미래를 약속한다. 혼합적인 문화를 가장하고 있으면서 절대 혼합적이거나 이질적인 것이 아닌 불변하는 메타 논리에 의해서 동질화의 전략을 꾀하고 있는 그 동력의 기저에는 복합문화주의와 슈퍼마켓 자유주의(supermarket liberalism)에 대한 심리적인 역학 관계가 조성되어 있다.[1]

사실 슈퍼마켓 자유주의는 '유토피아적 희망'이라는 미래 지향적 원리를 담고 있지 않으며, 미래를 열어주는 열쇠가 될 거라는 전망을 제시해주는 것도 아니다.[2] 바로 이러한 복합문화주의와 슈퍼마켓 자유주의적 현실에서 그 자체를 비관적으로 관망하는 '문화적 게토' '문화적 게릴라'가 등장하게 된다. 그리고 그들이 만들어낸 상상물 자체가 하위문화적인 것들의 몸통을 이룬다. 점진적으로 우연성에 대한 공포가 가중되고 환호받는 주체에 대한

---

1) 우리는 중심가가 아니라 사람이 사는 곳이면 어디서든지 먹을 수 있는 맥도날드 햄버거와 복합문화주의, 슈퍼마켓 자유주의로 이어지는 일련의 정교한 도미노 게임을 볼 수 있다. 맥도날드에서 월마트, 까르푸, 코스트코로 이어지는 일련의 대형 마켓의 형태들은 단순한 소비 문화의 문제가 아니라 우리 사회의 복합문화주의의 일면을 보여주는 예다.

2) Joseph Raz, *Multiculturalism : A liberal perspective*, Dissent, 1994, pp. 67~79.

탈신비화가 이루어지면서 여가를 위한 취향 문화도, 특정한 패턴을 좇아가는 유행 문화도 아닌, 다시 말하면 복합문화주의의 틈 사이를 뚫고 기존 문화, 지배 문화에 균열을 내며 이로부터 끊임없이 일탈을 꿈꾸는 소수집단 문화의 거룩한 탄생이 이루어지는 것이다.

특히 90년대 후기 자본주의적 색채가 짙은 문화적 환경에서의 하위문화란 바로 이러한 역학 관계에서 탄생한 전위적인 상상 구조를 기반으로 한다. 따라서 이런 시대적인 특수성 속에서 하위문화란 지배 문화와의 차이를 분명하게 하면서 점차적으로 그 경계선에서 생겨나는 모호한 지점을 전략적인 위치로 삼는다.[3] 그 유동적인 힘이 부모 문화, 지배 문화를 교란시키는 하위문화의 중요한 동력이 된다는 것이다. 다시 말하면 우리에게 문제가 되고 있는 하위문화에 대한 논의는 스킨헤드나 펑크족 같은 스타일의 문제나 인종적인 문제로만 국한하여 생각할 수 없는 지형학적인 변화를 인정하는 것에서부터 시작해야 한다는 것이다. 이런 하위문화는 단순한 스타일의 문제가 아니라 사회 계층의 구별짓기를 더욱 분명하게 하는 운동 원리와 지배 문화에 대한 대항 문화로서, 또는 더욱 다양한 방식으로 주름을 만들고 그 겹침 자체에서 전략적인 소스들을 빨아들이는 빨판의 문화 속성을 가지면서 동시에 지배 문화 속에 먹혀들어가기도 하고 지배 문화에 의해 다시 내뱉어지기도 하는 이중성 속에 존재한다.[4]

---

3) 따라서 하위문화가 부모 문화로부터 독립하려는 욕구와 부모 문화와의 정체감을 유지하려는 욕구 사이의 타협적인 해결책이라고 규정하는 것은 보편적인 하위문화의 특징이 될 수는 있다. 하지만 그러한 규정 자체가 시대적인 특수성 속에서 변해가는 하위문화의 유동적인 측면을 배제한 채 틀에 맞추어진 공식화된 정의에 지나지 않는다는 사실을 인정해야 한다. David Muggleton, *Inside subculture the postmodern meaning of style*, London: Routledge, 2000.

4) 따라서 인종적·계층적인 요인이나 지역적인 차이를 분명하게 드러내면서 등장하는 것 같지만 오히려 문화적 겹침의 자리에서 무수히 많은 주름을 형성하여 이러한 구별 자체를 무화시키면서 간섭하고 들쑤시는 역할을 하는 것이 하위문화다. 즉 문화의 다양성 자체를 인정하고 그 차이가 발산하는 파편들 자체가 중요한 의미를 갖는다는 것이다. 물론 하위문화가 지배 문화에 대한 저항 문화의 의미를 내포할 때는 대항 문화(counter culture) 개념으로 사용되기도 한다. Herbert J. Gans, *People and Plans*, New York: Basic Books, 1968; Andrew Edgar, Peter Sedgwick, eds., *Key concepts in Cultural Theory*, London: Routledge, 1999.

2

90년대 대중가요사에서 서태지의 등장은 하나의 '사건'이었다. 소수집단이 움직여간다고 하는 하위문화 자체가 어떻게 대중의 호응 속에서 거대한 주류 문화가 되는가를 잘 보여준 예다. 그런데 재미있는 부분은 그 사건을 만들어낸 주체들이 문화적 좌파가 아니라 역설적이게도 서태지에 열광하는 소위 신세대라고 불리는 새로운 우파의 탄생에서 비롯되었다는 사실이다. 그 새로운 우파의 등장으로 인해서 기존의 문화적 지형도에 균열이 생기고 대중가요의 판도가 뒤바뀌었던 것이다.[5]

이처럼 바로 지배적인 문화의 틈 사이에서 자생하고 있는 세대 문화, 지역 내의 특수한 문화, 비공식적인 문화 등 일종의 청년문화, 하위문화가 중요한 것은 정치적 우파/좌파, 권력자/비권력자, 지배자/피지배자, 대문자 문화/소문자 문화의 이분법을 넘어서 끊임없이 '숨겨진 불만'을 드러내는 방식으로, 점차 퍼져가는 이끼처럼 계층이나 계급, 주체의 문제를 모두 함의하는 이질적인 문화 주체를 만들어간다는 점에 있다.[6] 다시 말하면 정작 하위문화적 상상력에서 중요한 것은 문화적 잠식의 형태를 모호한 지점에서 뒤틀고 망가트리면서 연소시키는 그 연기 나는 기점이, 빠져들기도 하면서 떠오르기도 하고, 아득하면서도 가깝고 멀면서도 가까이 있는 것들이 어떻게 혼합된 채로 블록과 블록 사이를 건너다니는가에 있다는 것이다. 그

---

5) 그러나 신세대라는 청년문화, 하위문화 주체에 의해서 등장한 서태지가 컴백과 함께 거대한 자본 논리에 휩쓸리고 마는 것은 하위문화 자체가 지배 문화 속으로 얼마나 쉽게 편입되는지를 잘 보여주는 대표적인 예다. 자신의 레게 머리가 400만 원짜리임을, 하드코어적인 음악이 미국에서 유행하고 있고 그렇기 때문에 곧 한국에서도 유행할 것으로 보고 음악을 만들었다는 인터뷰에서의 그 무책임한 발언들!

6) 따라서 그것의 탄생 지점에서 입고 등장하는 스타일이나 특별한 패턴 그 자체보다는 그러한 현상을 이끌어낸 분위기나 현실적인 상황 논리가 무엇보다 중요한 관심이 되어야 하는 것이다.

사이를 나누는 지점들이 유동적인 장벽이 되어 그 자체로 어떻게 문턱을, 블록을 형성하는가는 문화가 갖는 특수성에 따라서 각기 다르다. 그 특수성에 따라서 유동성이 분열증적인 것이 되기도 하고 연결고리들의 해체를 초래하기도 한다.[7]

결국 하위문화의 기능은 기성 문화 속에 은폐되고 감추어진 갈등을 밖으로 끄집어내어 표현하며 이를 해결하려는 노력을 함으로써 생겨나는 피지배 문화의 속성을 갖는다. 이는 화이트칼라와 블루 칼라 사이의 대립이나 갈등의 문제를 상상력으로 치환하여 다루기도 하며 정제되지 않은, 또는 가공되지 않은 역사적 국면을 재킷이나 슈즈의 유행으로 흔들리게 하고 움직이게 한다. 그러므로 하위문화적 상상력의 심층 구조에는 고전적인 열망에 대해 섹슈얼리티적인 것, 완결성을 가진 것에 대해 일탈적인 것, 또는 가족이나 학교, 일과 휴식, 레저 문화 양식, 이를테면 음악, 영화, 만화, 소비의 형태로 나타나는 일탈된, 소외된 청년문화의 특징이 내재되어 있는 것이다. 그것이 외형적으로 스타일의 문제로 나타날 수도 있고, 노동 계층과 관련한 특수성을 띨 수도 있으며, 여성성의 문제와 결탁하기도 한다. 그 모든 외형적인 수사에도 불구하고 하위문화가 내포하고 있는 전략적인 지점은 '허락된 사회' 밖의 묘사. 흐릿하지만 분명하고 분명한 듯하지만 모호한 틈 사이로 지배 문화를 공격하는 그 전위적 상상력에 있다. 그것은 다른 계층과의 경험의 차이를 부각시키면서 '날것의 재료'로 '생것의 경험'을 만들어가는 과정에서 새롭게 규정되고 변하는 가변성, 그 자체다. 다시 말하면 그것은 시대에 따라서 다른 외피들을 만들어가기 때문에 미학적 매개물로 하위문화의 기능적인 측면을 살려나가는 것이 더 중요한 문제라는 것이다.[8]

---

7) Dick Hebdige, *Subculture*, London: Methuen, 1979; 박명진 외, 『문화, 일상, 대중: 문화에 관한 8개의 탐구』, 한나래, 1996 참조.
8) 이러한 이질적인 문화 주체에 대해서는 Judith Butler, Ernesto Laclau and Slavoj Zizek, *Contingency, Hegemony, Universality*, London: Verso, 2000; Terry Eagleton, *The Idea of Culture*, Oxford: Blackwell, 2000 참조.

하위문화적인 기능이 기본적인 모랄 개념을 바꾸고 언어 자체를 수사학적으로 재구성하려는 움직임을 보이며 다분히 아나키즘적인 요소가 있는 것도 사실이다. 그것들은 상징적인 질서에 대한 '상징적인 도전'을 제시하며 행동에 있어서 지극히 동물적인 인물, 엽기적인 사건, 포르노그래피에 익숙하다. 이러한 하위문화적 기능의 최종 목적은 '문제적인 사회적 리얼리티의 지형도'를 그리는 것으로서 신문기사나 주간지에 실린 사진, 영화, 전시회, 언론, 예술, 상식 등이 끊임없이 강조하는 '자연적인 것'에 대한 또는 자명한 것에 대한 숨겨진 이데올로기를 분석하는 바르트의 탈신화(démystification)와 통하며 들뢰즈가 말하는 소수집단을 위한 일련의 논의들과도 통하는 바가 있다.[9] 아니 오히려 하위문화론은 바르트가 스스로 시인하고 있는 탈신화의 한계를 인정하면서 출발한다는 점에서 이중적인 나선을 배회하는 들뢰즈의 맥락에 가깝다. 이러한 하위문화는 아방가르드 문화가 관심을 두고 있는 '버림받은 사람들'이 아니라 주로 '소외된 사람들'의 문제를 다루게 된다.[10] 그러므로 현시점에서 중요한 것은 우리 현실에서 하위문화가 존재하는지 존재하지 않는지의 문제가 아니라 하위문화적 기능이 왜 '지금' 우리 문학을 바라보는 중요한 문제적인 사안으로 떠올랐는가. 그리고 하위문화적 상상력이 구체적인 텍스트에서 어떠한 리좀의 역할을 하는가에 있다.

그것은 하위문화라는 개념의 인식틀에 분석 대상의 대상을 맞추어가면서 하위문화적인지 아닌지의 문제에 천착하고자 하는 것이 아니라는 의미를 포함한다. 그러므로 이 글에서 다루고 있는 대상 텍스트들이 하위문화 개념에 들어맞는지 아닌지를 문제삼는 것은 지극히 어리석은 일이다. 중요한 것

---

9) 롤랑 바르트, 정현 옮김, 『신화론』, 현대미학사, 1995 참조.
10) 따라서 이 글의 대상이 되는 글들은 서구적 개념의 하위문화적인 것이라기보다는 현 한국 문학사에서 지배적이지 않은 소수 문화적인 것들에 관심을 두고 이에 천착하고 있는 작품까지를 포함하는 것이다.

은 하위문화적인 것, 소수 문화적인 텍스트의 상상력과 그 상상력이 발현되고 있는 전략적인 지점에 대해서 치밀하게 사유해보려는 데 있다.

3

90년대 중후반 소설이나 시에서 두드러지게 나타나는 측면은 작가 개개인이 문학적 양식으로 문제삼고 있는 문화적 감수성의 다양성이다. 그것은 인간에 대한 물음을 던지는 방식과 이를 매개하는 인식적 편린이 미리 주어진 바코드에 의해서 움직이는 것이 아니라 각 개인이 속해 있는 삶의 자장에 따라서 바코드 자체를 변화시키고 해체하는 방식으로 '결핍에 시달리는 자기 영토'를 갖고 있을 뿐이라는 것을 의미한다. 따라서 그 결핍을 음악에 기대고 있는 작가들의 글쓰기는 지미 헨드릭스의 기타 연주 자체를 '타락한 형식'으로 만들어버리며 그 타락한 형식 속에서 부정한 것들을 불러낸다. 거기에는 단순히 음악과 함께 유희하는 육체가 아니라 찢겨져 줄에 널려 있는 피 묻은 육체가 존재할 뿐이다.

이러한 현상은 소설 쓰기, 글쓰기 자체가 이질적인 문화 주체를 생산하고 가능성을 넓혀줄 수 있으며 글쓰기의 실천이 곧 문화적인 실천이 될 수 있는 시기가 되었다는 것, 즉 문화에 대한 능동적인 개입이 가능해졌음을 의미한다. 다시 말하면 하위문화적인 글쓰기 자체가 획일적인 이데올로기, 남성 중심적인 문화 양식들을 해체시키는 전략이 될 수 있다는 것이다.

대중문화가 감수성의 장으로 우리들의 몸놀림과 많은 부분 연결되어 있다면 이때 육체는 놀이를 위해 조작된다기보다는 법칙에 맞게 법 아래서 움직이며 일탈을 꿈꾸며 갈등한다. 그러나 하위문화적인 상상력에서 육체는 파편화되어 있으며 통일성과 영속성을 갈망하지는 않는다. 오히려 찢겨지고 잘려나간 그 자체를 긍정하고 받아들인다. 그 내밀한 촉수는 다문화중심주의, 복합문화중심주의가 갖는 '동일화' 전략에 대해 비판적으로 응시하는 문화적 잡종성과 혼성성, 이질성, 그 차이를 향해 뻗어 있다. 그것은 복합문화주의, 다문화주의가 만들어낸 또 다른 시궁창을 더듬는, 바로 그 일에서부터 시작된다.

시집 전체가 이질적인 주체로 붐비는 성기완의 『쇼핑 갔다 오십니까?』[11]에서는 지배 문화 자체가 "비만"과 "편견"으로 이루어진 자본주의, 죽지 않는 람보 문화로 나타난다. 그래서 "문명의 가을이다 다이어트 식품이 팔리고 소식이 권장되는 앞에선 오늘도 새로 들어온 다국적 치킨점이 생긴다 그들은 소식을 권장하는 지역 정부를 불공정 무역 혐의로 제소한다 허리띠를 졸라매고 기를 쓰고 식물만 먹는 베지테리언이라는 기이한 변종이 양키의 도심에서 서식하지만 그들은 식물 이외의 것은 날것으로 다 내다버리는 버릇이 있다 병마개를 소재로 한 소비자의 무의식을 더 질끈 잡아맬 다국적 광고가 그 썩은 고기에 기생한다"(「비만과 편견」)고 한다.

바로 그런 현실에서 인간은 더 이상 내려갈 곳이 없으며 알약을 삼켜야만 노래할 수 있었던 지미 헨드릭스를 그저 바라볼 뿐이다. "부정한 딸과 부정한 아내와 마지막으로 부정한 어머니 나는 차라리 나를 찢어버리고 싶어 지옥은 거울 속 지옥의 창살 앞에 나의 웃음 섞인 멍한 삶의 시간 불구덩에 몸을 녹이는 어디 아랫녘 온천에 모래시계를 가지고 들어가 온도계를 쳐다보면서 머릿속에 스치는 모든 여인들의 배꼽에다 정액을 뿌리며……"(「자유로운 돌-지미 헨드릭스의 경우」)라고 대답하는 그에게 "아내를 쏴 죽였어? 같이 있던 그 새끼도?" 같은 엽기적인 물음은 그 순간에 엽기성을 상실하고 평범한 것이 된다. 그리고 시간과 공간 자체를 덜어내며 급기야는 무대 위의 큐만이 그가 살아 있음을 확인하게 해주는 생명선이 된다. 위치가 선정되면 위치 에너지는 자연스럽게 따라오는 것(「위치 선정과 위치 에너지」)이

---

11) 성기완, 『쇼핑 갔다 오십니까?』, 문학과지성사, 1998.

라는 평범한 인식으로 전환되는 현실에 길들여지지 않으려면 어떻게 해야 하는가? 그것은 자신의 육체를 비우고 가벼워지는 것, 자신의 속을 파내어 밖에 널고 공기가 되어 더없이 가벼워지는 것밖에 달리 방법이 없는 것이다. 그 가벼움은 깨끗함과 정결하게 정화된 것이 아니라 지하철 푸른 쓰레기통에 버려진 시체의 부패함(「푸른 큰 쓰레기통의 뜻을 지나며 묻는 새벽」)과 콜라와 참치 캔으로 꽉 들어찬 냉장고에 가득 찬 가스로부터 오는 것(「냉장고」)이다.

부패하고 부패해서 더 이상 세균도 거들떠보지 않을 때, 그때 얻게 되는 가볍고도 가벼움, 그것은 더럽게 이지러진 문화에 대응하는 하나의 방식이 된다. 하위문화의 기능을 부패와 가벼움의 상상력으로 치환하고 있는 성기완의 시는 "봄이 되면 나의 육체엔 보기 흉한 꽃이 필 것"(「눈 속의 폐차」)이라고 끝을 맺지만 그 육체는 찢기기 위해 다시 부활을 꿈꿀 것이다.

하위문화의 대표적인 미디어는 우리의 경험을 결정짓는 치명적인 역할을 한다. 경험은 순수함 그 자체로 존재하는 것이 아니라 누군가에 의해서 해석되고 조직된다. 미디어, 만화영화, 게임의 메타서사가 그대로 시적인 언어와 결합되면 모호한 결절점에서 나누어진 것들을 녹여버리는 방식으로 거기서 파생되는 이질적인 문화 주체를 그대로 살려내는 방식의 글쓰기가 이루어진다.

이에 대해서 강정은 "나는 내가 망가졌다고 느낀다 그래서 기쁘다 세상을 폐허로 인식하는 게/[……]나는 록커를 꿈꾼다 귀신 칠갑 화장을 하고 악의 찬 여자 목소리로 울부짖는, 娼女라?!"[12]고 하면서 "나는 루 리드Lou Reed의 음악을 듣고 있다. 록 음악은 20세기가 헌사한 가장 몰가치적이면서도, 가장 전망 부재한 한 세대에서 다른 세대로 퇴행하는 과정에서 진보의 극찬을 부정적으로 획득하는, 세기말의 묘비명과 부관참시의 칼날의 역

---

12) 강정, 「넌 뭐냐?! ?냐, !냐」, 『처형극장』, 문학과지성사, 1996.

할을 동시에 수행하는, 알라딘의 괴물이 살고 있는, 왜소한 호리병의 출구다./[……]/나는 다시 루 리드를 듣는다. 그러나 이제는 '저들'이 되어야 할 그들의 루 리드는 내 것과는 아마 다른 이름이리라. 나는, 필사적으로, 온 사지와 이빨을 결박한 채, 이 세대에 속하지 않는다"(「초토」)고 외쳐댄다.

강정이 자신을 길들이려고 하는 미디어의 호리병을 거세게 밀어내면서 저항하고 있는 반면 서정학은 "프로그램에서 나의 역할은 신이다/신의 종족 곧 나를 번성시켜야 한다/[……]/모니터 가득 그들의 존재 흰 점을 늘리는 꿈/[……]/모니터 오른쪽의 사이코 프레임이 올라간다 이것은 중요한 것이다/[……]/이곳은 이제 나의 세계가 된 것이다. 점수가 나오고 곧 악마의 신은/키워드를 가르쳐준다 씨익 악마처럼 웃으며 다름의 세계로 가는 열쇠다 이 세계는 곧 지나간다"[13]고 하면서 그 자체를 타고 즐긴다.

그러나 이러한 외피적인 수사학의 차이에도 불구하고 그들이 공유하고 있는 인식은 '저들'과 내가 다르다는 개체적 고유성, '차이'에 대한 것이다. 우리를 둘러싸고 있는 매체들과 섞이지 못하는 이러한 이물스러움은 '그것은 그것,' '나는 나'인 채로 남게 한다. 이때 강정의 시를 지배하는 '차이'의 논리는 경험에 의한 차이가 아니라 하나의 개별자로서 발생할 수 있는 근거의 차이, 내적 차이를 의미하는 것이다.[14]

4

음식물, 산소, 물은 삶에 있어서 필수적이며 육체는 노쇠해질 수밖에 없고 돌은 단단하며 인간은 결국 죽을 수밖에 없다는 일종의 등치적인 리얼리티(consensus reality)의 외각을 무너뜨리고 나타난 것이 '환상'이라는 또 다른

---

13) 서정학, 「컴퓨터, 꿈, 키보드」, 『모험의 왕 코코넛의 귀족들』, 문학과지성사, 1998.
14) 서동욱, 『들뢰즈의 철학』, 민음사, 2002, p. 20.

글쓰기 양식이다. 아리스토텔레스 이래 본격문학이라고 지칭되는 문학적 요소에서 일탈하였다는 이유로 헤럴드 블룸(Harold Bloom), 톨킨(J. R. R. Tolkien), 에릭 랍킨(Eric Rabkin)에 이르기까지 지독하게 배제적인 기준으로, 환상이란 문학의 일부를 이루는 순수한 현상[15]이라고 구분해왔지만 그런 구분 자체가 아무 의미가 없게 되었다. 이제 보르헤스가 도서관을, 바스(John Barth)가 대학을, 블리시(James Blish)가 얕은 연못을 우주로 만들었다는 사실이 우리에게 아무 긴장감도 불러일으키지 않는다는 것이다. 판타지나 가상현실이 작가의 숨겨진 욕망을 배출하는 공간일 수도, 무질서와 무법을 향해 열려 있어 불가능한 통일성 속에서 그 모순을 유지하는 공간[16]이 아니라 더러운 쓰레기가 버려지는 타락한 권력의 공간일 수도 있다는 것이다.

백민석의 e-북, 소설 『러셔 *Rusher*』는 판타지를 검증하는 판타지, 가상현실을 검증하는 가상현실을 다루고 있는 문제적인 소설이다. 표면상으로는 호흡 중추를 찾아가는 러셔들의 이야기와 환경오염 문제를 다루고 있는 것처럼 보이지만, 사실 이 소설이 궁극적으로 문제삼고 있는 것은 가상현실이 현실에서 억압된 모순이나 권력의 이면을 다루고 있는 것이 아니라 가상현실이라는 또는 환상이라는 공간을 만든다는 것 자체가 쓰레기를 아무렇게나 처박는 공터가 될 수도 있다는 인식에 있다. 그런 곳에서 억압된 인간의 욕망이 방출될 리 만무하며 설사 방출된다고 하더라도 그 자체가 또 하나의 욕구불만의 표현일 뿐이라는 것이다. 주정뱅이, 중독자 겁쟁이, 신경에 결함이 있는 놈들이 가득 차 있는 에어도크 자체가 가상현실의 실체이며 그들이 그리워하는 것은 역설적이게도, 현실이다. 따라서 가상공간에서 죽고 싶어도 죽지 못하고 살아가야 하는 인간이라든지, 짠물에 떠다니는 해파리 같은 가죽 얼굴[17]을 한 채 가상공간에 버려진 인물들은 차라리 현실로 돌아가

---

15) 캐스린 흄, 한창엽 옮김, 『환상과 미메시스』, 푸른나무, 2000, pp. 38~66.
16) Rosemary Jackson, *Fantasy: The Literature of Subversion*, London: Methuen, 1981, pp. 3~19.
17) 백민석, 『러셔』(e-북), Yes24. e-북인 관계로 페이지 명기가 불가능하다.

고 싶어한다.

백민석이 만들어놓은 가상공간 속에는 지금 우리가 살고 있는 현실적인 공간과 가상현실 사이의 차이를 더욱 분명하게 하는 요소들, 일종의 대비적인 코스모그라드 같은 공간이 등장한다. 그 공간 안에는 매음굴과 마약굴이 있고 정체가 모호한 입양 시설이 있으며 자정한 정화 공간으로 더없이 맑고 푸른 공간이 존재한다. 그러니까 매음굴과 더없이 맑고 깨끗한 공간 사이에 이미지가 확실하게 대비되면서 동시에 그 차이를 느끼지 못하게 하는 거대한 간섭이 이 소설 전체를 둘러싸고 있는 것이다.

이 소설이 문제적인 이유는 바로 주류와 비주류, 고급과 하위의 차이가 분명하게 있다는 사실을 인정함과 동시에 그 경계 자체의 모호함이 주는 일종의 자정적인 생산력을 끝까지 유지하고 있다는 점에 있다. 이쪽도 저쪽도 모두 출구가 없기는 마찬가지다. 이식 인간의 최대의 소원이 죽고 싶을 때 죽는 것이란 사실이 절규처럼 들리는 이유가 여기에 있다. 그는 환상과 가상을 배신하는 언어로 환상과 가상현실의 가능성과 한계를 엄정하게 묻고 있는 것이다. 가상현실이 무한한 상상력의 자유로움을 줄 수 있다는 것에 대한 환상을 깨고 가상현실에 처박혀 썩고 있는 쓰레기를 다시 현실이라는 공간 속으로 쏟아놓아야 한다는 메시지를 담고 있는 이 소설은 환상을 통해 환상을 거부하고 있으며 가상을 통해 가상을 거부하고 있다는 측면에서 이중의 의미를 갖는다.

이영수(듀나)의 SF소설 「면세구역」은 이미 다문화 중심지로 자리잡은 신촌 주변의 지형학적인 특수성을 담고 있는 '공간'에 대한 소설이다. 그것은 복잡하게 얽혀 있는 미로에서 길찾기의 문제를 다루고 있는 것이 아니라 복잡함이 지나쳐 '공강'으로 남아 있는 소호에 관한 이야기다. 신촌 주변에 우후죽순으로 생겨난 패스트푸드점은 복제품처럼 전혀 구분할 수 없는 규격화된 외형을 가지고 있다. 웬디스를 지나면 또 하나의 웬디스가 나오고 파파이스를 지나면 또 하나의 파파이스가 나온다. 그렇게 헤매다 보면 비슷한 골목과 골목을 연결시켜주는 거대한 문턱 사이에 자신도 모르게 시간과 공간 개념을 잡아먹힌 채 멍하게 서 있게 되는 것이다. 그곳에서는 누군가가 감쪽같이 사라진다 해도 아무도 모르며, 혹시 누군가 거주한다고 해도 아무도 관심을 갖지 않는다. 그 공간이 가능한 이유는 "도대체 무엇인가? 만약 당신이 저 텅 빈 거리에 보이지 않는 사람들이 있다고 믿고 싶으면 믿어라. 할 수 있는 것이라고는 길가에 부딪히고 한참 뒤에 무릎이 아파서 낑낑대는 정도일 뿐이다. 그렇다면 그게 다 무슨 소용인가? 진짜 세계는 광섬유 다발로 다가오는 이 디지털 정보 속에 있다. 우리는 이 안에서 이야기를 나누고 패싸움을 하고 영화를 보고 섹스를 한다.——우리의 공간은 점점 넓어졌고 앞으로도 더 나아질 것이다. 우리는 이제 '안'에 머물러 밖을 탐사"[18]하기 때문이다.

다문화 중심지와 디지털 정보를 연결하는 이러한 순발력의 기저에는 꿈의 잔해들을 바라보는 작가의 냉소적인 시선이 흐르고 있다. 이처럼 더 이상 탈주선이 없음을 고백하고 있는 소설 가운데 하나가 만화영화나 탐정소설, 수사극이나 추리소설에 등장하는 주인공으로 한 일련의 소설들이다. 특히 90년대 후반에 젊은 작가들이 차용하고 있는 갱스터 무비 같은 소설의 구성은 주로 부모 문화로 대표되는 지배 문화를 집중적으로 공격하고 있다. 그것은 가상현실을 비판하는 가상현실의 문제와 맞물려 이를테면 갱스터 같은 등장인물 자체의 한계를 희화적으로 검증하고 있다는 측면에서 문제적이다.

하위문화의 주인공으로 대표적인 것이 갱스터[19]라는 사실은 그리 놀라울 것이 못된다. 그것은 나쁜 유토피아(bad utopia)를 다시 출발점으로 만드는 전략일 뿐이다. 서정학의 시에서처럼 "대부분의 깡패가 그렇듯 그는 서투른 글씨로 연애편지를 쓰기 시작한다. 어두운 조명을 제공하고 있는, 식탁

---

18) 이영수(듀나), 『면세구역』, 국민서관, 2000, p. 77.
19) 허버트 J. 갠즈, 이을호 옮김, 『고급문화와 대중문화』, 현대미학사, 1996, p. 113.

위의 스탠드는, 집 옆을 통과하는 특급열차의 진동으로, 몹시 흔들린다/ [……]/연애는 중독이다 컴, 마약, 캔커피, 전자오락, 비디오, 중독되는 모 든 것들, 거리의 깡패들에게는 필수품이다/[……]/연애는 10분이면 족하 다, 그 이상은 머리가 아픈 것이다. 잭나이프의 날을 손바닥에 대고 문질러 본다. 그는 그 나이프로 연필을 깎는다"(「연애편지 전문 발송 대행 대필, 창 작법 지도, 그 또는 그녀에게 꼭 맞는 문장 판매 단체를 위한 할인 혜택, 지워지 지 않는 특수잉크」)는 것은 중독되는 그 나쁜 것들 자체를 유희적으로 가지 고 놀고 있는 경우도 있고 맞부딪치는 결절점을 만드는 경우도 있다.

김연수의 『스무살』[20]은 스무 살 자체를 제로 지점으로 하여 자신을 둘러 싸고 있는 지배 문화를 삼켜버리는 프로그레시브 음악의 리듬과 비트, 놀이 기구 플라잉 롤러코스트의 스피드와 텐션을 즐기고 있는 도플갱어의 최후 를 그리고 있다. 그 기본적인 상상력은 놀이동산 '네버랜드'(「마지막 롤러 코스터」)에서 탈 수 있는 모든 놀이기구의 운명, 텐션은 없이 속도의 미망으 로 빠져 죽음에 대한 간절한 욕망으로 사라져가는 것, 그리고 다큐멘터리와 포르노그래피의 차이를 지워버리려는 욕망(「구국의 꽃, 성승경)에 의해서 움직인다. 이 소설에서 김연수가 궁극적으로 묻고 있는 것은 가짜만이 존재 하는 세상에서 진짜로 남고 싶은 자의 욕망이란 무엇인가이다. 그것은 극에 달하고자 하는 자, 끝까지 가본 자만이 손에 쥘 수 있는 어떤 것이다. 다시 말하면 그에게 하위문화적인 것에 대한 관심이란 그 가짜의 중심에서 '원 본'을 찾아가고자 하는 과정의 매개가 되는 것이다.

원형진의 「무서운 얼굴」[21]은 여자가 자신의 성기를 가지고 놀렸다는 이 유만으로 나무젓가락으로 심장을 관통시켜 자장면을 먹던 자리에서 저질러 진 살인 사건이 발단이 된다. 이 엽기적인 살인 사건은 일상생활에서 우리 가 사용하고 있는 무수한 물건들이 모두 살인의 도구가 될 수 있으며 누구

20) 김연수, 『스무살』, 문학동네, 2000.
21) 원형진, 「무서운 얼굴」, 박성원 등 외, 『이상한 가역 반응』, 문학과지성사, 2000.

든 괴물로 변할 수 있다는 것, 기존의 문화적 데커룸으로부터 소외된 자가 점점 "유치한 공포소설이나 정신병자의 망상록"에 집착하게 되는 과정과 통한다. 이들이 공히 문제삼고 있는 것은 괴물이 아니라 괴물이 나올 수밖에 없는 상황, 그 현실에 대한 집요한 물음과 나쁜 유토피아에 대한 상상력이 갖는 응전력에 있다.

5

90년대 경제 위기가 초래한 가장 큰 문제는 계획되지 않은 또는 불균형한 구조 조정에 따른 기술과 노동의 분화에 있다. 이로 인하여 특정한 경제적 힘에 의해서 재구성되는 사회적·문화적 복잡성이 생겨난다. 그리고 미디어, 광고, 정치담론 등에서 흘러나오는 풍요라는 화려한 이데올로기는 문화적으로 복잡하게 양산된 것들을 '제도적인 해결'의 차원에서 감추거나 은폐하는 성향을 보이게 되는 것이다. 그것이 80년대보다 더 교묘한 방식으로 이루어지는 것이 90년대 문화의 한 현상이다. 이 문화는 힘겨운 노동의 영역을 레저나 레크리에이션의 형태로 바꾸며 청년문화를 재빠르게 부모의 문화에 편입시키고 10대의 소비 성향을 부추겨 젊음과 소비를 등가적인 것으로 바꾸어버렸다. 그래서 젊음이란 창 밖으로 손을 내밀며 '자유 시간'을 외치는 것, 백화점은 가지 못하더라도 명동의 밀리오레에 가서 마음껏 쇼핑을 하는 것, 마지막 비행이 될지라도 신나게 도로를 질주하는 것 등으로 세대 의식을 고정시킨 청년문화를 낳은 것도 사실이다. 따라서 문화가 더욱 복잡해지고 다양해졌다는 것, 그 이면에는 끊임없이 사회적으로 승인된 지배 문화 속에 다양성과 차이의 스타일을 지우고 자연스럽고 보편적인 것으로 만들어버리려는 음모가 내재해 있는 것이다. 그 음모에 맞서 있는 하위문화는 상품과 언어를 사회적 상형문자로 인식하려는, 그 가변성의 영역을 최대한으로 활용하려는 의지로 채워지는 것이다.

　김종광은 바로 이러한 고리 사이의 매듭을 최대한으로 활용하고 있는 작가 가운데 한 사람이다. 그의 소설 「경찰서여, 안녕」[22]은 다양함, 풍요로움, 유연함으로 가장하고 있는 지배자의 언어로부터 오로지 자신의 해방만을 꿈꾸며 산발적으로 분산되는 언어적 전략을 구사하고 있다. 이 소설이 문제적인 이유는 상징을 바꾸고 정화시키려는 것이 아니라 상징적인 것, 그 자체를 뒤집어놓고자 하는 분절적이고 대화적인 언술에 있다. 지배적인 언어를 탈신화화하면서 이질적인 언어적 성층을 만들어가는 그의 소설은 비유하자면 포르노그래피의 내적 추동력을 언어적 불투명함으로 메워나가고 있는 것이다. 바로 거기에 그가 기대고 있는 로칼리티가 어떻게 소설의 구조와 소수집단의 이질성으로 짜여들어가는가에 대한 본질적인 물음이 제기되고 있다.[23]

　「경찰서여, 안녕」의 가공되지 않은 언어는 함정을 파고 간극을 만들어낸다. 김종광은 법관의 자리에 반박할 수 없는 기지와 능변을 지닌 탁월한 이야기꾼을 만들어낸 셈이다. 이 소설은 로칼리티적인 문제를 다루고 있다는 측면에서 이문구와 공통점이 있으면서 한편으로는 촉수의 대부분이 근대적 주체와 타자와의 관계에서 발생하는 '모호성'을 향해 있다는 점에서 다르다. 다시 말하면 이문구 소설이 근대적 주체와 모더니티의 문제를 가족이나 한 마을을 중심으로 다루면서 모더니티 타자와의 관계 자체를 분명하게 드러내는 데 비해서 김종광 소설은 그 관계 사이에 존재하는 모호한 지점에 더 많은 관심을 두고 있다는 것이다. 그리고 그는 그 문제를 언어적 아비투스(habitus)의 전략적인 차원, 문화 정치학으로 빨아들인다.

　언어 공동체의 대부분은 언어적 규범을 암묵적으로 수용하게 되며 공식 언어의 정당성을 강화한다. 따라서 공식 언어에 반하는 것은 부정적인 것이

---

22) 김종광, 『경찰서여, 안녕』, 문학동네, 2000.
23) 들뢰즈·가타리, 조한경 옮김, 『소수집단의 문학을 위하여』, 문학과지성사, 1992, pp. 33~54.

고 경멸적인 것이라고 규정해왔다. 특히 구어적인 문장, 사투리는 공식 언어에 비해서 경원시되어야 하는 언어로 취급되었던 것이다. 그래서 노동 시장에서 쓰이는 말들이나 일상어의 대부분은 교육되어야 하는 '대상'으로서의 언어로 전락하고, 다양한 제도와 메커니즘들의 결합에 의해서 사투리, 또는 비공식적인 언어를 말하는 사람들에 대한 상징적 정화 작용이 끊임없이 이루어진다.[24] 그러므로 행위 양식으로 전환되는 언어적 아비투스에 대한 관심이 노골적인 폭력이 아니라 상징 폭력과 관계되어 나타나는 것은 당연하다. 그것은 지배 계층에 대한 신뢰나 개인적인 충성, 환대나 체면 윤리(ethics of hornor)에 대한 대가로 주어지는 선물 교환의 의미를 기꺼이 거부하는 하위문화적 언술의 까발림과 통한다. 이러한 언술이 다분히 전략적인 이유는 도식적이거나 이원론적인 사유에 의해서 이를테면 지배 언어/피지배 언어, 지배 문화/피지배 문화로 단순화시키지 않고 그 사이의 경계선에서 유쾌하게 '놀고' 있다는 측면에 있다. 학교와 어른을 가지고 놀 수 있는 그 음흉스러움은 인정과 일탈을 반복하면서 언어와 상황 윤리를 비틀고 튕겨져 나오게 한다.

「경찰서여, 안녕」의 나는 퇴학을 당하고 시내 중심가, 큰물에서 놀다가 결국 파출소 경찰들에게 끌려가게 된다. 그러나 미성년이란 이유로 소년원에 보내어지지는 않는다. 이 소설은 그런 내가 경찰서의 구내식당에서 일을 하게 되면서 벌어지는 일들과 이곳을 탈출하는 과정에서 빚어지는 위선과 위악적인 현실에 대한 에피소드로 구성되어 있다. 이 소설에서 김종광이 문제삼고 있는 것은 '소매치기'에 천재적인 재능을 갖고 있는 '나'와 '퇴학' 그리고 '경찰서'라는 공간과의 역학 관계다. 시끄러운 시장 거리와 연쇄점, 슈퍼마켓이 서로 가까이 존재함으로써 가정이라는 반경과 밀착되어 소비가 이루어지는 공간. 지역 사회의 경우에는 소위 말하는 수평적인 지배 제도

---

24) Pierre Bourdieu, *In Other Words : Essays Towards a Reflexive Sociology*, Standford University Press, 1990, pp. 208~30.

들, 경찰서·파출소 등이 문화와 직접적으로 연결되어 있는 독특한 문화 공간을 창출한다. 따라서 내가 도둑질을 두 번 하면 여지없이 한 번은 경찰서로 넘겨지게 되는 것이다.[25] 그러니 학교에서 퇴학을 당하는 것은 당연한 일이다. 학교란 무엇인가. 학교는 교육의 종류, 훈련의 유형과 권위 등을 대표하는 곳으로 지역 문화에 따라 상당히 다양한 경험을 하게 되는 공간이다. 학교가 갖는 선별의 메커니즘은 언어 사용의 한계, 차단된 외부 경험 속에서 많은 문제아, 지진아, 무단 결석생, 운동권 학생 등을 양산한다.[26] 일탈적인 행위를 타자의 행위로 분리시키며 퇴학이라는 칼로 이들을 추방하는 것이다. 따라서 일탈 자체가 교육 공간에서는 일종의 게임이 되는 것이다.[27]

그런 위치에 처한 내가 어른을 대하는 방식은 어른과 미성년의 경계를 지우고 "손에 땀이 나는 두뇌 싸움, 핏방울 튀기는 추격전 끝에 얻어지는 값진 승리"에 대한 기대치에 부흥하는 것들만 골라서 하는 것이다. 따라서 "민생치안 하느라 좆 볼 짬도 없이 바쁜 우리가 너 같은 애새끼까지 신경 쓰고 있어야 되겠냐?"라는 경찰의 신경질적인 반응은 그에게 오히려 시민 등쳐먹기에 바쁜 합법적인 사기꾼의 변명으로 들린다. 그리하여 내 마음속에서 울리는 그들의 불평은 "처먹을 음식에 불평이나 해대는"[28] 좀생원의 목소리로 굴절되어 들린다.

---

25) 그렇게 경찰서를 들락거리는 나에게 오히려 지쳐버린 경찰이 찾아낸 묘안은 나를 경찰서 밖으로 나가지 못하게 경찰서의 구내식당에서 일을 시키는 것이었다. "나란 놈을 아무리 때리고 타일러도 나의 도벽은 고쳐질 게 아님을 깨달은 것이다"(p. 19).

26) 학교와 경찰서는 이러한 것들을 통합하려는 수직적인 지배 문화의 대표적인 공간이다. 그 안에서 협상과 투쟁, 저항의 전략적인 대응 방식이 주인공인 '투쟁의 극장(theatre of struggle)'에 찬란한 막을 올리는 하위문화적 반응 형태들이 생겨나는 것이다. 존 클라크 외, 「하위문화, 문화, 그리고 계급」, 박명진 외, 『문화, 일상, 대중: 문화에 관한 8개의 탐구』, 한나래, 1996, pp. 223~31.

27) 이정재, 「젊은 파우스트의 고뇌」, 김진송 외, 『신세대론: 혼돈과 질서』, 현실문화연구, 1994, pp. 116~25.

28) 김종광, 『경찰서여, 안녕』, 문학동네, 2000, pp. 19~34.

이러한 교차적인 언술의 진행 방식은 형사들이 사용하는 욕설과 화자가 사용하는 욕설 사이에 묘한 이질감을 형성하여 언어를 사용하는 발화 주체를 차별화시킨다. 거기에는 이문구식으로 "시방은 시대가 짱꼴라 농산물만 해두 일천 가지가 넘게 수입해다 먹는 국제화 시대여. 염생이두 겨울에는 수입 가랑잎을 먹는 지가 슥삼 년이 넘는다 이 말유. 이런 국제화 시대에 말 한마디를 해두 우리네 같은 농심은 저만치 제쳐놓고"에 대해서 "그래서? 기우제를 지내더래두 국제화 시대에 맞춰서 국제화 시대적으루다가 지낼라니께"[29]처럼 서로 이어지는 발화의 연속성이 없으며 의식의 단절과 간섭이 계속되면서 갈라지고 찢어지는 불협화음이 그 자리를 대신한다. 다시 말하면 이문구 소설이 모더니티 타자를 고향이라는 공간과 대치되는 이물스러움으로 처리하여 공간적·시간적인 이원화를 더하고 있다면 김종광 소설은 지배 언어(문화)와 피지배 언어(문화) 사이에 존재하는 행위 주체들을 다양화시켜 그들이 행위 과정 중 예견치 못한 상황에 대처하는 일종의 전략적인 발생 원리의 추동력이 되게 한다. 그래서 죽어 있는 공간 자체를 일종의 게임의 공간으로 치환하고 있는 것이다. 이를 통해서 작가는 거기에서 발생하는 힘과 의미들의 관계 체계, 문화적인 능력, 문화가 누군가의 것이 아니라 누가 소유하고 있는가의 문제를 다루고 있다.

「많이 많이 축하드려유」[30]의 경우는 17살 고등학생에서부터 68세 할아버지까지 오토바이 면허증을 사이에 두고 벌어지는 사건이 중심 내용이다. 그런데 재미있는 부분은 이미 면허 시험을 보러 오면서 오토바이를 타고 오는 사람(김기석, 30세), 다방 아가씨 서초애, 우유배달 아줌마 명옥희, 명실고등학교 학생 정인재·김성인·양치현의 입에서 '시발'과 '좆나게'라는 언사가 만발하는 가운데 학교 조직 폭력배의 대화까지 끼어든다. 그 이질적이고 시끄러운 대화의 주인공 모두가 "국가에서 보장해주는 증명서"를 따기 위

---

29) 이문구, 『내 몸은 너무 오래 서 있거나 걸어왔다』, 문학동네, 2000, pp. 127~28.
30) 김종광, 『경찰서여, 안녕』, 문학동네, 2000.

해 모인 것이다. 그들이 벌이는 걸죽한 입담은 문화 밖에 위치한, 제도권 밖에 위치한 사람들을 하나로 묶어주는 공식적인 행위인 시험을 통해서 그 안에서 계층에 따라 공식적으로 나누어진다. 그런데 재미있는 부분은 그런 공식적인 행위와 아무 상관 없이 자신들이 갖고 있는 일상의 취향을 포기하거나 버리지 않는 사람들의 일탈적인 행위에 있다. 문제지에 낙서를 하지 말라고 아무리 말해도 낙서하는 놈은 낙서하고, 커닝하려는 놈은 커닝하며, 글자를 알고 있는 사람들은 더 혼란스러워하면서 구절풀이를 해달라고 주문한다. 이 풍경 속에서 그들이 자신이 속해 있는 문화 안에서 사용하고 있는 언어는 소수집단의 작고 국지적이며 차별적인 구조를 전경화시킨다. 그것은 전당포와 호스트바, 중소기업 상품 전시장으로 이어지면서 다양한 문화적 취향들을 하나로 묶으려는 통합적이고 합법적인 문화와 이에 반하여 소란스러운 잡음을 일으키는 비공식적인 언어와 뒤섞이고 급기야는 함께 공존한다.

이러한 하위문화적 언술의 특징인 로칼리티성을 성(sex)과 관능의 문제로 치환하고 있는 작가가 김선우다. 그는 강원도 산비탈의 척박한 언어에 피 흐르는 육체의 살갗을 대고 있다. 그의 시에는 성 자체가 탈신비화되어 있으며 하위문화의 동성애적 이데올로기를 담고 있는 언술들이 사물로까지 확대되어 있다. 순수한 혈통이 아닌 더러운 피의 혈통, 현실에 쉽게 순응하지 못하는 여성의 관능, 그 관능적이고 유혹적인 여성(femme fatale)이 일으키는 갈등과 분열, 혼란의 다소 도착적이기까지 한 성적 상상력은 남성 지배적 성적 약호와 문화적인 약호 자체를 성적인 유희로 가볍게 전환시켜버린다. 그것이 숭고한 밥상에 올라와 있는 근친상간의 문제이든 나를 상에 올려 고기 반찬으로 먹게 하고 싶다는 인육의 밥상이건 그 상상력의 기저에는 피와 죽음, 살인과 욕정의 차이를 지우는 상상력의 거대한 뿌리가 내려져 있다. 그것은 "생일상을 들다가 문득, 28년 전부터 어머니를 먹고 있다는 생각이/[……]시금치 닭 고등어처럼 이 별에 뿌려져/물과 공기

와 흙으로 길러졌으니/배냇동기 아닌가,/내내 아버지와 동침했다는 생각
이/[……]누대에 걸친 근친상간의 밥상/비켜갈 수 없는/무저갱이의 밥상
위에/발가벗고 올라가 눕고 싶다는 생각"[31]이 든다고 하는 그 기저에는 원
시적 노동의 신성함과 육체적 관능미가 만들어내는 낯선 어울림이 있다.
그것은 김종광처럼 표면적인 언어 차원에서가 아니라 그 언어 이전에 혼성
적으로 섞여 있는 잡종적인 상상력의 근원지가 무엇인지를 묻게 한다는 측
면에서 문제적이다.

반문명적이고 원시적인 상상력에 로칼리티성과 도시적 언어의 예민한 감
수성을 가미시킨 부폐한 육체, 타락한 육체는 정자수가 줄고 있는 무정자
시대의 현실을 킥킥거리며 비웃고(「무정자 시대」), 사타구니에 진피를 벗겨
내고 합성피부를 가져와 박음질하는 그에게 빨간 벌레를 선사하기도 한다
(「만약 내 혀가 입 속에 갇혀 있길 거부한다면」). 그러므로 그의 시에 등장하
는 엄마나 아기는 숭고한 모성성으로 묶여 있는 것이 아니라 원래 그 생명
의 근원지인 더럽고 추한, 무덤으로 다시 들어가 만나는 부폐한 생명들일
수밖에 없다. "저 여자는 죽었다/죽은 여자의 얼굴에 생생히 살아 있는 검
버섯/죽은 여자는 흰꽃무당버섯의 훌륭한 정원이 된다"(「엄마의 뼈와 찹쌀
석 되」)처럼 김선우는 부폐하여 날리는 육체의 가벼움을, 그 가벼움을 통해
자유로움과 생명성을 확인하고 있는 것이다. 그러므로 김선우 시의 배면에
깔려 있는 것은 비극성이 아니라 원시성에 대한 그리움인 것이다.

6

억압받는 자는 오로지 해방을 위한 언어를 갖고 있을 뿐이지만 억압하는

---

31) 김선우, 「숭고한 밥상」, 『내 혀가 입 속에 갇혀 있길 거부한다면』, 창작과비평사, 2000.

자의 파롤은 다양하고 풍요로우며 유연하다. 하지만 분명한 것은 억압받는 것들이 미세한 지각의 육체를 얻으면 무한한 상상력의 기제로 떠오른다는 것이다. 그러한 믿음을 잃지 않는 문화적 게토의 게릴라들, 바로 문학과 문화의 미래는 이에 대한 응전력을 갖춘 소수 작가들의 글쓰기에 달려 있다. 소수집단의 문학 중에서 절대다수의 불가항력적인 곳에 언어를 위치시킬 때 그 희생의 대가로 얻는 것이 하위문화적 상상력을 움직이는 원동력이 될 수 있을 것이다. 그 '하위문화적' 상상력과 이를 드러내는 언술의 긴장 관계는 앞으로 우리 문학에서 지켜봐야 하는 중요한 징후가 될 것이다. 그 언술은 기성 문화 속에 은폐되고 감추어진 갈등을 표면화시키고, 지배 문화와 공모 관계에 있는 것에 대한 비판적인 사유를 견지할 것이다. 그리고 이를 기반으로 하여 문학은 계층 사이의 갈등과 경험의 차이를 부각시키고 가치 서열을 뒤집으면서 남아 있는 상상력의 몫을 더디게 더디게 채워나갈 것이다.

국가주의라는 괴물과 성 정치학

1

그렇게도 우려하던 이라크전이 벌어지고야 말았다. 전 세계에 미국의 입장을 대변하면서 연일 선전에 열을 올리는 CNN을 보면서 느꼈던 것은 미국이 보유하고 있는 전지구적 자본의 막강한 위력이다. 군사력으로 표면화된 자본 앞에서 이슬람은 무기력했다.

전쟁 이후 민족과 파벌을 하나로 묶어주는 공통점이 있다면 그건 바로 반미(反美) 정서일 것이다. 미국의 고민이 바로 여기에 있다. 미국은 이 지역에서 반미 감정을 극복하려면 대규모 경제 지원을 해서 이라크 국민이나 아프가니스탄 국민들이 그나마 미국 때문에 굶어죽는 것은 면했다는 호의적인 감정을 갖게 하는 방법밖에 없다는 것을 잘 알고 있다. 현재 미국은 이를 단독으로 수행할 능력이 없어 전 세계의 협조 아래 이 계획을 수행하려고 한다. 그 결과 EU, 사우디아라비아, 러시아, 일본 등이 2~3년 동안 20~25억 달러를 지원하기로 약속했다. 무엇 때문에? 아프가니스탄 국민들의 안정을 위하여? 당연히 아니다. 이 지원국들이 노리는 것은 지원을 빌미로 중앙아시아에 진출할 기회를 확보하려는 것이다.[1] 이제 전쟁은 시작된 것이다.

---

1) 서울대 학술토론회, 「미국을 다시 생각한다」, 근대법학 100주년 기념관, 자료집, p. 20.

인류의 평화를 외치며 전쟁에 반대했던 국가들도 '자국의 이익을 위해서'라는 모토 앞에서는 주춤거리고 눈치를 보며 뒤로 빠진다. '자국의 이익' 앞에서는 좌파도 우파도 '애국심'이란 명분으로 하나가 되는 것이다. 전쟁에는 반대하지만 자국에 이익이 되는 것을 취한다는 강대국의 논리는 이라크 복원 문제를 두고 명확하게 가시화되었다. 전 인류가 공생해야 한다는 논리도 국익, 민족, 애국심 앞에서는 꼬리를 내리고 마는 것이다. 국가의 이익을 저버리는 후레자식이 되지 않기 위해서 같은 민족이라는 동질성을 확인하며 '조국'의 품 안으로 기어들어간다.

그러나 이러한 민족 구성원으로서의 자각 및 그에 대한 자기 동일성을 확인하는 의식적·무의식적 행위는 자연스럽게 형성되는 것이 아니다. 오히려 '네이션(nation)'은 근대적인 국민국가를 수립하고 정착시키는 과정에서 그 구성원들에게 '국민'으로서의 의무를 성실하게 이행할 수 있도록 하기 위해 '위로부터' 주어진 '상상된 공동체'이기도 하다.[2] 그것은 어떤 억압적 국가기구(repressive state apparatus)에 의해 물리적 힘으로 강제되는 것이 아니라, 이데올로기적 국가기구(ideological state apparatus)에 의해 무의식 속으로 서서히 내면화되어가는 과정을 거치게 마련이다. 따라서 이와 같이 장기간에 걸친 내면화의 과정은 어느 한순간에 획득되는 것일 수 없다. 특히 전쟁은 이를 짧은 시간 안에 가속화시켜, 우연을 운명으로 바꾸면서 공동체 의식을 역사적 숙명으로 인식케 한다. 그리고 이를 몸에 각인시킨다.

2

1950년대 한국 전쟁과 1960년대 개발 독재, 1970년대 유신 독제 체제 하

---

2) 베네딕트 앤더슨, 윤형숙 옮김, 『상상의 공동체』, 나남, 2002 참조.

에서 심각하게 불거지기 시작한 근대화의 질곡은 한국 문학이 대응해야 하는 현실적인 조건들을 형성함과 동시에 문학적 상상력을 제한하고 현실의 다양한 징후들을 민족과 국가 차원의 문제로 환원시키는 억압의 기제가 되기도 했다. 예컨대 1950년대 제도에서 자유롭지 못했던 문학은 반공 이데올로기를 사회적 공포로 치환하는 레드 콤플렉스를 강화하는 역할을 했으며, 1960~70년대 국가 총동원 시스템이라는 억압 상황에서 문학은 역으로 성공하지 못한 자, 낙오된 자에 대한 공포, 다시 말하면 '전락(轉落)의 공포'를 양산했다. 특히 이를 추동시킨 멜로드라마적 상상력은 대중들의 공포와 불안, 원한이나 증오를 재생함으로써 국민의 대열에서 밀려나지 않아야 한다는 국민으로의 귀환을 강조했던 것이다.[3]

물론 식민지 체제 하에서 제국의 지배를 받았고 50년대 한국 전쟁과 60~70년대 개발 독재 시대를 거쳐 80년대 군부 독재 시대를 살아야 했던 우리에게 '민족 이념'이란 저항의 기제일 수 있었다는 사실을 인정한다. 그러나 이 '저항'의 기제는 '국민적 의식의 함양' '애국심' '도덕'이란 이름으로 국민을 호명하면서 극단적인 국가주의 시스템을 구축하는 '명분론'으로 전환되었으며, 이 과정에서 한국 문학은 수많은 자기 동일화의 모순으로부터 자유롭지 못했다는 사실 또한 인정해야 한다.

국가 지배 이데올로기를 비판하면서 자기 갱생을 꿈꾸는 문학적 사유가 또 다른 측면에서 억압의 기제로 전환되면서 오히려 국가주의적 인식을 재생산할 수도 있다는 것, 바로 거기에 한국 근현대 문학의 또 다른 핵심이 놓여 있는 것이다. 이것은 한국 근현대사에서 민족주의가 진보의 후진성에 대한 강력한 보상적 장치로서 일종의 퇴행을 통해 과거로 회귀하여 자기 동일성을 확인하거나 집단적 무의식의 힘(겨레, 피, 얼 같은)을 빌려서라도 진보

---

3) 신형기는 1970년대 대중소설을 분석하면서 이들 소설이 총력전의 시대에 전락의 공포를 강화하면서 집단적 복속의 요구를 강제하고 있다고 지적한 바 있다(신형기, 『민족 이야기를 넘어서』, 삼인, 2003, pp. 150~64).

의 내적 동력을 확보하려는 흐름 속에서 더욱 가속화되었다.[4]

그리고 그 무엇보다 흥미로운 사실은 조국의 근대화 논리에 발맞추어 국가 시스템이 구축되었던 시기에 이를 비판하면서 강한 저항의 담론을 형성한 문학 속에 오히려 가부장적 국가 이데올로기가 깊숙이 내면화되어 있다는 것이다. 특히 이것이 여성, 섹슈얼리티 문제와 밀접하게 관련되어 있다는 것이 중요한 문제적 국면이다. 이러한 인식의 기저에는 여성이란 '국가'나 '민족'을 아무 저항감 없이, 운명의 공동체로 상상하며 국가의 이름으로 행해지는 이념적 폭력을 당연한 것으로 여기거나 감정적으로 두려워한다는 지극히 관념적이고 고착적인 이데올로기가 내재되어 있다.

또한 현모양처와는 대조적인 여성으로 창녀를 상정하고 이들을 통해 가정으로부터 일탈한 여성에 대한 공포를 증가시키고, 나아가서 이들을 천박한 자본주의 노예의 '상징'으로 치부하기도 한다. 다시 말하면 근대화라는 국가 이념에 발맞추지 못하는, 다시 말하면 타락한 인간의 표본으로 그들을 '상상'하는 것이다. 그렇게 고안된 여성성의 의미망 안에서, 한국 문학에 등장하는 창녀는 '타락의 공포'를 조성하고 양성하면서 낙오된 여성의 이미지를 극대화하는 역할을 하였던 것이다. 순결한 여성에 대한 강박증을 심화시키는 데 타락한 창녀란 너무도 손쉬운 차용의 대상이었던 것이다.

특히 전쟁은 이러한 젠더(gender)의 경계를 평상시보다 더 명확하게 보여주면서 '국민화'의 프로젝트를 촉진시키는 매개로 '여성'을 상정한다. 전시 하에 국민으로서의 여성이란 군인이 된 남편에 대한 긍지를 갖고, 설사

---

4) 톰 네언은 민족주의의 양면성을 언급하면서 부정적인 측면에서 민족주의는 일면 사회적·심리적 원시 본능을 재생산하며 이를 통해 비이성적인 공포와 편견을 낳고 그 결과 폭력을 야기시킨다고 강조한다. 그는 특히 후진성의 물질적인 딜레마와 접목된 민족주의는 감정주의, 비속한 민중주의, 떠들썩한 낭만주의, 발전과 진보에 대한 중심부적 환상에 빠져들게 하며 이는 사회 차원에서는 개인의 유아증에 해당하는 속수무책의 딜레마에 뿌리를 두고 있다고 한 바 있다(톰 네언, 「민족주의의 양면성」, 백낙청 엮음, 『민족주의란 무엇인가』, 창작과비평사, 1981, pp. 220~61).

전장에서 남편이 죽은 미망인으로 남더라도 슬퍼하지 않고 오히려 자랑스러
워해야 한다. 그리고 여력이 된다면 전장에 간호사로 지원하여 전투력의 회
복에 봉사하는 데 천부적인 소질을 발휘해야 하는 것이다.[5] 전쟁과는 다른
차원의 문제이지만, 혁명이란 이름 앞에서 엄숙해야 했던 개개인에게 성적
억압이란 일종의 도덕적 억압과 같은 것이었으며 그것은 '정서적 전염병'이
었다. 뿐만 아니라 혁명 체제가 갖고 있는 가부장적인 논리는 투쟁이란 이름
으로 미화되면서 동료애, 명예, 자발적인 단련 등으로 포장되었던 것이다.[6]

　이러한 억압적인 이데올로기로부터 결코 자유로울 수 없었던 성적 상상
력이란 문학의 새로운 가능성을 위협하는 위악적인 요소로 작용하면서 오
히려 체제 이데올로기를 내면화하는 억압의 서사를 낳았던 것이다. 그것이
민족과 국가, 그리고 혁명을 호명하는 방식과 밀접하게 관련되어 있다는 것
이 문제인 것이다.

3

　1950년대 한국 문학은 6·25전쟁이라는 특수한 경험과 밀접한 관련을 갖
고 있다. 전쟁이 발발하자 한국 문단은 전시 하에서 가장 효율적인 방식으
로 재정비되기 시작했다. 한국 문학사상 1950년대만큼 민족주의를 애국심
으로 치환하면서 그 논리를 그대로 반공 이데올로기의 당위성으로 환원시
킨 경우도 드물 것이다. 브루스 커밍스는 미국의 시각에서 볼 때 이승만 정
권이 거둔 하나의 절대적인 성공이 있다면 그것은 1950년에 이르러 남한의

---

5) Martin Durham, *Women and Fascism*, London: Routledge, 1998, pp. 74~95; 우에노 치즈
　코, 이선이 옮김, 『내셔널리즘과 젠더』, 박종철출판사, 1999, pp. 26~29 참조.
6) 빌헬름 라이히, 오세철·문형구 옮김, 『파시즘의 대중심리』, 현상과인식, 1986, pp.
　197~231.

빨치산을 완전히 소탕한 것이며 10만에서 60만 이상으로 팽창한 한국 군부를 거느리게 되었다는 점이라고 지적한 바 있다. 이제 군부는 한국에서 가장 응집력이 강하고 잘 조직된 기관이 되었으며 엄격한 미국 장교들조차도 질리게 만드는 신병 훈련과 교련, 군기, 애국 등을 강요하는, 명실공히 훈육 기관이 되었던 것이다.

이처럼 국가가 훈육 기관으로 자리하면서 국민, 애국의 이름으로 통합 이데올로기를 구축하는 것은 전쟁 파시즘의 기본적인 노선이다. 전쟁 파시즘의 담론은 단순하고 효과적인 논리를 통해서 구성되는 이데올로기로 국내 문제뿐만 아니라 국가와 민족 사이에서 발생하는 제반 문제를 단순명료한 것으로 치환한다. 국가론과 인종주의가 파시즘의 대표적인 예가 되는 것은 그러한 이유 때문이다. 그러므로 전후 한국 문학에 등장하는 레드 콤플렉스는 철저하게 국가 기관의 조작에 의해서 관리되고 통제된 '전쟁 파시즘'의 시각에서 면밀하게 검토될 필요가 있다.

이 시기 이광수 · 김동환 · 김억 등은 납북되었고, 이용악 · 박태원 등은 월북하였으며, 남한에 남은 문인들은 종군 작가단으로 활동하면서 김팔봉 · 박인환 등이 참석하는 기관지 『전선문학』(1952)을 발간하였다. 『전선문학』의 기본 취지는 펜을 무기 삼아 싸워야 하며 "적과 더불어 생사를 일결(一決)하는 제트기의 용사"[7]가 되어야 한다는 것이었다. 이러한 『전선문학』으로 대표되는 전쟁문학의 특징은 문학이 어떻게 민족 이념과 반공 이데올로기를 고취시켜야 하는가, 그리고 더 나아가 국가 이념에 충실한 담론으로 재생산될 수 있는가에 관심이 집중되었다. 결국 작가들은 전장에서 싸우는 국군과 유엔군을 미화했으며 이를 소설적 형상화의 주요한 소재로 삼았던 것이다.

조연현이 「공산주의의 운명」에서 역설하고 있는 것도 우리(남한)의 민족

---

7) 『전선문학』 창간호, 창간사.

이념은 민주주의이며 이에 맞서 있는 북한의 공산주의는 파시즘이라는 것이다. 그리고 파시즘을 자행하는 소련은 스스로 자살 행위를 하고 있으며 우리는 이에 철저하게 대응하지 않으면 인류 역사의 대세에 끼어들 수 없다는 것이다. 이러한 논리는 민족을 국가 전체의 이념에 맞게 새롭게 재구성해야 한다는 '의무'와 '책임'으로 귀결되었다. 그렇다면 어떠한 방식으로 이를 실현할 수 있을까. 조연현이 내세우고 있는 것은 '전시 경험론'이다. 전쟁을 반드시 경험하고 이를 형상화하여 위대한 문학 작품을 생산하는 것이 작가의 임무이며 책임이라는 것이다. 「한국 전쟁과 한국 문학」(『전선문학』, 1953. 5)에는 이러한 그의 입장이 일목요연하게 정리되어 있다.

이에 대한 이념적 실천을 문제삼고 있는 흥미로운 글이 이숭녕의 「전시 문화 정책론」(『전시과학』, 1951. 8)이다. 이 글에서 이숭녕은 전시 체제 하에서 문화가 어떻게 '국민 만들기'와 '국가 만들기'의 임무를 다해야 하는가를 행동 강령을 통해 제시하면서 구체화하고 있다. 그것이 그가 주장하는 문화공작론(文化工作論)의 핵심 기제가 된다. 그에 따르면 문화 공작이란 "눈에 보이지 않게 작용하는 것"으로 국민에게 확고한 전시 이념을 전달하고 이를 직접, 또는 간접으로 선전하는 사명을 가진 일종의 전략적 지침이다. 그가 주장하는 문화공작론의 핵심은 다음과 같다.

첫째, 같은 사실을 반복적으로 선전할 것, 둘째, 선전의 기회를 노릴 것(A라는 거물이 죽었을 경우 이를 단순한 죽음이 아닌 암살로 위장하여 내부 분열을 일으킬 것), 셋째, 생활과 결부된 구체적인 사실을 선전할 것(소련이 계속해서 우리의 쌀을 가져간다는 등, 소련을 빌미로 민심을 자극할 것), 넷째, 선전 주체를 은폐할 것(선전은 누가 하는지, 누가 만드는지를 모르게 해야 할 것) 등이 그것이다. 이를 통해 일반 국민을 효과적으로 지휘하는 통합적인 국가 정책을 수립해야 한다는 것이다.

전시 체제의 문화 구조란 이러한 사안들과 밀접한 관련이 있었던 것이다. 그러므로 김팔봉이 "6·25 때 서울서 내빼지 못하고 빨갱이들한테 붙들려서 타살을 당했다가 이렇게 목숨을 건진 후 내가 병원에 드러누워 생각한 것은 이번 전쟁은 '소비에트 역사의 해체'까지 가서 끝을 내야겠는데 과연 유엔군이 거기까지 전쟁을 밀고 나가줄 것인지 아닌지"[8]에 대한 회의였다고 진술하고 있는 것은 단순한 과거에 대한 회상이 아니라 공포를 조성하기 위한 전략적인 성격의 토로였던 것이다.

이처럼 1950년대 한국 문학에서 민족을 호명하는 인식의 기저에는 남한의 민주주의를 수호해야 한다는 명분 아래 북한을 철저하게 이질적인 민족으로 분류하려는 의도적인 욕망이 개입해 있었던 것이다. 그것이 '저항'이라는 감상적이고 일방적인 논리로 전환되면서[9] 비민주적이고 재언할 가치조차 없는 집단으로 북한을 규정하게 하였던 것이다. 그리고 조국이란 이름 하에 혼연일체가 되지 못하게 방해하고 있는 것도 북한, 공산주의, 소련이라고 비방하면서 파시즘의 논리를 재현한다. 현실적인 피폐함에서 벗어나기 위해서, 또는 강대국의 지배 논리에서 자유롭기 위해서 민족이 필요하다고 역설하면서 정작 자신들이 주장하고 있는 것은 "인류 공동의 적으로 공산주의를 규정"하는 것이다.

이러한 국가주의적 사유 체계를 비판하면서 한국 문학의 새로운 인식의 장을 연 소설이 최인훈의 『광장』이다. 최인훈의 『광장』은 1950년대 남한과 북한의 이데올로기적인 허상을 고발하였다는 측면에서 한국 문학사상 최고의 성과를 이룬 소설이다. 이 소설에 등장하는 이명준이 선택한 죽음은 단순히 관념적인 결말이 아니라 좌파 세력의 단순 계열화와 이견이 허용되지 않는 막혀 있는 현실에 대한 응전이다.[10] 그러한 현실에서 인간의 실존적인 삶의 가치와 자유 의지를 실현할 수 있는 방법의 절대치가 죽음이었던 것이

---

8) 김팔봉, 「총을 메어보지 못한 대신」, 『육군』 71, p. 36.

9) 이헌구, 「현대 지성인의 저항의식」, 『새벽』, 1954. 12.

10) 최인훈은 이명준에게 닥친 과제로서의 현실을 "1950년대라는 시점에서 아무튼 해결"하려 하였다고 진술한 바 있다. 최인훈, 『광장』(발간 40주년 기념 한정본), 문학과지성사, 2001, p. 62(이하 이 책에서 인용한 부분은 면수만 밝힌다).

다. 그러므로 이명준이 선택한 죽음으로서의 삶의 방식은 오로지 자신의 의지로 선택할 수 있는 마지막 보루였던 것이다. 국가 만들기의 일원으로서의 개인이 아니라 자발적인 의지를 가진 개인으로 남고 싶었던 이명준에게 공감하는 이유가 여기에 있다. 이렇게 국가주의에 철저하게 반하는 사유 방식으로 어느 체제에서도 만족을 느낄 수 없었던 이명준에게 유일한 위안의 대상은 윤혜와 은혜라는 두 여성이다. 『광장』에서 이 두 여성과 그와의 관계가 차지하는 비중은 그의 죽음을 다른 방식으로 해석할 만큼 큰 것이다.

그런데 흥미로운 것은 이 두 여인의 삶의 방식이 이명준의 삶의 방식과는 사뭇 대조적이라는 것이다. 윤혜는 이명준과의 섹스에서 한번도 적극적인 태도를 보인 적이 없다. 항상 그를 밀어내고 옷매무새를 고치느라 여념이 없었던 것이다. 그런 윤혜를 이명준은 "사람과 부딪치는 것을 창피당했다고 여겼다니, 남 위할 줄 모르는 사람"(p. 151)이라고 생각한다. 섹스에 대한 강박증에 사로잡혀 있는 윤혜를 이명준은 강하게 비판한다. 그렇게 윤혜를 비판하면서도, 그는 다른 한편으로는 윤혜가 속해 있는 남한 사회의 가장 큰 문제점은 지나치게 섹스에 집착하는 사람들이 많다고 지적하는 이중성을 보인다. 그러니까 이명준의 의식에는 자신의 여자는 자기가 원하는 방식으로 옷고름을 풀어 헤치고 몸을 허락하는 것이 당연하다고 생각하는 가부장적인 시각과 사회에 만연되어 있는 자유로운 섹스에 대해서는 윤리적인 잣대로 재단하는 교화적인 입장이 동시에 공존하고 있었던 것이다.[11]

그런 의미에서 본다면 윤혜가 남한의 국가주의를 몸으로 실천하고 살아가는 태식과 결혼하는 것은 문제적인 대목이다. 다시 말하면 여기서 반공우국지사 태식과 결혼한 윤혜는 섹스에도 소극적일 뿐만 아니라 자의식도

---

11) 그가 남한 사회를 비판하는 중요한 근거 가운데 하나가 넘쳐나는 섹스다. 이명준은 남한에 있는 것이라고는 "비루한 욕망과 탈을 쓴 권세욕과, 그리고 섹스뿐이었습니다"(p. 179)라고 하면서 청년들이 섹스와 재즈에 빠져 있다는 사실을 경멸스러워한다. 성적 '타락'이 남한 사회에 퍼져 있는 질병인 것이다.

지극히 결여되어 있어, 모험을 하기보다는 주어진 현실에 순응하면서 살아가는 남한 여성의 의미로까지 확대되는 것이다. 이명준이 국가 이데올로기에 저항하면서 자신의 의지력을 구가하는 인물로, 반면에 윤혜는 오히려 국가 만들기에 온몸을 던져 희생하고 있는 인물과 결합함으로써 보수적이고 체제 순응적인 인물로 전락하고 마는 것이다.

이러한 사유 방식은 은혜를 인식하는 이명준의 태도에도 그대로 적용된다. 이명준에게 "개인의 욕망이 터부로 되어 있는 고장, 북조선 사회"에서 은혜와의 만남은 새로운 활력소로 작용한다. 그녀의 젖가슴에 얼굴을 파묻으면서 이명준은 삶의 의미를 찾곤 하는 것이다. 다시 말하면 "이명준이 스스로 사람임을 믿을 수 있는 것은 그녀를 안을 때뿐이었"(p. 189)던 것이다. 그런데도 모스크바에 가서 자신의 일을 하려는 그녀를 말리면서 이명준은 "여자들이란 곧잘 미신을 섬기면서, 정작 미신일 수밖에 없는 이 앞에서, 오히려 망설이는 것은 어찌 된 노릇일까"라고 되묻는다. 그리고 모스크바에 다녀온 후 그를 만난 은혜는 "모스크바에서도 아무 재미 없었어요. 잘못했어요. [……] 이젠 죽어도 좋아요, 잘못했어요. 제가 미우시더라도 용서해주세요"라고 울면서 빈다. 도대체 그녀가 이명준에게 무엇을 잘못했다는 것인가.

자기 곁에서 사랑의 파트너가 되어달라는 이명준의 부탁을 듣지 않고 자발적으로 모스크바로 떠난 일이 왜 그리도 잘못되었다는 것인지 텍스트의 문면에는 드러나 있지 않다. 결국 그녀는 이데올로기 같은 '미신'이나 믿는 여자로, 군 간호사로 자원하여 나가 전장에서 전사한다. 은혜는 윤혜와는 다른 또 다른 국가 체제에 순응하며 국가를 위해 싸우는 전투병을 간호하다가 전장에서 죽고 마는 것이다.

결국 『광장』의 여주인공 둘은 모두 이명준에게는 미신에 지나지 않는 국가와 민족 이념을 신체, 몸을 통해 각인하고 이를 행동으로까지 옮겼던 것이다. 이명준이 볼 때 자신이 스스로 거부했던 이데올로기의 '허상'을 사회 구조적인 시스템에 순응하면서 따르는 여성들의 표상은 문제적인 일면이 아닐 수 없는 것이다. 그러나 중요한 것은 『광장』에 등장하는 여성 인물들을 단순히 성적 파시즘을 체현하는 인물로 규정할 수 없다는 것이다. 왜냐하면 이명준은 그들을 통해 삶의 원시성을 깨달았다고 고백하고 있으며 "애인이 있으면 이렇게 다른 나라로 가겠다고 나설 리가 있습니까?"(p. 75) 하고 반문할 만큼 그녀 삶이 곧 자신의 삶의 일부일 수 있을 것이라는 인식을 하고 있기 때문이다. 다시 말하면 일방적인 성의식으로 여성을 매도하거나 이성적인 우월감으로 육체적인 감각을 함부로 판단하지 않는다는 것이다. 자신의 실존 가치를 알게 해준 여인들이 없는 세상에서, 즉 육체로 느낄 수 있었던 존재론적 가치가 사라진 세상에서 머리/이성의 논리만으로는 살아갈 수 없다는 사실을 이명준은 잘 알고 있었던 것이다. 그럼에도 불구하고 이분법적인 이데올로기의 체현으로서 여성을 상상하는 방식은 여전히 문제적인 대목으로 남아 있다.

『광장』 이후 전쟁과 관련된 소설에서는 더욱 첨예한 방식으로 국가주의와 섹슈얼리티의 문제가 결합된다. 여기서 결정적인 역할을 하는 것은 전시하의 여성이란 국가 이념에 봉사하면서 가족의 대를 잇는 임무를 수행해야하는 '국민'일 뿐만 아니라 나아가서 사회, 문화, 교육 전반에 걸친 제도 속에서 이를 실현하는 존재라고 '상상'된다는 것이다. 이제 여성의 성적 욕구는 국가가 관리한다. 국가와 그 제도가 통제하는 여성의 섹슈얼리티란 무엇인가를 잘 보여주고 있는 대표적인 소설이 선우휘의 「한국인」[12]이다.

「한국인」은 결혼하고 얼마 되지 않아, 남편을 군대에 보낸 여성이 씨를 받기 위해 가족들과 함께 남편을 찾아가는 것으로 시작된다. 시아버지와 함께 군대에 간 남편을 찾아간 며느리는 군인들의 엄호를 받으면서 막사에서 남편과 재회를 한다. 어려운 전장에서 이들의 만남을 주선한 군 관계자는

---

12) 선우휘, 「한국인」, 『현대문학』, 1961, 11. 참조.

존경할 만한 휴머니스트인 것이다. 더군다나 이를 허락해준 군 관계자에 대해 고마워서 어쩔 줄 몰라하는 시아버지의 모습은 이를 극대화시키는 결정적인 역할을 한다. 전시에도 불구하고 '씨'를 받게 해준 군 관계자들의 거룩한 행위는 군과 국가를 미화하기에 충분하다. 휴머니즘을 가장한 국가 만들기라는 명분론 아래 여성은 단지 국가의 '씨'를 받아 키우는 양육의 의무를 부여받은 '국민'으로 확실하게 부각되는 것이다.

여기서 국민으로서의 여성이란 개인적인 성욕과 상관없이 가계를 이어가는 책임을 다하는 일을 아무 의구심 없이 맡으며 끝까지 남편을 따르고 기다리며 애국심을 고취시키는 수단일 뿐이다. 이처럼 「한국인」은 여성의 실존적 의미란 단지 아이를 낳아 기르는 것에 있으며 이를 통해 민족적 감정과 모성애적 유대를 강조하는 것 이상의 의미가 없음을 언어로 재구성하고 있는 소설이며, 한국 문학에서 성적 파시즘이란 무엇인가를 보여주는 좋은 예인 것이다.[13]

4

전쟁 시기를 지나 60년대 문학에는 50년대 문학에 등장하는 이데올로기적인 갈등뿐만 아니라 외세 문제까지 복합적으로 얽혀 있다. 이는 이 시기에 한국 문학에 처음으로 양공주와 양키라는 용어가 등장한다는 것으로도 충분히 짐작할 수 있는 것이다. 남정현의 「분지」[14]는 전형적으로 이러한 시대 분위기 속에서 씌어졌으며, 1965년 필화 사건을 통해 일반 대중에게도 널리 알려진 소설이다.

「분지」의 화자 홍만수는 민족적 정기를 부여받은 "단군의 자손"이다. 단

---

13) 빌헬름 라이히, 같은 책 참조.
14) 남정현, 「분지」, 『현대문학』 123, 1965. 6.

군의 자손 홍만수는 소위 말하는 양놈에게 강간을 당하여 음부가 찢긴 채로
돌아온 어머니 때문에 하루도 편안하게 잠을 자지 못한다. 홍만수의 어머니
는 단순히 자신의 강간을 덮어두지 않고 찢긴 음부에 아들의 머리를 처박으
면서 보라고 외친다. 아들에게 상처를 기억시키는 어머니의 모습은 그로테
스크하며 폭력적이다. 그 어머니를 통해서 홍만수가 마음속에 키운 것은 미
국에 대한 극단적인 증오심이다. 동생 분이는 홍만수의 그 증오심을 복수로
전환시키는 결정적인 역할을 한다. 스미스 병사의 양공주로 살아가면서 매
일 온갖 성적 모욕을 당하고도 "아야, 아야 하고 울기만 하는 분이"를 위해
홍만수는 복수를 결심하게 되는 것이다.

　결국 홍만수는 "홍길동 후손"으로서 더 이상 참을 수 없었으며 "백의민족
특유의 인내력"을 유지할 수 없다고 판단하고 스미스 병사의 부인을 찾아
가서 자신의 어머니와 동생이 당한 폭력적인 방식으로 강간한다.[15]

　이러한 그의 행동은 생물학적이고 원초적인 감정에 의해서 유지되는 것
처럼 보이는 가족의 훼손을 국가적 차원으로 환기시킨다. 그리고 국가도 가
족과 마찬가지로 자연적이며 본래적인 것이라는 국가주의적 이데올로기[16]
를 또 다른 방식으로 내면화하는 것이다. 다시 말하면 그의 행위는 자신이
대항하고자 했던 지배 국가의 이데올로기적 메커니즘을 몸으로 재현하고
있다는 측면에서 문제적이라는 것이다. 이는 가족이 훼손당한 방식은 곧 한
국이 미제국에 의해서 지배받고 있는 현실적인 상황과 동질적인 것이며 가
족이 자연스러운 혈연 공동체인 것처럼 국가도 자연스러운 운명 공동체라
는 인식을 강화시키는 것, 그 이상의 의미를 갖지 못한다. 그리고 이때 더욱

---

15) "여사의 목을 누르면서 성큼 배 위로 덮쳤거든요. 그리고 민첩하게 옷을 찢고 〔……〕 버터
　　와 잼과 초콜릿 등이 풍기는 그 갖가지 방향이 몽실몽실 피어오르는 여사의 유방에 얼굴을
　　묻고 한참이나 의식이 흐려지도록 취해 있었거든요. 〔……〕 치부(恥部)의 면적이 좁았는지
　　넓었는지에 관해서는 별반 기억이 없지만 〔……〕"(남정현, 「분지」, 남정현 외, 『분지, 황구
　　의 비명 외』, 두산동아, 1995, pp. 192~93).
16) 우에노 치즈코, 같은 책, p. 47.

논란의 여지가 있는 것은 가족과 국가의 동질성을 확인하는 방식이 제국주의적 논리, 파시즘적 논리를 재생산함으로써 가능하다는 것이다.

이는 그가 복수를 끝내고 나서 "조국의 청신한 하늘이나 좀 감상하여보십시오. 얼마나 흐뭇하고 아름다운가를"이라고 하고 "태극의 무늬로 아롱진 이 런닝샤쓰를 찢어 한 폭의 찬란한 깃발을 만들 것"이라고 외치는 장면에서 확연하게 드러난다. 이처럼 국가주의란 단지 담론으로 존재하는 것이 아니라 신체를 통해서 실현되는 것이다.

5

60년대를 지나 70년대 문학에서 중요한 작가로 평가되는 소설가 가운데 한 사람이 황석영일 것이다. 황석영은 군사 독재 정권에 맞서 싸운 민주화 운동의 절정기에 어떤 작가보다 많은 작품 활동을 했다. 특히 그의 「한씨 연대기」는 70년대에 중요한 문학적 성과를 이룬 작품으로 평가되면서[17] 진정한 리얼리즘의 새로운 가능성을 표방하고 있는 작품으로 주목을 받았다. 백낙청은 「한씨 연대기」가 분단의 비극을 다룬 소설로 어떠한 실험적인 기법의 효과 못지않은 감동을 준 소설이라고 극찬한 바 있다.[18]

「한씨 연대기」에 등장하는 한씨는 북한에서 의사이자 교수의 직함을 갖고 살다가 전쟁이 발발한 후 처와 자식을 북에 두고 남하한다. 북한에서 그는 조국 해방을 위해 다친 병사를 먼저 치료해주지 않고 약한 민간인을 먼저 치료해주었다는 이유로 중앙당의 탄핵 대상이 되었으며, 남하한 이후에는 생활이 여의치 않아 무면허로 일하는 의사 옆에서 대리 시술을 하면서

---

17) 백낙청, 「민족문학의 새로운 고비를 맞아」, 백낙청 · 염무웅 외, 『한국문학의 현단계 2』, 창작과비평사, 1983, p. 31.
18) 백낙청, 같은 책, pp. 39~40.

하루하루를 근근이 살아간다. 이렇게 한씨가 어느 쪽에서도 환영받지 못한 이유는 그 자신이 스스로 체제 이데올로기를 거부하면서 소신 있게 살아온 삶의 이력 때문이다. 북한에서 그것은 제국주의적인 근성으로 비판받아 마땅한 것이었으며 남한에서는 북한에 처자식을 두고 온 인텔리라는 것과 함께 단순하지 않은 사상범이라는 굴레를 씌우기에 좋은 빌미를 제공하는 것이었다. 그에게 대리 의료 시술을 시키던 박씨와 김씨가 노린 것이 바로 그것이었다. 그들은 그가 돈벌이에 적극적으로 협조하지 않자 당국에 빨갱이 혐의를 씌운 투서를 제출한 것이다.

그런데 정작 심각한 문제는 이들이 단순히 투서를 제출했다는 사실에 있는 것이 아니라, 그 투서의 신빙성 여부를 증명해가는 과정에 있었다. 한씨와 결혼한 남한의 아내 윤미경은 하루에도 몇 번씩 "이북에서 교수 노릇을 한 사람이 왜 당신 같은 사람과 결혼을 했겠는가. 여기서 가정을 갖고 주저 앉는 척해야 의심을 안 받을 것이기 때문에 결혼한 것뿐이다. 그러므로 정말 사랑하는 것이 아니니 뒤를 캐보아라"는 등 온갖 입방정을 떠는 주변 사람들의 말에 속아 넘어간다. 그래서 취조원에게 간첩의 혐의가 있는 그에 대해 "아무려나 생각나는 대로 말을 했던" 것이다. "이북 노래나 이북 애기 같은 거 안 합데까? 나중에 속인 게 드러나문 아주마니두 간첩으루다 징역을 살게 됩네다"라는 말에 "귀찮고 겁이 나서" 기억나는 대로 말해버렸다는 것이다. 한씨의 처지가 딱하고 가슴 아프게 여겨지는 만큼 이 대목에서의 윤미경의 고백은 분노와 회한을 머금게 한다. "팔자가 사나워 일부종사를 못했다"는 것을 한탄하며 울먹이는 그녀의 모습은 처량함을 지나쳐 한심하기 그지없다는 생각을 하게 만든다.

국가주의적 이데올로기를 거부하면서, 어느 곳에서도 자신의 의지대로 살아본 적이 없다고 고뇌하는 한씨 옆에서 남편을 믿지 못하고 고자질이나 하는 이 여성은 상대적으로 나약하고 판단력이 둔한 인물로 부각될 수밖에 없는 것이다. 그리고 무엇보다 중요한 것은 국가가 시키는 일에 순종적으로 따르는 '여성'과 아이를 낳아 기르는 모성(당시 윤미경은 임신 중이었다) 본능에 충실한 '여성'이 그 본연의 모습일 뿐이라는 사실을 반복적으로 강조한다는 것에 있다. 그것은 한씨의 석방을 위해 열심히 뛰어다니는 한영숙이 나라(국가)를 걱정하면서 아이에게 훌륭한 사람이 되라고 다독이는 부분에서도 드러난다. 여성이 책임지고 할 수 있는 일이란 아이를 낳고, 다독이고, 키우는 그 이상을 벗어나지 못하는 것이다.

이와는 대조적인 차원에서 창녀는 여성과 국가를 결합한다. 순결한 여성과 다르게 타락한 창녀는 국가 만들기에 전혀 도움이 되지 않는 여성으로 자녀를 양육하고 국가의 재원으로 키우지 못한다는 차원에서 생산적이지 못하고 게으르며, 돈이나 밝히는 전형적인 낙오자로 각인된다. 전락의 공포와는 다른 측면에서 특히 여성에게 집중되어 있는 '타락의 공포'는 바로 창녀로 대변되는 사창가의 여인네들의 모습을 기억시키는 것으로 구체화된다.

베트남 전쟁을 소설의 소재로 하여 탁월한 묘사와 구성의 탄탄함을 인정받은 「낙타누깔」[19]은 황석영의 또 다른 출세작이다. 이 소설에서 형상화하고 있는 베트남 전장의 실상과 귀국한 후 적응을 잘 못하는 전투병의 정신적인 상태는 한국 문학사에서 중요한 성과들을 거두었다. 남의 나라 땅에서 싸워야 하는 이유도 모르는 채 양민을 향해서도 총부리를 겨누어야 했던 파병 군인으로서의 심경은 그의 파탄적인 행위, 언사를 통해서 리얼하게 드러난다. 죽고 죽이는 살육의 현장에서 흑인 병사와 같은 가해자가 되어 다른 나라의 국익을 위해서 싸워야 했던 나의 처지는, "국가가 하는 바는 언제나 옳은 가치인가"를 끊임없이 묻게 한다. 내가 베트남에서 얻은 낙타누깔을 토해내는 마지막 장면에는 한순간도 벗어날 수 없었던 전쟁이 남긴 공포와 회한이 겹치면서 강한 울림을 준다. 베트남에서도, 돌아온 고국에서도 여전히 이방인일 수밖에 없는 '나'의 상황은 그 시대의 또 다른 우리의 자화상일

---

19) 황석영, 「낙타누깔」, 『황석영 중단편 전집 2』, 창작과비평사, 2000.

뿐이다.

그러나 이 소설은 또 다른 측면에서 문제적이다. 「낙타누깔」의 등장인물 대부분은 전쟁터에서 국가를 위해, 국가 만들기를 위해 젊음을 바친 희생자들이다. 그렇기 때문에 누구보다 국가의 명령에 회의적일 수밖에 없는 것이다. 그러나 이들의 삶의 방식은 이것과는 거리가 있다. 이들은 자신들이 회의하고 부정하는 국가주의적인 이데올로기를 여성에게 내면화시키고, 이를 실체화한다. 그들이 전장에서 겪은 체험과 이에 대한 기억은 단지 담론이 아니라 무엇보다 신체를 통해서 실현되는 것이었다. 특히 창녀를 대하는 그들의 태도에는 제국의 지배자가 피지배자의 국민을 대하는 심리적 파시즘의 메커니즘이 그대로 묻어 있다. 그렇기 때문에 "미국을 떠다 옮겨놓은 곳"에서 몸을 팔아 달러를 버는 창녀란 더럽고 수치스러운 것, 조국을 망신시키는 자 이상의 의미를 갖지 못한다고 생각한다.

그렇게 창녀는 피지배 국가의 낙오자일 뿐인 것이다. 그들은 창녀에게 국가주의적 이데올로기를 투영시키면서 스스로 국가가 되었던 것이다. 더군다나 "쌍년들, 뭐 별거 있나. 딸라 벌겠다는 소리 아니야"라고 하면서 "시퍼런 본토불을 왕창" 갖고 왔다고 소리치는 그들의 태도에서 엿볼 수 있는 것은 제국의 논리란 어떻게 일상화되는가이다. 특히 이는 위험에 처한 여자를 구해주고 그 대가로 몸을 요구하는 김상사의 태도에서 극대화된다. "똑같은 삼천만 동포" 아니냐고, 그러니 뭘 그렇게 버팅기냐고 협박하면서 여자를 강제로 겁탈하려는 순간에 드러나는 것은 다른 민족이 아니라 오히려 같은 민족이란 이름의 공동체가 얼마나 더 폭력적인가이다.[20] 이를 창녀와 겁탈당하는 여성이라는 메커니즘을 통해서 그대로 반복하고 있는 것이다. 이러한 행동이 그들의 피폐한 의식 상태를 드러내주는 것이라고 단순히 생각

---

20) "이거 새삼스럽게 이럴 거 없잖아. 가만히 있으라구. 상사가 여자의 스커트 안으로 손을 집어넣었다. 여자가 요동을 치며 울먹였다. 상사는 아예 여자를 옆구리에 껴안고 두 다리를 잡았다. ──그 틈에 상사는 여자의 펑퍼짐한 궁둥이를 철썩철썩 두들겼다"(「낙타누깔」, p. 193).

할 수 없는 이유가 바로 여기에 있다.

6

70년대와는 다르게 80년대 소설, 특히 노동소설에서는 창녀나 순결한 여성의 등장이 완전히 사라지면서 가족 안에 '아내'에 대한 관심이 극대화된다. 물론 정화진의 「쇳물처럼」에 등장하는 광부의 아내들처럼 여성이란 섹스나 밝히고 급기야 바람이 나면 자식까지 버리고 도망가면 그뿐인, 삶의 가치라는 면은 생각조차 해본 적이 없는 인물로 그려지기도 한다. "마누라는 허우대가 장승만한 사내를 옆에 두고 지새야 하는 독수공방에 지쳐 대처에서 스며든 어느 놈팽이와 주린 밤농사를 짓다가 애새끼도 버린 채 멀리 도망"[21]가는 족속일 뿐이라는 성적 파시즘에 가까운 발언을 아무 자의식 없이 던지는 소설도 있다.

그러나 이러한 여성상이 방현석의 소설로 옮겨오면서 상당히 달라진다. 그녀들은 남편이 해고된 직장에 나가서 함께 투쟁을 하며 승리를 쟁취하는 투사형의 여인이다. 창녀로 상징되는 '타락'의 공포에서 벗어난 여인은 섹스와 욕정에 시달리지 않는 이념적인 투사의 모습으로 다시 새롭게 태어난다. 이제 여성들은 남편을 보필하고 가족을 지키는 막강한 임무를 부여받게 되는 것이다. 그러므로 소설에 등장하는 여인이 남편과 함께 노동 해방의 전선에 뛰어들게 되는 동기는 자신을 부당하게 대우하는 사회적인 현실 문제 때문만은 아니다. 그 동기는 바로 가장인 남편이 부당하게 해고당하였기 때문이며, 그런 남편을 정당한 위치에 다시 올려놓아야 하기 때문이다. 그런 여성들은 가족을 위해서 자신의 안위를 보살피지 않으며 남편의 복직을 위

---

21) 정화진, 「쇳물처럼」, 『전환기의 민족문학』, 풀빛, 1987, p. 252.

해서라면 죽음까지도 불사한다.

　방현석의 「내일을 여는 집」[22]에 등장하는 이진숙은 이러한 투사형 인물의 대표적인 예다. 이진숙은 직장을 잃고 날마다 전전긍긍하는 남편에게 "깨끗하게 손 털고 다른 직장 알아보라"고 소리를 지르며 이혼을 요구한다. 그런 이진숙을 성만은 "소갈머리 없는 여자야, 뭘 알아야 얘기가 통하지" 하고 힐난하면서 상종조차 하지 않으려고 한다. 그녀는 성만에게는 "남편의 위신이나 체면 따위는 아랑곳하지 않는" 위인인 것이다. 급기야 성만은 "아가리 닥치지 못해!" 하고 버럭 소리를 지르는 지경에까지 이른다. 그런 아내가 가장인 남편이 부상을 당해 병원에 누워 있는 모습을 보고 난 이후부터 변하기 시작한다. 남편을 정당하게 회사에 다닐 수 있게 하기 위해서 진숙은 옷 한 벌 제대로 사 입지 않고 일을 하며 남편의 복직을 돕는다. 이 소설이 더욱 문제적인 이유는 그러한 아내의 태도 때문에 남편도 감동을 받아 아내가 하던 설거지를 하는 태도의 변화까지 보인다는 것에 있다. 여기에는 여성의 역할이 남편의 행동까지 바꿀 수 있을 만큼 중요하다는 강한 메시지가 담겨 있다.

　그러나 여성의 해방으로 인식될 만한 이 부분이 여성의 의무감을 더욱 강하게 하는 것으로 증폭되는 이유는 바로 그 결과에 이르는 동안 이진숙이 보여준 태도 때문이다. 그녀는 남편을 위해서는 요구하던 이혼도 포기하고, 남편이 원하면 아이를 떼고 싶어도 낳아야 하며[23] 무슨 일을 해서라도 가정을 지켜야 한다는 것이다. 그리고 남편이 투쟁의 선봉에 섰을 때 육체적인 희생, 생명을 다해서라도 남편과 함께해야 하는 것이 아내의 도리이고 그 직무를 성실하게 수행했을 때 "여성 해방, 노동 해방의 기수"라는 명예를 얻게 되는 것이다. 소설의 마지막 장면에서 그녀가 남편의 유니폼을 다리는 것은 이러한 의미를 더욱 상징적인 것으로 만들어주는 행위에 불과한 것이다.

---

22) 방현석, 「내일을 여는 집」, 『내일을 여는 집』, 창작과비평사, 1999.
23) 방현석, 같은 책, pp. 139~40.

스스로의 각성이나 사회 인식에 기반하기보다는 남성, 또는 주어진 환경에 의해서 투사가 되는 여인의 모습은 80년대 노동소설의 대표적인 문법이다. 그 문법의 위태로운 지점을 위반하면서 다른 한편으로 재생산하고 있는 것이 김영하의 「전태일과 쇼걸」[24]이다. 이 소설은 소위 국가 이데올로기에 저항하면서 새로운 시대가 도래하기를 꿈꿨던 혁명의 뒤안길에서 그 시절을 회고하며 그와 그녀를 억압했던 것들이 무엇인가를 천착해가는 일화들로 구성되어 있다. 그 일화들은 국가주의적인 이데올로기가 어떻게 억압의 기제로 작동하는가라는 기존 소설의 물음에서 한층 더 나아가서 혁명이란 이름에 의해서 얼마나 많은 개개인의 실존이 억압받았는가에 대한 질문을 던지고 있다는 측면에서 신선하다. 이를테면 사형장에 대한 이야기를 하면서(사형장에는 면회실과 사형장이 붙었다고 한다(p. 205)) 왜 쾌락과 죽음, 진보와 퇴행, "왜 그런 것들은 함께 있을까" 하고 묻는 것은 어떤 측면에서 가장 90년대적인 질문인 것이다.

그런 시절을 지나온 그에게 이제 「아름다운 청년 전태일」이라는 영화는 누군가와 나누고 공감할 어떤 것이 아니라 "전태일을 처음 접하던 그 빛나던 시절을 회상하면 그뿐, 그리고 눈물 한 방울 흘리며 자신을 용서하면 그뿐"인, 즉 기억을 정리하는 것 이상의 의미가 없다. 그렇게 그는 많이 변했던 것이다. 아니, 엄밀하게 말하면 변했다기보다는 자신 안에 내재해 있던 또 다른 자신의 모습을 용기 있게 인정했다고 보아야 할 것이다.

그는 예전과는 다르게 균형 감각을 잃지 않으려고 한겨레와 조선일보를 모두 구독한다. 그리고 획일적인 운동권 논리에서 벗어나 "이젠 휴대폰도 패션이죠" "세계 최초로 전화기로 사람 찾기" "중국 교포 여성과의 결혼 배우자 추천이라면 국내뿐만 아니라 중국까지도" 등의 카피가 휘날리는 시대적인 변화도 인정하면서 더블치즈버거와 코카콜라를 마실 수 있는 그런 사

---

24) 김영하, 「전태일과 쇼걸」, 『호출』, 문학동네, 1997(이하 이 책에서 인용한 부분은 면수만 밝힌다).

람이 되어 있는 것이다.[25] 그뿐만이 아니라 광주와 비엔날레라니 하면서 흥분하지 않고, 이를 직접 관람하면서 광주라는 상징이 국가와 나라를 인식시키는 메커니즘 가운데 하나인 박람회장으로 변해 있다는 사실에 대해서 비판적이 언사를 날리기도 한다. 그것이 "균형잡혀 있는" 그의 모습인 것이다. 그런 그가 서울극장에서 상영중인 「아름다운 청년 전태일」이라는 영화를 보기 위해 갔다가 옛날 애인 그녀를 만나면서 본격적인 스토리가 시작된다.

그와 그녀는 동아리방에서 처음 만났다. 그녀는 고등학교 때부터 전태일을 알고 있었던 운동권이었으며, '지금'도 전태일을 기억하면서 영화관 앞에서 또박또박 전-태-일을 발음하며 표를 달라고 한다. 빨간 베네통 시계를 차고 옷 잘 입는 남자의 정장 트루젠을 걸쳐 입고 있는 자신과는 대조적으로 그녀는 검은 숄을 두르고 역시 검정바지를 입고 있었다. 여기까지만 보면 그녀는 그보다 자신이 살아온 삶에 대해서 쉽게 미련을 접지 못하고 있으며 90년대 변한 사회적인 상황과는 상관없이 자신의 의지력을 굽히지 않으면서 새로운 혁명의 가능성을 탐색하고 있는 의지력의 소유자인 듯 보인다. 그러니까 백주에 (백수인 탓도 있겠지만) 전태일을 보고자 영화관을 찾은 것이다.

그런데 문제는 그렇게 단순하지 않다. 그에 따르면 "그녀를 결의 높은 운동가로 본 사람들은 모두 그녀와 연애를 하지 못했다." 왜냐하면 그녀의 본질은 전혜린일 뿐이었으며 임수경이나 로자 룩셈부르크는 아니었기 때문이다. 그녀가 3학년이 되었을 때 "그녀의 선배들은 말 잘하고 인물이 훤한 그녀를 어떻게든 잘 키워보려고 했다. 그 무렵 학생회에서 일하고 있던 그 남

---

25) 그는 이미 시대적인 상황을 파악하고 이에 발맞추어 살아가는 것이 무엇인지 알고 있는 인물이라는 것이다. 그러므로 학생 운동 시절 구치소까지 갔다 왔지만 지금 90년대를 살아가는데 이념적, 또는 생활적인 부분에 별다른 이질감이나 불편을 느끼지 못한다. "엘지 죽염 치약으로 이빨을 닦고 아이보리 비누로 세수"를 하고 "존슨즈 베이비 로션을 바른 후" "아래층에 내려와 홍차의 꿈, 실론티를 마셨다"(p. 201)에서 알 수 있듯이 그에게는 이념이 사라진 현실이 크게 문제되지 않는다.

자도 그녀의 자유주의적 성격을 비난했다. 결국 그녀는 전혜린을 버렸다"
(p. 218). 그녀는 본질적으로 운동권의 성향을 갖고 있지 않았음에도 주변
남자 선배들에 의해서 '키워진' 방식으로 운동권이 되었다. 자신의 성향을
끝까지 지키지 못하고 남자 선배들에 의해서 운동권의 성향으로 키워졌다
는 것은 무엇을 의미하는가? 그녀 행동의 변화는 운동이 절실한 삶의 과제
라서가 아니라 남자 선배들이 원했기 때문이었다는 것 이상의 의미를 갖지
못한다. 국가와 노동자를 걱정하며 전혜린을 버렸고, 읽고 싶었던 시집도
더 이상 읽지 않았지만 그런 행위가 그녀의 본질, 진실은 아니었다는 것이
다. 그런 그녀에게 아직도 남아 있는 것은 노동 현장에서 만났던 사람들과
의 추억과 다시 그들과 함께 일하고 싶다는 바람이다. 그러므로 "거기 사람
들, 정도 많고 단순하고——그런 게 좋더라구요. 계도 만들어서 지금도 만나
요"(p. 219) 하고 말하는 그녀의 태도에서 알 수 있는 것은 지조 있는 운동
권의 의연함이 아니다. 오히려 자신 스스로가 얼마나 노동자에 대해서 피상
적으로, 감상적으로 알고 있을 뿐인가이다. 더군다나 현장 노동자들을 두고
단순성 운운하는 그녀의 '단순성'이야말로 이에 대한 불신을 더욱 증폭시킨
다. 이러한 그녀의 구태의연한 태도는 광주에서 왜 하필 비엔날레 형식의
국가적 행사가 이루어져야 했는지에 대해서 관심을 갖고 그 국가주의 이면
에 내포되어 있는 의미가 무엇인지까지를 따져보는 그 남자와 비교해본다
면 어눌하고 답답하기 짝이 없다.

그뿐만이 아니다. 헤어지면서 그녀가 그에게 던지는 질문에서는 그녀가
아직도 혁명과 섹스에 대한 자기 편견과 이분법적 사유 방식에 사로잡혀 있
음을 단적으로 보여준다. 다시 말하면 "쇼걸과 전태일의 공통점이 뭐인 것
같아? 그 남자는 생각해낼 수 없었다. 뭔데? 둘 다 혼자 보기 좋은 영화라
는 거야"라고 질문하고 답하는 그녀의 태도에서 알 수 있는 것은 그녀가 둘
다 '국가'가 좋아하지 않는 것들을 다루고 있다는 것을 알고 있음이 아니라
여전히 '혁명과 금욕은 분명히 다른 것'이라고 생각하는 이분법적 사유 방

식이다.

그 남자의 태도는 이러한 의구심을 증폭시킨다. 그는 그녀가 한 말을 듣고, 「쇼걸」 매표소에는 쥐색의 바바리코트를 입은 남자들이 들어가고 있으며, 「전태일」 입구 쪽으로는 별로 다를 바 없는 행색의 남자, 또는 여자가 스며들어가고 있다고 하면서 그녀의 말에 동의한다. 이 묘한 대비가 아무렇지도 않게 느껴질 수도 있고 오히려 일상의 잊혀진 부분들을 상기시켜주고 있어 신선하다고 생각될 수도 있을 것이다. 그러나 이 소설 전체의 문맥에서 본다면 이 장면에서 전경화되는 것은 변한 현실의 응전력을 상실한 것처럼 보이는 그녀의 닫혀 있는 아둔함이다. 또한 여전히 자기 동일성의 신화에서 벗어나지 못하고 순환 논리에 갇혀 있는 구태의연함이라는 것이다. 이를 통해서 그녀가 아직까지 혁명의 한계를 분명하게 인식하고 이를 기반으로 새로운 가능성을 꿈꾸는 비판적 인식의 면모를 보여주고 있다고 생각할 사람은 아무도 없을 것이다. 그가 그녀를 통해 '상상'하고 있는 것(상상된 여성)은 혁명과 금욕, 도덕과 본능이 뒤섞여 있는 현실적인 모순을 아직까지 깨닫지 못하고 있는 여성일 뿐인 것이다.

결국 「전태일과 쇼걸」은 표면적으로는 혁명적 이데올로기가 갖고 있는 내면적인 모순과 개인을 억압했던 80년대의 시대적인 질곡을 비판하고 있는 소설처럼 보이지만, 다른 한편으로는 자신 안에 내재되어 있는 갈등을 사회적 도덕과 명분론으로 치환하며 자기 동일성으로의 환원을 반복하는 여성에 대한 고착적인 이미지를 강화하고 있는 소설에 지나지 않는 것이다.

7

대다수의 보통 사람들은 너무도 자연스러워서 선택의 여지가 없는 것들, 피부색·성(gender)·태생처럼 어떻게 할 수 없는 것에 쉽게 동화되기 때문에 이를 기반으로 한 공동체 이념, 민족과 국가는 개인에게 희생을 요구할 수 있다. 의식적으로 선한 의도를 갖고 행해지는 것들, 이를테면 약한 자를 위한 척하는 강자의 논리, 해방을 말하면서 행해지는 전쟁, 혁명이란 명분 속에 공존하는 파시즘, 민족주의와 맞물려 있는 국가주의, 위기의 극복이란 명분으로 하나의 국민됨을 강조하는 국가 만들기 등에는 상상적 자아의 장식을 위한 개인의 희생이 전제되어 있다. 권위주의적 국가가 기존 체제와 사상을 공고하게 하려는 수단으로 국토 순례라는 의식적인 행사를 동원하는 것처럼 공리주의적 문학론에도 동원되는 것들이 있다. 추상적인 환원 논리를 반복하면서 자기 동일성의 신화에서 벗어나지 못하는 민족 이념과 국가주의뿐만 아니라 이를 구체적으로 현현하는 여성의 몸, 육체도 그중 하나다.

문학이 여성을 통하여 고착적인 민족 이념과 가부장적인 국가주의를 반복적으로 재생산하는 것에는 이유가 있다. 민족 이념이 민족적 동일성의 신화에 갇혀 국수주의적이고 토착적인 민족주의를 강조하는 데 있어서 여성은 가장 자연스러운 방식으로 고착적인 문화 기억을 상기시킬 수 있었기 때문이다. 문화 기억을 통한 상상체로서의 여성성은 민족과 국가가 '상상'되는 방식과 동일한 시스템 속에서 지배 이데올로기와 밀착된 채 국가주의를 강화시키는 수단으로 전락하게 된 것이다. 문학의 전복적인 상상력에 철저하게 위배되는 방식으로 여성의 몸을 통해 실체로 둔갑한 지배 이데올로기는 한국 근현대 문학사에서 추상적인 통합 논리를 가장하고 자연적인 자기 동일성으로 환원되는 민족 이념과 국가주의, 그것과 동일한 담론 체계 속에서 생성된 것이다.

특히 민족주의적 정서와 권위주의적 가족주의 정서는 여성을 도덕적인 것과 결부시키면서 쾌락을 죄악시하는 동일한 논리 구조를 공유하고 있다는 측면에서 문제적이다. 그 담론 속에서 위반의 상상력과 반란을 잠재우는 '고유성'의 메커니즘에 의해서 여성성은 다소곳한 신화가 되는 것이다. 이

복잡한 이데올로기의 향연으로부터 문학은, 문학적 상상력은 과연 자유로울 수 있을까.

사실 문학적 상상력이 갖는 에너지의 근원은 민주와 안정과 평화의 기원 속에 내재된 허상들과 획일적이고 안정된 환원 논리 등을 비판하면서 정신 착란을 일으키고 분열증을 야기시키는 데 있다. 분열증과 착란증은 어떤 경우에도 범주를 특권화시키거나 본질화하지 않는다. 그런 측면에서 문학은 그 자체가 미쳐 있는 자들을 위한 '판'일 뿐이다. 문학의 본령은 관계의 집합성을 인식하면서 어느 하나만으로 환원되지 않는 '나'를 탈자연화/탈본질화시키려는 데 있다. 문학, 그 자체가 유혹적일 수밖에 없는 이유가 바로 여기에 있다. 그러므로 문학이 정적인 민족 이념과 국가주의로부터 자유로울 수 있는 길이란 문학이란 이름 속에 녹아 있는 고착적인 이데올로기들이 얼마나 허구적이며 상상된 것인지에 대한 고민에 있을 것이다. 그 촉수가 억압된 것이 아니라 처음부터 폐기처분되어 있거나 원(原)억압된 것에 닿아 있어야 하는 이유가 바로 여기에 있다.

한국 문학의 성적 상상력
―포르노, 에로티즘, 섹슈얼리티

1

포르노, 섹슈얼리티, 에로티즘이란 그렇게 간단하게 논의될 수 있는 성질의 것이 아니다. 이는 이 용어들의 어원을 들여다보고 있을 때 느껴지는 혼란스러움으로도 간단히 예증할 수 있다. 예컨대 고대 그리스어에서 유래했다는 포르노그래피만 하더라도 단순히 성기 중심적인 성행위를 재현하는 성적 표현물 정도로 규정하면 곤란하다. 엄밀하게 말해서 포르노그래피는 창녀를 의미하는 Pom과 문서를 의미하는 Craphos의 합성어다. 즉 포르노는 성기를 과다하게 노출시키는 성적 재현물이 아니라 '창녀'라는 특징적이고 상징적인 대상을 염두에 두고 사용하는 용어인 것이다.

그러므로 포르노그래피가 일상생활의 의미와는 무관하게 성행위에만 관심을 두는 것은 당연한 것이며 성적 대상인 육체에 과도한 집착을 보인다는 비판도 포르노 본래의 취지에서 본다면 하등 문제될 것이 없다. 소위 페미니스트들이 포르노 속의 여성이 남성 관객의 쾌락을 담보로 하는 성적 대상일 뿐이며 그렇기 때문에 여성의 성적 권위를 실추시켰다고 비판하는 것은 포르노 본래의 취지가 무엇인지를 모르고 하는 소리다. 왜냐하면 포르노는 그런 목적으로 만들어진 성적 표현물이기 때문이다. 여성을 창녀 취급하면서 남성의 배설적인 욕망을 드러내려는, 그리하여 매춘부의 최저 생활을 생생하게 묘사하는 것이 포르노의 본래적인 의미라는 것이다.

사실상 매춘부의 존재 조건이란 남성의 성적 지배 하에서만 존재할 수 있는 것이다. 그러므로 보드리야르가 창녀이기 때문에, 아니 창녀라는 탈을 썼기 때문에 여성은 오히려 자신의 성적 욕망을 노출하고 노골적으로 쾌락을 즐길 수 있었다고 한 것은 나름대로 이유가 있는 발언이다.[1] 포르노는 남성 지배 하에 있는 여성의 이미지 자체를 '놀이'로 치환하고 이를 통해서 오히려 소외된 여성의 이미지를 더욱 사회적인 차원에서 언표화할 수 있었다는 것은 설득력 있는 말이다.

보드리야르는 그 놀이에서 남성은 한번도 이겨본 적이 없다고 단언한다. 왜냐하면 포르노가 주로 여성의 성기를 중심으로 촬영이 되는데 이때 여성은 어느 순간도 성적 불능의 모습을 보여주지 않는다는 것이다. 여성의 성은 자신을 자유롭게 할 수 있다는 자신감 속에서 보드리야르식으로 말하면 "계속 벌어져" 있음으로써 자신을 '영도' 속에 위치시킬 수 있다는 것이다. 그런 상태에서는 남자들의 그것이 발기해 있건 수그러져 있건 아무 의미도 없으며 오히려 남성은 하찮은 역할만을 맡을 뿐이라는 것이다. 빳빳하게 발기한 남근이 변화시킨 것이라고는 아무것도 없는 것이다. 이제 남성은 더 이상 관심의 대상이 되지 못한다.[2] 왜냐하면 남성은 지나치게 규정되어 있는 정해진 규범을 따르기 때문이다. 매혹은 중성적인 것과 막연하게 벌어져 있음을 지향하면서, 항상 변화하고 걷잡을 수 없는 성욕보다 더욱 확실하게 대상에게 어필한다. 그것을 그는 수세기 억압과 불감증을 겪어온 여성의 역사에 대한 복수라고까지 말한다.

---

1) 장 보드리야르, 배영달 옮김, 「포르노-스테레오」, 『유혹에 대하여』, 백의, 1996, pp. 14~41.
2) 예컨대 이인성의 소설 「분명히 나쁜 꿈」에 등장하는 창녀가 "얼마를 주랴?" 하는 물음에 "난 내가 기분 좋으면 돈 안 받아. 그럴 땐, 내 몸을 파는 게 아니라 내 몸을 즐긴 거잖아"라고 하면서 오히려 섹스를 주도하는 유희의 주체로 뒤바뀌는 것. 그리하여 "그는 오로지 그녀의 격렬한 뜻에 따라 몸을 뒤틀며 헉헉거리기만 했었던 것" 이상의 의미를 갖지 못하게 되는 상태를 의미하는 것이다. 이인성, 「분명히 나쁜 꿈」, 『문학과사회』 59호, 2002년 가을, p. 959.

실제로 포르노에 등장하는 페티시즘적인 것, 변태적인 것, 원초적인 장면 등은 현실과 환상 사이를 나누는 아무 역할도 하지 못한다. 왜냐하면 포르노에서는 현실이 중첩되어 있어 환상이 가능하지 않기 때문이다. 즉 포르노는 기호들을 즉각적으로 만들어내는 것이고 이를 통해 그로테스크한 초(超)기호 작용을 괴상하게 시도하는 것에 지나지 않는다는 것이다. 성기를 포함해서 모든 것은 너무도 가까이 있고 사실적이라고 하기에는 '지나치게' 사실적이다. 그러므로 포르노에서 작용하는 유일한 환상이 있다면 그것은 성의 환상이 아니라 실재의 환상, 하이퍼실재 속에 흡수되는 환상이다. 포르노에 나오는 엿보기는 성적인 엿보기가 아니라 표현과 표현의 사라짐에 대한 엿보기인 것이다.

그러므로 포르노에서의 성해방은 한계가 있다. 그것은 비단 여성에게만 적용되는 문제가 아니라 남성에게도 똑같이 적용되는 문제다. 그 속에서 성해방은 하이퍼리얼리즘이 보여주는 가상, 다시 말하면 "당신들에게 더 많은 것이 제공된다"는 가상 하에 색채와 입체감에 의해서 복원된 기술적 차원 이상의 의미를 가질 수 없다. 그럼에도 불구하고 성의 기호들을 축적함으로써 성을 극단화하는 그 화려한 패러디와 가장된 고통. 포르노는 그런 측면에서 진실한 것이기도 하다.

그러나 사실 거기에는 무엇인가 결정적으로 빠져 있는, 아니 거세되어 있는 것이 있다. 바로 유혹이다. 유혹이란 무엇인가. 그것은 단순한 쾌락이나 기쁨을 의미하지 않는다. 바로 여기에 포르노그래피로 접근할 수 없는 에로티즘의 문제가 개입된다. 에로티즘에는 유혹하는 사람과 유혹당하는 사람의 유희와 외설스러움의 무한한 미래가 담보되어 있다. 성욕은 단순히 '성적 관계'에 국한되어 있는 것이 아니라 유혹과도 밀접한 관련이 있는 것이다. 그런 유혹에는 다분히 자기도취적인 특징이 있다. 그러므로 여자는 거울에 비친 자신의 몸을 은밀하게 감추고 숨김으로써 더욱 유혹에 가까워지며, 남자는 보이려고 하고 드러내려고 하기 때문에 더욱 허약하며 보잘것없는 대상으로 전락한다. 육체는 그런 실존적인 상황을 실현하는 물질적인 것이다.

이때 여성의 유혹은 기호를 흡수하는 가운데 이루어지는 공모이며 비밀리에 이루어지는 음모와 같다. 그렇기 때문에 도전할 수 있고 논리화될 수 있는 것이다. 왜냐하면 섹스나 사랑이 갖는 진실한 의미가 없을지도 모른다는 사실을 감추면서 끊임없이 밀고 당기는 게임, 놀이는 오히려 전복적이고 전위적인 기호들을 만들어갈 수 있기 때문이다. 그 유혹 앞에서 금기와 위반은 놀이를 위한 중요한 장애물이 된다. 그 장애물은 고통을 배가시키는 장치이면서 동시에 인간의 다양한 속성을 드러내는 매개가 되기도 한다.[3] 폭력과 광기에 사로잡혀 있는 남녀 관계에서 읽을 수 있는 에로티즘의 논리는 쾌락으로부터 어떻게 도전과 죽음의 의미가 생성되는가에 있다. 특히 섹스의 대상에 불과하던 여자가 유희를 지배하는 자가 되어 매혹적이고 유혹적인 논리로 상황이 바뀌는 과정에서 드러나는 것은 유혹의 강력한 마력이다.[4] 에로티즘의 폭력을 통하여 속박과 금기에서 벗어나고자 하는 인간들이 다시 원래 상태로 돌아오고 마는 것은 어디까지 무엇이 가능한가 끝까지 가보자라는 에로스적 추동력의 한계를 보여주는 것이다.[5]

---

3) 바타유가 말하는 죽음과 폭력이 내재되어 있는 에로티즘의 미학을 추동시키는 원동력도 사실은 이 금기와 위반 사이를 떠도는 유혹에서 비롯된다고 볼 수 있다.

4) 보드리야르는 그런 시각에서 영화 「감각의 제국」을 분석한다. 그에 따르면 이 영화에서 광기의 극단에 이른 남녀가 보여주는 것은 관능적이고 신비한 것, 형이상학적인 것이 아니다. 그 것은 처음에는 남자의 주도에 의해서 형성된 유희가 어떻게 여자의 주도로 역전되며 도전과 죽음의 논리로 전환되는가를 잘 보여준다는 것이다. 장 보드리야르, 같은 책, p. 61.

5) 메를로-퐁티에 따르면 진정한 육체적 경험이라고 하는 것은 동일한 의미로 환원되지 않는 모호한 존재 방식으로 드러나는 것이다. 따라서 육체란 대상이 될 수 없으며 그 통일성이라고 하는 것도 언제나 암시적인 것이고 혼동스러운 것이다(메를로-퐁티, 류의근 옮김, 『지각의 현상학』, 문학과지성사, 2002 참조). 자신을 절대화하지 않음, 바로 육체적 모호성을 옹호하는 것의 진정한 의미가 바로 여기에 있다. 그런 측면에서 본다면 포르노의 결정적인 한계는 지독하게도 자신의 성적 정체성을 확인하려고 하고 이를 통해서 타자에게 자신의 존재적 가치를 과시하려는 극단성과 절대성에 있다고 할 수 있다. 특히 남성의 육체를 통해서 이를 구체화시킨다는 것이 문제적이다.

　섹슈얼리티는 이러한 물질적인 의미의 포르노와 에로티즘까지를 포괄하는 성담론으로 구체화된다. 그리고 성을 둘러싼 담론 체계, 문화, 관습, 의식적 실천 등을 아우르는 용어로 일반화된 것이다.[6]

　그러므로 포르노, 에로티즘, 섹슈얼리티는 서로 비슷한 뉘앙스에서 운영, 사용되는 언어이면서 동시에 서로 전혀 다른 전략적인 지점과 활용의 지점을 갖고 있다. 특히 한국 문학처럼 정적이고 단아한 전통(?) 속에서 이와 같은 다양한 성적 표현의 전략적인 지점들을 찾아내기란 그렇게 쉬운 일이 아니다. 한국 문학은 성적으로 재기발랄하기에는 지나치게 무겁고 둔중하다. 아마도 여기에는 여러 가지 이유가 있을 것이다. 어떠한 방법으로 그 이유에 천착할 수 있을까? 어떤 규범들이 우리를 무력화시키는가.

　이 글은 한국 문학에서 성적 상상력이 빈곤한 이유가 무엇일까라는 고민의 여정을 훑어가는 과정이 될 것이다. 이를 위해서는 90년대 이후 섹슈얼리티의 문제와 성적 상상력을 결합시키는 글쓰기의 특징을 보이고 있는 작가 장정일, 전경린, 윤대녕 소설부터 다시 읽어야 할 것 같다.

2

　장정일의 『보트하우스』는 어느 날 나에게로 와서 '타자기'가 되어버린 여자에 관한 이야기다. 우연히 나타난 여인이 왜 타자기가 되어야 했는지에 대한 의문으로부터 이 소설은 시작된다. 소설가인 나는 어느 날 필요한 타자기를 주겠다는 여자와 만난다. 그 여자는 타자기에는 별 관심이 없다는 듯이 나를 끌고 여관으로 들어간다. "유리잔에 든 얼음을 짤랑대며 콜라를 마시는 것"을 최상의 즐거움으로 알고 있는 나에게 그녀의 제안은 이미 예

---

6) 조셉 브리스토우, 이연정 · 공희선 옮김, 『섹슈얼리티』, 한나래, 2000; 이나영, 『포르노, 섹슈얼리티, 그리고 페미니즘』, 서원, 1999 참조.

감된 어떤 것이다. 그 여자, 이주민은 그가 필요로 하는 클로버 727 대신 불행한 가족사와 소설 쓰기에 대해서 생각하게 한다.

그런데 권태로운 일상과 씌어지지 않는 소설처럼 그의 페니스는 늘어져 있다. 이주민이 아무리 노력을 해도 그의 페니스는 변화를 보이지 않는다. 그 순간 이주민은 그와 교감하기 위해서는 그가 필요로 하는 타자기가 될 수밖에 없다고 판단한다. 결국 그녀는 그레고르 잠자가 벌레로 변신한 것처럼 타자기로 (일종의) 변신을 하게 된다. 상대방과의 성적 교감을 위해 소설가의 펜, 페니스가 되어버린 이주민은 그렇게 물체로 남는다. 스스로 작가의 타자기가 되어버린 이주민은 실제로는 작가의 서지 않는 페니스를 대신하는 페니스 대리물에 불과하다. 작가가 잃어버린 힘과 소설 쓰기의 욕망을 실현시켜주기 위해 자신의 성적 욕망을 과감히 벗어던지고 온몸으로 복종을 실현하는 여자의 이미지, 그 이상을 이주민의 행위에서 읽을 수가 없다는 것이다.[7]

이 타자기를 훔치기 위해서 등장한 인물이 있으니 애라가 바로 그 장본인이다. 애라는 돈이 없어 찾아간 전당포 노인에게서 성행위의 유혹을 받는다. 그러나 포르노적인 섹스 행위 자체가 그 노인에 대한 살해 욕망과 맞물리면서 결국 섹스의 환희 이상으로 살해의 환희에 매혹을 당한다. 그런데 문제는 내가 살해하고자 하는 욕망으로 그를 도끼로 내리치는 순간에 오히려 그 노인은 쾌락에 겨워 몸을 떤다는 데 있다. 그러니까 "쇠망치나 돌과 같은 단단한 것에 머리를 맞으면 맞을수록 오르가슴에 도달한다"는 것이다. 거듭되는 그녀의 살해 욕망을 알아차린 고르비 영감은 "나는 네 하초를 평생 빨고 싶었다. 처녀인 채로 그대로 놔두고 말이다. 그런데, 이 멍청한

---

7) 그녀는 나에 비해서 성에 대한 인지도 미숙하며 행동조차 조야하다. "미안해요. 아무 자극이 없어도 새벽에 **빳빳이** 선다고 해서 한번 해보는 건데. 선생님은 진짜 못쓰겠네요. 그녀는 내 사타구니로 다시 얼굴을 가져갔고 나는 윗몸을 세우고 앉아 그녀의 **빰**을 걷어붙였다"(장정일, 『보트하우스』, 프레스 21, 2000, p. 67).

년. 향기는 사라지고 이름만 남은 장미가 되었구나” 하고 한탄한다.[8] 여기서 문제가 되는 것은 에로티즘의 미학이나 포르노가 보여줄 수 있는 다양한 성적 기제에 대한 자의식 없이 반복적인 일탈과 소모적인 일상을 되풀이하는 인물들의 성행위다. 이 소설에서 섹스는 금지의 위반을 위한 가학성을 띠고 있지 않으며 그 사이에서 나타나는 긴장감과 소통도 부재한다. 즉 단지 사회적으로 소외되어 있는 개인이 순간적인 충동에 의해서 벌이는 해프닝 이상의 의미를 갖지 못한다는 것이다.

장정일 소설에서 이런 소녀의 이미지를 발견하기란 그렇게 어려운 일이 아니다. 아직 미숙한 소녀인 여주인공들을 중심으로 하여 그들이 적응하지 못하는 사회를 비판한다는 명목 하에 벌이는 가학적인 섹스는 맞고 때리는 가운데 그 여성 주인공 스스로 남성의 페니스가 되기를 갈망하는, 하여 벗어나고 싶은 힘과 권력을 그리워하는 인간으로 환원해버린다는 것이다. 그런 여자 주인공들에게 성은 자기 존재의 확인이라기보다는 오히려 타자를 위한 희생의 매개, 그 어떤 것으로 주입이 된다.

예컨대 애라가 동성애를 하는 파키스탄인들 사이에 끼여서 “육보시”를 해주는 장면은 그녀 스스로 원해서라기보다는 남자들끼리 섹스를 한다는 것 자체가 안쓰럽고 뭔가 정상적인 것처럼 보이지 않아서다. 문제는 바로 연민과 동정을 가정하면서 자신도 모르는 사이에 철저하게 기존의 사회적인 통념을 실현하는 매개로서 육체를 생각한다는 것에 있다. 남자끼리의 섹스가 불행해 보여서 그들에게 여자인 자신의 육체를 허락한다는 것은 철저하게 남성 중심적인 사유 방식이다. 이것은 마치 여성의 성적 욕망이라는 것은 자발적인 것이라기보다는 외적인 상황에 의존하여 모성애로 고안된 산물일 수도 있다는 피상적인 이해를 기반으로 하고 있다는 것이다. 외국인

---

8) “이 맛이 아니야. 츱츱거리며 애라의 음부를 빨던 노인은 고개를 들고 애라를 노려보았다. 그리고 맛이 변했어, 처음 맛이 아니야 하고 화를 내었다. 모르는 사람이 들었다면, 웬 늙은이가 냉면집에서 육수 맛을 탓하는 걸로 오해할 말투였다”(장정일, 같은 책, p. 156).

노동자의 동성애는 이 순간 오히려 더 낯설고 있을 수 없는 극한에서나 가능한 것이라는 인식을 가중시키는 매개로 전락하는 것이다.

이러한 부분은 소설 쓰는 주인공이 들락거린 포르노 클럽에서 더욱 극단화되어 나타난다. "엉덩이에 채찍을 맞거나 항문에 모조 성기가 꽂혀 있는 남자들과, 개목걸이를 하고 무릎으로 기어가는 순종자들은 하나같이 고통과 쾌락이 뒤범벅된 표정"을 짓고 있다. 흔한 포르노의 한 장면이다. 그런데 문제는 나에게 포르노적 성행위를 가능하게 했던 대상인 여인을 묘사하는 방식에 있다. 내가 그녀와 이야기하는 방식은 화자인 나에 의해서 일방적으로 이끌려간다. 반복적으로 정신분열증을 일으킨 원인을 아버지의 탓으로 돌리면서 이로부터 자유롭게 해준 너와의 성행위는 나를 완전히 구원하지는 못했다는 것이다. 아버지를 부정하기 위한 보상 심리로서의 포르노적인 섹스가 가져다준 것은 완전히 거세시키지 못한 아버지의 페니스에 대한 그리움으로 전이된다. 소녀가 남성성을 다른 방식으로 확인시키고 심지어는 스스로 페니스가 되길 갈망한다는 논리에는 진정한 포르노의, 또는 에로티즘의 어떤 의미도 찾을 수가 없는 것이다. 이는 여성의 성적 욕망이 어떤 측면에서 왜곡된 형태로 역이용될 수 있는가를 보여주는 예 이상의 의미를 갖지 못하는 것이다. 표면적으로는 격한 섹스와 도발적인 성적 상상력을 가장하고 있지만 그 내적 논리는 지극히 이분법적이고 권위적인 방식으로 짜여 있는 것이다.

3

전경린 소설은 광기적인 심리의 탁월한 묘사와 이를 드러내는 일상에 대한 투시력으로 간결하면서도 강렬한 문장들로 채워져 있다. (초기 소설의 매력은 바로 이에 기반하고 있는 것이다.) 또한 그녀의 소설은 불가능해 보이는 사랑의 아슬아슬한 접점을 항해하면서 끊임없이 방황하는 여정을 담고 있다는 공통점이 있다. 소설의 인물들을 삶의 혼돈 속으로 밀어넣는 원동력은 제도권 밖의 사랑이 가져다준 순간적인 홀림이다. 금기된 사랑과 이를 위반하면서 벌이는 섹스가 강렬한 것은 자신 안에 스며들어 있던 모순과 불순함이 한순간에 표면화되는 그 섬뜩함 때문이다.[9] 전경린은 그 모순을 자연스럽게 드러내면서 어디까지 무엇이 가능한지를 묻는 에로스적인 인간의 고민을 통해서 삶의 비의적인 것들을 직시해왔다.

그러나 전경린의 후기 소설에서는 이 긴장력이 낭만적인 방식으로 추상화되고 있다. 다시 말하면 에로스의 절망이 지극히 피상적으로 형상화되는 경향이 있다는 것이다. 그 피상적인 상황을 반복하는 이미지의 주체가 바로 '소녀'다. '소녀 같음'이란 무엇인가. 그것은 결정적인 순간에 자기 두려움에 떠는 여성의 이미지로서 반복적으로 재현되는 어떤 것이다. 가족을 떠나 제도권 밖으로 일탈하는 도발적인 행위를 가능하게 하는 것도 소녀로서 가능한 일이며 동시에 마지막 순간에 가족의 일부를 완전히 떨치지 못하고 연민에 싸여 홈커밍하는 것도 소녀이기 때문에 가능한 것이다. 결혼이라는 제도 밖으로 뛰쳐나와서 새로운 사랑을 찾고 갈구하면서 마지막까지 그 새로운 사랑에 집착하면서 살아가는 것도 나이와 무관하게 크지 못하고 웅크리고 있는 소녀가 갖는 현실적 판타지인 것이다.

이런 소녀는 성장하면서 사회화되는 과정에서 실질적이고 구체적인 차원에서 권력과 힘에 대한 자의식을 갖지 못한다. 그러므로 전경린 소설에 웅크리고 있는 소녀에게 삶은 경험을 통해서 주어지는 것임에도 불구하고 추상

---

9) 「염소를 모는 여자」를 비롯한 초기 소설의 매력이 바로 여기에 있다. 전경린은 규정되는 않은 불안정한 육체적 감각을 통해서 실존을 수반하는 결여된 신체의 의미를 소설적 주제와 연결시키는 노련미를 보여주었다. 지적이고 이성적인 판단으로 규정되지 않는 육체적 기능이 후기 소설로 갈수록 감상적이고 추상적인 의미를 반복하는 보편적인 기제로 환원되는 이유가 어디에 있을까. 그 육체적 수동성 밑바닥에 미성숙한 소녀, 자신을 넘어서지 못한 소녀가 웅크리고 있었던 것은 아닐까.

적인 어떤 것이며 주어진 시간을 그저 살아온 여인이 한순간 느끼는 회한의 모티프를 제공해주는 어떤 것 이상의 의미가 없다. 『검은 설탕이 녹는 동안』 (문학동네, 2002)은 그러한 전경린 소설의 한계를 극명하게 보여주고 있다.

이 소설에 등장하는 나는 스무 살의 여자다. 스무 살이라는 나이가 함축하고 있듯이 우리네 인생에서 스무 살이란 아슬아슬한 삶의 편린들과 어렴풋하게 맴도는 미래에 대한 상념으로 괴롭고 힘든 시기를 상징하는 것이기도 하다. "내가 좋아하는 몇 개의 단어들, 지옥의 입구에서 비명을 지르는 듯한 엄마의 고함 소리와 위협적인 아버지의 침묵"과 썩은 냄새로 상기되는 그 시절의 나는 연약하고 여리기 이를 데 없다. 그래서 또래의 남학생이 잡는 손목에도 "강아지처럼 얌전하게" 끌려가며 "소녀들을 무기력하게 만드는 냄새" 때문에 괴로워한다. 그런 소녀와는 다르게 그녀의 남자 친구 성재는 이미 그 시절 철저하게 사회 비판적인 의식을 내면화시켰으며 이를 실천하기 위해서 나름대로 자신의 갈 길을 정했다. 그런 성재의 행동이나 실천적인 행위를 보면서 내가 느끼는 것은 존재론적인 열등 의식이다. "터무니없는 공상"을 하는 자기보다는 성재가 "옳다는 것"이다. 자신은 "세계와 타인 사이의 경계막, 살려고 하는 또 하나의 맹목적 의지, 질서를 부여해야 하는, 두서없이 뒤섞인 욕망의 덩어리, 혼자 있을 곳을 찾아 헤매면서 동시에 누군가를 그리워하는 비극적인 이중도주"에 한없이 시달린다고 한탄한다. 그 한탄과 동시에 나를 괴롭히는 고민은 첫경험을 누구와 어떻게 하는가이다.

그런데 정작 중요한 문제는 그녀의 이러한 방황에 있지 않다. 가족과 가정의 의미를 부정하고 회한에 휩싸이는 모습과 불확정적인 삶을 자신의 실존으로 껴안으려는 모습은 자신의 의지를 믿고 우연을 인정하지 않으면서 앞으로만 나아가는 성재의 모습보다 더 중요한 서사적 모티프로 작용할 수 있다. 그럼에도 불구하고 이 소설의 주인공은 그 불안 자체를 견디지 못한다. 성재와 육체적으로 접촉하면서도 내가 느끼는 것은 단지 그가 '옳다'는 것이다. 성재의 실존이 나에게 왜 옳다라고 느끼게 하는가. 불연속적인 존재의 실존을 그대로 껴안고 살아가면 안 된다는 것인가. 무엇이 나로 하여금 성재의 그늘에서 벗어나지 못하게 하는가. 좀더 구체적으로 나를 소녀에서 더 성숙한 인간으로 만드는 요인들이 무엇인가.

그것은 내가 성재와 사랑을 통해서 또는 성적 접촉에 의해서 깨닫게 되는 것이 아니다. 이를 가능하게 해주는 것은 지극히 이성적이고 계몽주의적인 발언들과 가르침이다. 즉 우수련이 삶의 본질을 알게 된 것은 "패밀리의 어원은 가내 노예"이며 "그 공간에서 여자와 자식도 그대로 노예이고 생산 도구"라는 김해경의 강의와 경찰에게 붙잡혀가는 성재의 모습을 통해서라는 것이다. 그리고 그 이후 성재와 이룬 가정에 끝까지 머물지 못한 자신의 처지를 모멸감으로 가득 찬 기억과 추억의 탓으로 돌리는 것도, 아니 우연과 필연의 경계가 무엇인지 모르겠다고 되뇌는 것도 시간의 흐름, 서른이 된 지금의 위치에서나 회상 가능한 일일 뿐이다. 이렇게 자신의 의지로 아무것도 할 수 없는 소녀의 멈추어버린 성장이 더 이상의 의미를 갖지 못하는 것은 그 불안정한 정체성의 문제를 지극히 관념적인 차원의 섹슈얼리티 문제와 연결시키고 있다는 것에 있다.

4

윤대녕 소설에 등장하는 여인의 대부분은 '달'의 이미지를 닮아 있다. 시간의 흐름에 따라서 그녀들은 자연스럽게 나타났다가 자연스럽게 사라진다. 시원(始原) 회귀의 테마로 그의 소설을 묶고 해석하는 데 결정적인 역할을 한 것은 그 여인네들의 반시간적인 의식과 불안한 미래, 그리고 혼돈의 기제들을 상징하는 섹스가 아닐까. 사실 윤대녕 소설에 등장하는 여인과 그 여인을 만나게 되는 나의 상황은 지극히 우연적인 것이다. 마치 그녀들은 자신과의 만남을 기다렸다는 듯이 어느 순간 나타나서 스르르 옷을 벗는다. 다시 말하면 내가 요구하는 성행위에 그 여인들은 반항을 한다거나 거칠게 항의하지 않는다. 우연한 만남을 숙명처럼 받아들이는 것이다.

「상춘곡」에 등장하는 여인은 정사가 끝난 다음에 넋이 나간 얼굴로 마루에 나와 앉아서 "이제부터 어떡할 거예요. 우리 이제 스물여섯 살인데" 하고 묻는다. 이에 대해서 나는 "내일 서울로 함께 올라가서 방부터 얻어야지 어떡하긴 뭘 어떡해" 하고 대꾸한다. 이렇게 자연스러운 대화를 이끌어갈 수 있는 근거는 이 두 사람의 만남이 우연이지만 그 우연을 가장하여 자신의 욕망만을 채우기 위한 잠자리가 아니라 둘 다 어느 순간 서로를 받아들이는 배려이자 허용에 있다. 그런 여자는 마치 불자(佛者)의 이미지와도 닮아 있으며 흐르는 물이나 자연스러운 시간의 흐름, 또는 인간의 힘으로 어쩌지 못하는 근원적인 실존의 문제와 닿아 있다. 그런 여자와 나누는 섹스는 나를 채우고 평정을 유지하는 매개가 된다. 희귀한 화석을 발견한 것과 마찬가지로 여자를 만나면서 내가 발견하는 것은 자신 안에 켜켜이 내려앉아 있는 혼돈의 시간들이다. 그 혼돈의 시간 중에서 여자와의 만남과 이를 통해 이루어지는 섹스는 우연을 필연으로 만들어주면서 큰 사건이 일어나지 않아도 긴장감은 그대로 유지하도록 해준다.

그렇지만 계속적으로 반복되는 이러한 여인들의 이미지는 소설을 지루하게 하기도 하고 변화 없는 단순한 재현처럼 느끼게 하는 역효과를 낳기도 한다. 그러한 지루함을 가속시키는 결정적인 요인이 있다면 그 여인들과의 섹스 속에는 매혹적인 유혹이 부재한다는 사실에 있다. 「천지간」에서 다루고 있는 것도 인연의 맥락에서다. 인간의 만남이라는 것이 이성적이고 합리적인 것에 근거하지 않으며 삶 또한 그런 불투명한 사연들의 연속체에 지나지 않는다는 것이다. 소설에 등장하는 모든 연인들은 그렇게 '인연'의 방식으로 다가오기 때문에 나는 크게 갈등할 것도 없고 고통스러워할 것도 없다. 그들은 마치 "그날 새벽 왜 여자가 내 방으로 왔는지 물어보지 않았다. 그런 일은 서로 묻고 대답할 수 있는 성질의 것이 아닌 성싶다. 여자도 그런 자신을 명백히 꿰뚫어보고 있었다고 생각하지 않는다. 그 여자와의 만남은 처음부터 그런 식이었고 헤어질 때도 역시 그랬다"[10]처럼 새벽에 자연스럽게 와서 아침에 이름도 가르쳐주지 않고 떠난다.

그런 여자들은 한편으로 나이가 어린 소녀로 등장하기도 한다. 「에스키모 왕자」에서처럼 "내 방에 누워 있던 아직 인생이 어리디어린 여자. 책상 위의 노란 장미. 유령처럼 카세트에서 들려오던 폴 메카트니의 목소리"로 오기도 한다. 시간의 흐름 속에서 그녀들과의 만남은 시간을 정지시키거나 뒤로 흐르게 한다. 이렇게 소녀 같은 이미지의 여자와의 관계에서도 공통적으로 느껴지는 것은 여성 폄하 의식이나 보호를 가장한 위장이 아니라 인연으로 찾아든 자연물 같은 것이다. 그것은 어떤 측면에서 어머니나 여신처럼 여성의 이미지를 포근한 모성애적인 것, 또는 감히 시간의 눈으로 해석할 수 없는 혼돈의 시원으로 환원시킨다는 의미도 내포하고 있는 것이다. 그러므로 섹스라는 행위를 확인하게 되는 것은 갈등과 고통이라기보다는 지극히 존재론적인 것이며 합일에 이르는 어떤 것이다. 그것은 어떤 측면에서 전통적인 것이다.

그렇다면 이러한 인식이 가능한 이유는 무엇일까. 그의 소설에서는 금기를 위반해야 하는 장치나 어머니의 남근이 되기 위해서 거세해야 하는 특별한 의미의 아버지가 존재하지 않는다. 아버지의 이름으로 이루어지는 어떤 행위적인 금지들이 그를 옥죄어오지 않는다는 것이다. 자신의 실존을 확인하기 위한 대상으로서의 여성. 그는 상당히 세련된 문장과 수사를 구사하면서도 섹슈얼리티 차원에서는 아직도 조용하며 다소곳하며 희고 순결한 여인에 대한 환상을 떨치지 못하고 있는 것이다. 그 의식 속에서 철저하게 숨겨진 남성의 육체에 비해서 신비적으로 드러나는 여성의 육체는 '자연'과 맞물리면서 탈세속적인 육체로 미화된다.

---

10) 윤대녕, 「천지간」, 『많은 별들이 한곳으로 흘러갔다』, 생각의나무, 1999, p. 200.

5

한국 소설이 진정한 의미에서의 포르노적 상상력과 에로티즘 미학의 가능성을 열지 못하고 가학적인 나르시시즘이나 여성의 원형적인 이미지의 신비화에 집착하는 것에는 몇 가지 이유가 있다. 니체나 들뢰즈가 집착했던 육체, 우리 자신의 순수한 영혼을 경험할 수 있는 장으로서, 서로간의 긴장 관계나 힘들의 관계 속에 규정되지 않은 채로 잡스럽게 부유하는 육체, 모호한 상상력 속에서 실존의 고통스러움을 드러내는 육체, 땅에 떨어지는 순간의 우연에 의해서 의미가 달라지는 주사위 같은 육체에 대한 고민이 아니라 기존에 존재하는 이데올로기를 강화시키는 매개로서의 육체의 의미가 반복적으로 재현되는 것은 작가가 속해 있는 사회 구조가 지극히 단층적이며 닫혀 있음을 반증해주는 것일 수도 있다.

'육체'란 결코 자연스럽게 주어진 것이 아니다. 에로티즘을 통한 육체적 현현에도 복잡하고 미묘한 심리적인 모순과 갈등이 얽혀 있는 것이다. 최근 몇 년 동안 문화사적인 관심의 대상이 퀴어(queer), 양성애자, 성전환자, 소수민족의 담론 등으로 옮겨지면서 성 정체성, 섹슈얼리티의 문제, 에로티즘에 대한 새로운 재해석, 포르노의 새로운 평가가 본격화되고 있다. 그럼에도 불구하고 이를 한국 문학에서 적극적으로 수용하고 반영하지 못하는 것에는 여러 가지 이유가 있겠지만 무엇보다도 그동안 한국 문학이 짊어지고 걸어온 문학적 엄숙주의가 가장 큰 원인으로 작용했을 것이다. 또한 사조 중심적인 문학사적 논쟁에 의해서 엄격하게 재단해온 경직된 문학적 분위기가 더욱 성에 대한 논의를 위축시켰을 수도 있다. 그 엄숙함의 구체적인 실체를 분석하는 작업이 어쩌면 한국 문학의 성적 상상력이 빈곤할 수밖에 없었던 이유를 살피는 시작이 될지도 모르겠다.

근대, 자본주의, 여성성
─영원히 남성적인 것이 우리를 끌어내린다

1. 근대, 자본주의, 여성성

여성의 자궁 안에 인공으로 임신을 시키는 소위 인공수정의 성공률은 96% 정도라고 한다. 지성파 배우로 잘 알려진 조지 포스터도 이 인공수정으로 남자아이를 낳았다. 언제나 그렇듯이 이를 놓고 인권 옹호 단체 및 여성 단체의 반발은 심각하다. 여자는 이제 근대 과학 문명의 실험 대상으로 전락했다느니, 신생 기술은 언제나 남성 중심으로 이루어지고 있다느니,[1] 진정 그 여파가 만만해 보이지 않는다. 그런데 아마도 이 소식을 전해들은 한국 여성의 대부분은 이 결과가 가져올 많은 부작용에 가슴 아파하기보다는 맺힌 한을 푸는 듯한 '서글픈' 뿌듯함을 느꼈을 것이다. 특히 아들 못 낳는다고 구박(?)받는 종갓집 맏며느리들 말이다. 여성이 기계 문명의 그늘 아래 머리를 숙이는 하수인이 되어간다고 비판의 목소리를 높이고 있지만 한편으로는 이 얼마나 놀라운 여성의 위력이란 말인가 하고 감탄하는 사람들도 있을 것이다. 아들을 못 낳는다고 구박하는 것은 과학의 위력(?)을 모르고 하는 무식한 소리에 지나지 않는다.

이제 여성성의 의미는 신화적이며 비역사적 상징에서 찾아지는 것이 아

---

1) 오조영란, 「페미니즘으로 본 의료와 여성의 건강」, 오조영란 등 엮음, 『남성의 과학을 넘어서』, 창작과비평사, 1999 참조.

니다. 여성성, 또는 여성 해방의 문제는 자본주의 신화와 나란히 있으며 엄밀하게 말하면 근대적인 속도와 시간의 빠르기, 그리고 과학 문명의 엽기적인 진보와 같은 길 위에 있는 것이다. 이 얼마나 참혹한 아이러니인가. 여성은 자신의 몸을 담보로 근대적인 것과 맞서 있으면서 한편으로 그 몸을 통해 근대적인 것을 구체화시켜야 하는 운명에 처한 것이다. 근대적인 것들에 대한 저항과 동시에 근대적인 기획에 의존해서 해방을 꿈꿔야 하는 것, 바로 여성성의 문제는 이런 복잡한 상황 속에 얽혀 있다. 따라서 여성성의 문제는 근대적인 것 바깥에 존재하는, 반근대적인 저항의 의미로서만이 아니라 그 안에서 내파되어 나온 사생아라는 사실에 대해서 인정하는 것에서부터 시작되어야 한다.

흔히 여성성의 문제가 문학적인 상상력과 조우하는 순간 가장 설득력 있는 담론으로 만들어진 대표적인 것은 바로 가부장제에 대한 비판과 소위 근대적인 것들의 부정적인 현상들, 이를테면 이성 중심적인 사유 대신에 육체적인 것 또는 부정형이며 불안정한 것들이 갖고 있는 생산력과 비판력 등에 관심의 초점이 맞추어져왔던 것이 사실이다. 그리고 이는 시대적인 상황에 따른 특수성 속에서 반드시 중요한 쟁점으로 부각되어야 하는 문제임에는 틀림없다. 따라서 소설에서 여성성을 문제삼는 대부분의 경우 가부장제, 이혼 문제 등과 결부되었다는 사실은 재론의 여지가 없는 것이다.

그러나 이러한 시각은 남성적인 것, 여성적인 것이 마치 뚜렷하게 구별되는 것, 또는 근대적인 것과 반근대적인 것이 명확하게 나누어지는 것 같은 결과물을 내놓았고 이를 통해 결국은 이분법적인 사유를 더욱 공고히하는 것 이상의 의미를 갖지 못했다는 사실을 겸허하게 인정해야 한다. 이를테면 요즘 들어 온갖 정보 매체를 선전하고 최첨단의 테크놀로지와 관련된 판매 사원(?)으로 동원된 여성이 기하급수적으로 늘어나고 있는데 그들은 누구보다 자신의 섹시함을 판매 전략으로 내세우고 있다. 우리가 흔히 보았던 홀더를 스타킹의 고무줄 사이에서 끼웠다 꺼내는 늘씬한 다리를 가진 여성

모델에서부터, 한국통신에 소속된 미모의 여배우들, 최첨단 테크놀로지에 이르기까지 여성이 빠른 속도를 대변하는 정보 매체 광고에 모델로 동원되는 경우를 우리는 얼마든지 볼 수 있다. 뿐만 아니라 섹시한 속옷, 화려한 화장품을 비롯한 온갖 자본주의 소비제 광고에 여성들이 등장하는 경우는 너무도 흔한 일상이어서 아무 감흥도 일지 않을 정도다. 그리고 이러한 현상 자체를 여성의 상품화니 물질화니 하면서 비판하고 소비자광고협의회에 고발하는 일도 빈번하다.

그런데 흥분을 좀 가라앉히고 이러한 현상들의 이면을 들여다보면 참으로 재미있는 부분들이 발견된다. 오히려 이러한 현상들이 여성성의 전형적인 상징들, 이를테면 모성성, 원형의 상징, 충만함, 안식처, 포근함 같은 것들을 철저하게 거세시키고 육체적인 성적 매력으로 '남성적인 것,' 또는 남성성이라고 인지되는 것들을 들쑤시거나 자극하면서 불연속적인 불안감을 조성해낸다는 것이다. 다시 말하면 적극적인 성적 정치성을 담보로 한다는 공통점을 갖고 있다는 것이다. 이 광고들은 여성을 상품화하고 있다는 측면에서가 아니라 성욕의 문제가 단지 남성만의 것이 아니라 여성에게도 중요하며 어쩌면 여성의 전체성을 드러내는 것인지도 모른다는 생각을 갖게 한다는 측면에서 적극적으로 해석되어야 한다. 그 불안함과 불연속적인 상황의 연출은 거듭되는 미분화된 정체성을 만들어가는 역동성으로도 기능한다는 것이다. 따라서 '그녀'가 걷고 있는 백화점의 경우도 소비를 조장하는 공간이면서 동시에 열린 문을 통해 들어가는 평등주의에 입각하여 성적 충동을 발산할 수 있는 공공장소가 되기도 한다.[2] 여성은 소비를 부추기면서 근대의 속도전에 합류하기도 하며 육체가 갖는 오믈렛의 이미지로 획일적인 근대적 발전 논리를 보기 좋게 미끄러뜨리기도 한다.

사실 여성성의 문제는 시대와 상황에 따른 차이를 만들어내며 그 차이의

---

2) 리타 펠스키, 김영찬 · 심진경 옮김, 『근대성과 페미니즘』, 거름, 1998 참조.

생산이란 끊임없이 변화하는 과정 속에서 이루어지고 있다는 사실과 함께 동시에 논의되어야 한다. 여성성은 근대성을 대변하는 남성성의 문제와 대립 관계에 있는 것이 아니라 어쩌면 이의 합성물인지도 모른다는 것이다. 이성, 진보, 발전의 논리로 이루어진 근대성의 대변자가 남성적인 것으로만 귀결되는 것이 아니라 여성성 자체에도 근대성과 결탁하기도 하고 모순되기도 하는 수많은 논리가 함께 작용하고 있다는 것이다. 다시 말하면 여성성의 문제는 근대적인 것과 대치하고 있는 문제가 아니라 그 안에서 뒤틀리며 일어나는 내파의 영역이라는 사실과 밀접한 관련이 있다는 것이다.

바로 이 글에서는 문학 작품에서 구현되고 있는 이러한 다층적인 여성 주체의 편린들을 살펴보려고 하는 것이다. 아마도 그것은 여성 자신이 외부에 의해서 규정되고 있다는 사실을 충분히 인식하고 있는 이중적인 의식이 잠재되어 있으며 그 분열과 모순적인 정체성이 어떻게 근대적인 것 안에서 새로운 가능성으로 존재하는가에 대한 구체적인 분석에서부터 시작될 것이다.

2. 자유남편(?)과 살과 뼈의 축제

우리가 학창 시절 영화로도 본 적이 있는 정비석의 『자유부인』은 1950년대 소설 제목으로는 상당히 도발적이지만, 그 제목이 소설 내용과는 전혀 무관하다는 것을 잘 알고 있다. 이 소설에 등장하는 교수 부인은 끊임없이 남편과 가정을 지켜야 한다고 다짐하고 다짐하느라 정작 자신이 원하는 것이 무엇인지조차 알지 못한다. 이 치졸한 계몽주의는 외도를 하려 하지만 결국 내 가정을 지켜야 한다는 의무감에 찬 모랄리티를 온몸으로 실천하는 행위로 끝나고 만다. 결국 1950년대 자유부인은 사회적 모랄리티를 실천하는 나약한 여인네에 불과했던 것이다. 그리고 사실 이 소설에 등장하는 인물 중에서 오히려 성적인 욕망에 시달리는 것은 남편이다. 젊은 여자와 성

관계를 갖고 싶어서 안달인 남편의 모습이 자유부인보다 더 처절하게 느껴졌던 것이다. 성 본능에 대한 정의는 본질적으로 남성적 행위와 환상으로부터 유추된다. 성과 관련하여 나타나는 몇 가지 은유를 들추어보면 이러한 사실이 분명하게 드러난다. "억누를 수 없는 힘, 빨아들일 듯한 충동, 용솟음치는 물줄기, 주체할 수 없는 격정——" 이러한 표현들로 성 담론은 채워져 있다. 이러한 성적 표상들에 의해서 남성의 성적 욕망이 규정되었으며, 이에 반하는 것들, 탐욕스럽고, 게걸스럽고, 추하고, 낭비적이라는 성적 표상으로 여성의 성적 욕망을 지칭해왔던 것이다.[3]

서영은이 1977년에 쓴 「살과 뼈의 축제」[4]는 이런 유의 소설과는 상당히 다르다. 주인공 나는 동거했던 남자의 청혼을 뿌리치고 헤어진다. 그에게 내가 원하는 것은 섹스와 생활비, 그 이상이 아니었기 때문에 생각지도 않은 결혼을 할 수가 없다는 것이다. 그녀를 미치게 하는 것은 결혼이라는 제도적인 문제가 아니라 오히려 권태로운 섹스였던 것이다. 여자에게 권태로운 섹스란 아무 의미가 없으며, 단지 벗어나고 싶은 굴레일 뿐이다. 남자에게서 자신이 원했던 것은 경제적인 여건을 마련해줄 수 있는 돈과 내 육체의 욕망을 채워줄 수 있는 섹스뿐이었다는, 다시 말하면 성은 공포와 증오의 대상이 아니라 단지 쾌락의 일부분일 뿐이라는 선언은 당시로서는 다소 도발적인 것이었다.

그런데 이 소설에서 관심을 두어야 하는 인물은 내가 아니라 오히려 선배가 버린 남자를, 그것도 섹스에 대한 열정으로 만났다는 사실을 뻔히 알고 있으면서도 아무 거리낌 없이 수용하는 후배, 여재다.[5] 그녀 또한 그 남자에게 강한 호감을 갖게 된 이유는 섹스 때문이었다. 선배가 버린 남자라는

---

3) 제프리 웍스, 서동진 등 옮김, 『섹슈얼리티: 성의 정치』, 현실문화연구, 1999 참조.
4) 서영은, 「살과 뼈의 축제」, 『문학사상』, 1977. 7.
5) 여재는 선배와 사귀었던 남자, 그것도 같이 동거까지 했던 남자를 소개받고 아무 거리낌 없이 유쾌하게 받아들인다. 이런 그녀의 태도는 이전 소설에서는 볼 수 없었던 도발적인 것이라 하지 않을 수 없는 것이다.

사실을 뻔히 알고 있으면서도 그 남자와 결혼을 결심한 여재의 태도는 남자와 여성 사이에 정작 중요한 것은 소유가 아니라 서로의 만족 때문이라는 인식을 적극적인 행동으로 보여주고 있는 것이다. 여기에 남성과 여성의 성차는, 또는 사회적인 모랄리티는 아무 의미도 없다. 여성의 '성욕'에 대한 거리낌 없는 제시는 여성에게 경제적인 것보다 성적인 것이 우선일 수 있다는, 이를테면 성욕은 남성 전용의 어떤 것이 아니라는 사실을 상기시킨다. 이런 여성의 성욕, 또는 욕망의 문제만큼 시대에 따라 다양하게 표현된 경우도 드물 것이다.

그러나 이러한 관심은 90년대와는 다분히 다른 측면이 있다. 여성의 성욕에 대한 관심이라고 하더라도 70년대 소설은 여성 자신의 자아 찾기 문제와 결부되어 있는 경우가 대부분이지만 90년대의 경우는 그뿐만 아니라 문화 산업의 꿈, 소비 사회에서 분출되는 리비도적인 힘의 불균형성, 히스테리한 여성의 자기 충족적이며 물질적인 욕구 등과 복잡하게 얽혀 있다.

3. 근대, 자본주의, 여성성, 그리고 향수 패러다임의 이질성

문화 산업의 신화적인 꿈의 세계와 유혹적인 상품, 끝없는 재미의 약속 등은 이윤과 표준화의 논리에 의해서 통제되는 사회가 제시하는 전망에 개인을 순응하도록 하는 주요한 수단 가운데 하나다. 앞에서도 잠시 언급한 바와 같이 억압된 여성성이 갖는 미적 리비도의 힘은 근대 대중 문화와 소비 사회의 유혹적이고 퇴행적인 매력의 형식으로 나타나며 거짓 쾌락과 의사행복을 맛보는 대신 현상에 순응하도록 하기도 한다. 사실 남성적인 합리성이라는 측면과 여성의 쾌락 또는 자유라는 측면은 동전의 양면이라는 사실을 인정해야 한다. 그렇지 않고 여성성에 대한 전제 자체를 단지 리비도적이고 표현 불가능하며 가부장제에 억압된 타자라는 논리로 환원시키는 것은 이 시대 여성성의 정치적 맥락을 지극히 단순화시키는 것이다. 중요한 것은 한 시대를 살았던 또는 과거의 어느 시점을 살았던 여성과 남성들이 역사적이고 사회적인 변화 과정 속에서 자신들이 처한 위치를 어떻게 이해했는가를 섬세하게 더듬어보는 작업일 것이다.

박완서 소설은 도시라는 근대적 산물과 개인의 존재 가치, 중산층 여성에 관심의 초점이 모아져 있다. 「초대」의 경우가 대표적이다. 아내의 미모가 일종의 사교적인 쓸모거리라고 생각하는 남편과 함께 저녁을 먹는 자리에서 희주가 느낀 것은 "욕구불만과 식욕을 구별하지 못하는 것"이다. 그 자리의 이물스러움은 손톱 밑의 때를 들킬까 봐 좌불안석하는 모습으로 드러난다. 무조건 수입품이면 다 좋다는 생각으로 갈비도 수입품으로 올려야 된다는 "마알도 안 되는" 해프닝에 그녀는 구역질을 느낀다. 자신이 직접 고기를 사본 사람이라면 한우가 수입 쇠고기보다 비싸다는 사실을 모를 리 없기 때문이다. 그런 사람들과 어울리는 남편을 보면서 내가 느끼는 것은 남편에 대한 개인적인 모멸감이자 우리 사회의 부조리이다. 그 부조리가 미제 국주의 문화에 길들여진 중산층 여성을 대상으로 피력하고 있다는 점은 박완서 소설에 반복적으로 드러나는 문제 의식이다. 여기서도 알 수 있듯이 서구적인 것에 민감한 것은 남성보다는 오히려 여성들이다. 여성들이 서구적인 자본의 논리에 휘둘리면서 자신도 모르는 사이 신식민지인으로 전락해가는 과정이 다분히 계몽주의적인 시각으로 그려져 있다.[6]

사실 「저문 날의 삽화」나 「엄마의 말뚝」「가(家)」에 나타나는 모성성의 문제도 아직 사회화·산업화되기 이전에 순수하고 신비한 동경으로서의 자기 동일시로서가 아니라 철저하게 훼손되고 오염된 근대적 언어의 산물일 뿐이다. 그리고 무엇보다 중요한 것은 그 오염된 언어로 여성의 시간은 직선적 역사 발전의 바깥에 존재하는 근원적이고 순환적인 시간성을 이루는

---

6) 박완서, 「로얄박스」, 『현대문학』, 1982년 1월; 「저문 날의 삽화 5」, 『소설문학』, 1988년 1월; 『저문 날의 삽화』, 문학과지성사, 1991 참조.

것이 아니라 그것 자체도 핵가족을 등장시킬 수 있는 근대화의 과정임을 역설적으로 보여준다는 것에 있다. 가족 이데올로기, 훼손된 모성성의 문제가 중산층 이데올로기와 얽혀 있으며 이를 극복하기 위해서는 모성성에 대한 재인식이 필요하다는 것, 그것이 박완서 소설이 놓지 못하는 계몽 의식의 기본적인 전제가 된다. 다시 말하면 그 의식의 기저에는 여성성 또는 모성성이란 근대와 동떨어져 존재하는 신비를 가장한 어떤 것이 아니라 근대적인 자장 안에 함께 공존하면서 차이와 틈을 벌려나가는 과정 위에 존재하는 더럽혀진 것일 뿐이란 인식이 놓여 있다는 것이다.

그러나 공선옥에게 있어서 모성성의 문제는 박완서의 경우와는 좀 다르다. 공선옥의 「흰 달」[7]은 정치범과 빨갱이의 전과로 대를 이을 사람이 없는 문중의 종가를 배경으로 하고 있다. 거기에는 "가문, 문중, 핏줄, 다아 소용없는 일이야. 그들이 우리에게 해준 게 뭐가 있어. 가문이라는 허깨비 같은 이름으로 사람 목이나 조르는 개뼉다귀" 같다는 인식을 뒤로하여 이 문중에서 쫓겨난 일종의 아웃사이더가 갖는 삶의 진정성에 대한 이야기다. 그 인물 가운데 작가의 연민을 불러일으키는 대상은 장래도 제대로 치르지 못하고 항쟁으로 인한 도시의 화염 속에서 타들어간 어머니와 그 어머니 옆에서 외로움을 떨치지 못하고 다른 여자를 만나 아이까지 가져야 했던 아버지, 그리고 운동권이었던 남편이 데리고 온 다른 여자의 아이다.

이 인물들의 공통적인 특성은 아마도 자신의 의지대로 살 수 없었던 인간들의 뒷모습을 정직하게 끌어안았다는 점일 것이다. 그것은 정상적인 궤도의 삶을 살아가려 하지만 보이는 권력과 또는 보이지 않는 권력에 의해서 뒤틀려버린 삶의 편린, 바로 그것이다. 이 편린들을 하나하나 주워 담으면서 소설은 짜여진다. 근대적인 가족 제도의 폭력과 불합리에 맞서는 방식으로 공선옥이 선택한 것은 모성성이다. 이는 다른 소설에 등장하는 아버지,

---

7) 공선옥, 「흰 달」, 『피어라 수선화』, 창작과비평사, 1994.

또는 남편처럼 권위적인 가부장제를 대표하는 존재로 '죽여야' 하는 대상이 아니라 '인간'이기 때문에 끌어안아야 하는 존재로 나타난다. 「흰 달」에는 아버지가 갖는 권위적인 위상, 이를테면 딸들보다 오히려 사촌오빠를 먼저 챙기는 아버지, 어머니를 처참하게 죽도록 내버려두고 다른 여자와 다시 생활을 시작한 아버지에 대한 분노와 어머니 제삿날 오지 않는 여자를 미워하는 아버지에 대한 연민이 날실과 씨실로 짜여 있다. 그것은 흰 달이 갖는 밝음과 차고 기울기를 반복하는 순환의 속성 같은 여성적인 이미지를 넘어서 있는 것으로 오히려 평범한 인간의 배면에 숨쉬고 있는 일탈적인 삶의 모습들을 되비추는, '이면'에 대한 이야기에 가까운 것이다. 왜 이러한 '이면'이 문제되어야 하는가. 이는 「흰 달」이 배경으로 삼고 있는 시대적인 것과 밀접하게 관련되어 있다.

삶의 이면을 읽어내는 작가적 역량이 최대의 효과를 발휘하고 있는 부분은 아버지를 끌어안을 수밖에 없는 상황과 직접적인 관계가 있다. 아버지를 안아야 하는 상황, 남편의 다른 여자의 아이를 받아들여야 하는 상황, 그것은 군부 독재라는 너무도 큰 가부장적 이데올로기의 밑바닥을 들여다본 작가의 인간에 대한 연민을 구체화하는 것이 된다. 가족을 미워하기에는 더 큰 미움과 증오의 대상이 바로 눈앞에 있는 것이다. 그 치욕의 역사는 밀어내고 싶은 대상까지 끌어안지 않고는 견딜 수 없게 만든다. 견딜 수밖에 없기에 끌어들인 전략적 휴머니즘은 공선옥 소설의 논리이자 80년대를 배경으로 한 소설의 특징이다.

군부 독재라는 막강한 적은 가정의 희생 논리 속에서 선명하게 드러난다. 군부 독재와 자본주의에 의해 훼손된 인간을 치유하는 방식은 모성성을 통해서만이 가능하다는, 그리고 그것이 역사의 상처를 치료하는 방식이 될 수 있다는 시각이 전제되어 있는 것이다. 이러한 모성성의 문제는 발전 논리를 앞세운 역사 진보론에서 비껴나 있는 듯하지만 바로 그 역사를 움직이는 원동력으로 수렴되는 과정 속에서 이해해야 하는 문제로 다분히 계몽적 페미니티의 의미를 담고 있다.

그러나 모성성의 문제가 반드시 계몽적 페미니티의 의미로만 수렴되는 것은 아니다. 여기에 모성성에 내재해 있는 이율배반적인 측면이 있다. 오정희 소설은 이런 측면에서 상당히 매력적이다.

「옛우물」[8]은 어떤 소설보다 오정희의 체취가 물신 풍기는 소설이다. 이 소설은 다양하고 중층적인 삶의 편린들로 메워져 있다. 아이를 많이 낳아 자궁이 말린 오얏처럼 쭈그러붙은 어머니와 발작을 '준비'해야 하는 간질환자와 우물에 빠져 죽은 정옥이와 말뚝을 뽑는 바보, 사랑했으나 죽어버린 사람, 그리고 저만치 와버린 삶의 뒤편에서 우물에 빠뜨린 두레박과 보이지 않는 소원을 들어주는 금빛 잉어 때문에 울고 있는 조그만 계집아이가 이 소설의 풍경을 이루고 있다. 이 삶의 풍경들이 원근법적인 기법으로 점점 사라져가는 소실점까지 섬세하게 포착하고 있다. 그 모든 인간들은 소원을 들어준다고 믿는 금빛 잉어 때문에 하루하루를 버티며 살아가는 것이다.

그런데 실제로 그 금빛 잉어가 사는 우물이라는 공간은 그렇게 숭고한 의미를 담고 있는 외형적인 조건을 갖추고 있지 않다. 오히려 온갖 잡동사니들이 널브러져 있는 더럽혀진 공간일 뿐이다. 이 대위법이 흥미로운 것은 사실 유토피아는 없다는 인식 때문이다. 이 인식의 기저에는 돌아갈 과거도 없지만 신비에 가득 찬 미래도 없다는 단절 의식이 깔려 있는 것이다. 따라서 과거 우물은 소원을 들어주는 마법의 공간이 아니라 신비함이 거세된 일상 속에 존재하는 폐물에 불과한 흔적으로 남는다. 여기에 우물의 상징은 지극히 세속적인 것으로 남게 되고 금빛 잉어란 말라버린 자궁과 훼손된 모성성을 가시화하는 객관적 상관물이 될 뿐이다. 삶이 과거에 대한 생생한 기억, 또는 현재와의 연속성 때문에 가능한 것이 아니라 흔적으로 지워진 과거를 통해서 가능하다는 역설적인 인식은 이러한 시간의 단절 의식에서

---

8) 오정희, 「옛우물」, 『오정희 문학앨범』, 웅진닷컴, 1995.

비롯된다.

사실 일반적으로 과거나 이에 대한 향수를 불러일으키는 글쓰기 패러다임은 그 이면에 근대적인 것은 남성적인 것으로, 여성적인 것은 그러한 근대성이 미치지 않는 신비한 어떤 것으로 가정하고 있는 경우가 대부분이다. 그러나 오정희 소설의 향수 패러다임은 근대성 또는 훼손되지 않은 여성성이라는 이분법에 근거하고 있지 않다. 왜냐하면 이때 과거의 동경이란 언제나 비역사적이고 단일한 상수가 아니라 그 자체가 특정한 운동과 변화에 대한 경험에서 다양하게 나타날 수 있는 결과물일 뿐이라는 통찰이 전제되어 있기 때문이다.

4. 차이를 증폭시키는 무한한 유연성

배수아 소설에서 반복적으로 나타나는 '시골길'과 '버스,' 그리고 '구운 닭'의 이미지는 묘한 이질성을 환기시키면서 '어울리지 않는' 균형을 만들어낸다. 시골길 위에 있는 나는 가진 것 없이 가난한 변두리 소녀로 왕자와 결혼하는 것이 그 길 위에서 벗어날 수 있는 방법이라고 생각한다. 그러나 그녀가 현실적으로 만나게 되는 사람은 군인이거나 세일즈맨이거나 부랑아들이다. 그녀가 그들과 먹을 수 있는 최고의 음식은 기름에 튀기거나 잘 요리된 상태가 아닌 장작불에 구운 닭뿐이라는 것. 캘빈 클라인 청바지, 하이네켄, 마리떼 프랑소아 저버, 필라 셔츠를 일상적으로 입고 마시며 생활하지만 동시에 시골에서 구운 닭을 먹으며 군인과 사귈 수밖에 없다는 이중적인 괴리 의식. 여기에는 문화적인 이질성, 또는 누구나 가질 수 있는 상위 문화에 대한 콤플렉스 등이 미묘하게 얽혀 있다. 캔맥주가 아니라 하이네켄이라고 말할 때 느껴지는 어떤 우월감은 어렸을 때부터 경험한 (구두를 사러 갔던) 백화점이라는 공간과 푸른 배추를 집에까지 배달해주는 '배달부' 아저씨 사이에서 형성된 보이지 않는 위화감에서 비롯된다(「프린세스 안나」).

따라서 배수아 소설에 등장하는 캘빈 클라인이니, 필라 셔츠니 하는 것들은 일상적인 소비재라는 의미와 동시에 겔러리 환타 같은 호텔이나 백화점에 진열된 상품의 이미지, 다시 말하면 많은 돈을 지불해야만 얻을 수 있는 것이라는 의미를 갖는다는 것이다. 이러한 이질적인 요소들이 현실 속에서 동시에 공존하고 있다는 사실을 배수아만큼 민감하게 받아들이는 작가도 드물 것이다. 그런데 바로 그 감수성이 배수아 소설의 여성성을 결정한다.

실제로 배수아 소설을 잘 들여다보면 그 밑바닥에는 순수한 소녀의 이미지와 창녀의 이미지가 동시에 공존한다. 아무것도 모르는 듯한 아름다운 삶에 대한 동경으로 차 있는 소녀가 시골길에서 지나가는 버스를 타는 것, 그것은 바로 삶에 적응하는 가면을 만들어 상황에 어울리는 자신의 정체성을 창조하고 싶다는 욕망의 발현에서부터 비롯된다. 그러나 소녀가 시골길에서 버스를 타는 방식은 벗어남의 의미를 갖는 것이 아니라 다른 공간으로의 수평 이동이라는 의미가 강하다. 왜냐하면 도시로 옮겨오더라도 나는 초라한 여자아이에 지나지 않으며, 그곳은 어떤 것도 내가 노동력을 제공하지 않으면 얻을 수 없는 것들로 가득 차 있기 때문이다. 그 공간 속에서 살아가는 방식은 철저한 자기 연출이 가능한 여배우의 이미지나 창녀의 이미지를 갖는 것뿐이다. 따라서 배수아 소설에 등장하는 여성들이 동경하는 것은 시골의 안락함이나 평온함 또는 정감적이고 정적인 어떤 것이 아니라 도시의 감각적이고 세련된 우아함일지라도 우아한 궁전에서 깨끗하고 화려한 드레스를 입고 커피를 마시고 하녀를 부리는 공주는 아니다. 오히려 그녀는 모든 배역을 능란하게 소화할 수 있는 요염한 여배우가 되기를 희망하는 것이다. 자신이 스스로 순결한 공주와 창녀의 역할을 능란하게 해내면서 자본주의의 틈 사이에서 살아가는 것이다. 낭만적인 사랑을 꿈꾸지만 언제나 자기 연출이 가능한 주체로 살아가는 방식을 택하는 것, 그것이 어린 시절 나를 우물에 던져 넣으려고 했던 어머니(「우체국 남자와 나의 슬픈 개」)에게 복수

하는 방식이며 환상의 겔러리 환타를 소유하고 즐기다 미련없이 던져버릴
수 있는 방식(「겔러리 환타에서의 마지막 여름」)이다.

이처럼 찬란한 도시적인 감수성과 시골에서 느껴지는 퇴색한 공간의 이
미지 사이에서 살아가는 방식은 여배우처럼 언제든지 배역을 바꿀 수 있는
여성에게나 가능하다는 것, 그것이 배수아 소설에 잠재되어 있는 여성성의
매력인 것이다.

5. 영원히 남성적인 것이 우리를 끌어내린다

여성성의 문제는 어느 것 하나로 수렴될 수 없는 복잡한 실타래로 얽혀
있으며 시기와 상황에 따라서, 작가에 따라서 각기 다르게 나타난다. 그 과
정 속에는 다양한 가면 바꾸기를 통한 끊임없는 불만과 불안, 그리고 '있어
야 할 것'에 대한 동경이 어우러져 있다. 따라서 톰보이 광고처럼 남성과 비
슷한 여성을 창출하여 여성도 남성과 다르지 않다는 메시지를 전달하려는,
그 서글픈 균열을 보여주는 것보다는 베네통 광고처럼 남성과 여성의 차이
를 오히려 분명히하면서 '인간'이라는 메시지 속에 여성과 남성의 문제를
함께 고민하는 그 이질적인 것에 대한 인정이 더욱 전략적이고, 정치적일
수 있는 것이다. 닮음을 강조하려는 강박관념보다는 여성의 모호성이나 남
성을 위협할 수 있는 불안한 요동성을 자연스럽게 표면에 떠올리는 것이 무
엇보다 효과적일 수 있다는 것이다.

그러므로 여성이 패션에 대해서 갖는 관심이 소비 풍조를 조장하고 자본
주의 논리를 더욱 강화하는 면이 있는 것은 사실이지만, 다른 한편으로 이
는 그 감각이 살려내는 변화와 혁신에 대한 욕망은 여성성과 근대적인 감각
의 연결고리를 인정하는 방식이면서 동시에 근대적인 권위에 구멍을 내는
이중적인 속성일 수 있다는 것이다. 최첨단의 패션과 테크놀로지 선전에 등

장하는 여성의 섹시함이 여성성을 상품화하고 있음과 동시에 여성의 육체를 통해 표현되는 모호성, 비균질성, 성적 욕망의 비동적인 것을 재현하고 있는 것이란 사실에도 주목해야 한다는 것이다.[9]

이제 여성성이란 전근대적인 또는 반근대적인 시공간 속에서 찾아지는 무형의 어떤 것이라는 인식과 이에 따른 환영을 깨끗하게 지워야 한다. 타락한 자본주의 쓰레기통에 존재하는 것이 여성성일 수 있다는 것이다. 아니 어쩌면 자본의 논리에 더 민감하게 반응하기 때문에 도구적인 이성의 콩고물로 전락할 수 있을지도 모른다. 그럼에도 불구하고 끊임없이 여성성이 문제되는 것은 이를 탈신비화시키는 과정에서 드러나는 비판적 인식과 미완의 기획으로서의 '근대'에 대한 반성적 성찰 때문인 것이다.

---

9) 수잔나 D. 월터스, 김현미 외 옮김, 『이미지와 현실 사이의 여성들』, 또하나의문화, 1999.

제2부

육체, 광기, 나비처럼 가벼운
──이인성, 최수철

들숨과 날숨을 거듭하는 생은 생성과 소멸의 사이클을 돌아 나온다. 그래서 시간의 유한성을 기꺼이 살아내는 실존, 그 실존의 심연에서 떠오르는 언어, 그 언어는 실존의 빈틈을 죽음이라는 자기 정화를 거쳐 다시 살아내려고 한다. 무겁지만 가벼운, 나비처럼 가벼운 언어로.

이인성과 최수철 소설에는 인간의 존재론적 모순과 주체의 욕망에 대한 물음이 뭉텅이로 던져져 있다. 이들이 교차, 중첩되는 장(場, 글쓰기)에는 하나의 문장 속에서 조사를 잡아먹는 쉼표가 있고 문장을 잡아먹는 말없음표가 있다. 하여 문장 자체가 살아내고 있는 또는 살아가고 있는 실존의 질감을 그대로 드러내는 것이다. 이를 통하여 존재를 구속하고 있는 상황과 여기서부터 자유롭고자 하는 '광기'와 이를 잡아먹는 이성이, 그리고 상황과 상황 사이에 걸려 있는 인간관계의 실존적 위기 상황을 구체화시키는 것이다.

작중인물에게 있어서 작가는 익명의 존재이며 억압된 존재다. 인물들이 처한 상황에 따라서 작가는 가면을 바꾸고 그 뒤에 자신을 숨겨가면서 서사를 진행시켜나간다. 가면을 쓴 작가는 작중인물들을 통하여 말하려는 대상이 되기도 하며 이로 인하여 말하려는 대상과 말하는 대상이 겹쳐지게 된다는 사실 또한 암묵적으로 인지하게 된다. 그러니까 자신이 아니라고 말하는 대상과 거의 차이가 나지 않는 그 자리에서 자기가 부정하려는 상황과 자신이 겹쳐지는 것이다. 바로 그 자리에 '나'는 사라지고 슬그머니 '그'라는 대상이 들어와 있다. 이야기 속의 주체가 슬그머니 미끄러지고 고꾸라지면서 다른 사람의 자리에서 그 이야기를 듣고 말한다. 그 서로 섞여 있음, 이를 보여주기 위해서 이인성과 최수철은 같으면서도 일면 다른 방식으로 소설 속의 '육체'를 움직여간다.

이인성의 『미쳐버리고 싶은, 미쳐지지 않는』[1]은 소설책이면서 한 권의 시집이다. 그러므로 마치 마른 오징어를 씹듯이 천천히 언어를 씹어가면서 읽어야 한다. 그렇게 언어가 씹히는 자리에 시공간의 울타리에 갇혀 있는 과거시제 속의 '너'와 미쳐버리고 싶은데 미쳐지지 않는 현재시제 속의 '내'가 있다. 그리고 이들과 달리 자유로운 상상 속에, 그러니까 미래시제 속에 존재하는 '그'가 섬유 조직처럼 짜여 있다.

광기, 육체의 광기에 정직해지는 순간 과거의 '너'가 다가온다. 과거의 '너'란 누구인가. '너'는 광기를 담아내는 부풀어오르는 육체를 가졌으며 그 육체로 "육체의 그릇을 넘쳐나, 전혀 새롭고도 난폭하게 너를 혼란시킨 마지막 실체가 바로 회오리였다"라고 느끼며 미쳐가는 의식을 육체의 가쁜 숨결인 양 여긴다. 거기에는 "의식을 놓친 육체가 저 자신의 텅 빈 중심이 되어 무감각의 소용돌이를 둘러치고" 있는 것이다. 다시 말하면 육체의 광기에만 집착하게 된 '너'는 결핍의 경계만을 한없이 따라가게 되고 "네가 위태롭게 대롱거릴, 끝없이 변신하는 허구를 끝없이 삼켜 항상 허기진, 네 존재를 집어삼키려는 욕망만으로 가득 차 텅 빈, 없음으로 있는 광기"를 보게 되는 것이다. 거기에는 얄팍한 전략으로 사랑에 빠지기를 거부한 미친 여자와 그녀를 정신병원에 처넣으려는 욕망으로 가득 찬 '너'가 덩그렇게 남는다.

바로 욕망만으로 가득 찬 광기의 확인은 곧 인간 실존이 갖는 한계 상황

---

1) 이인성, 『미쳐버리고 싶은 미쳐지지 않는』, 문학과지성사, 1995(이하 이 책에서 인용 부분은 면수만 밝힌다).

으로 이어진다. 현재시제 속의 '나'는 옛 애인으로부터, 그러니까 정신병원
에 넣지 않으면 안 될 만큼 미쳐버린 여자로부터 계속 걸려오는 전화 때문
에 고통스러운 나날을 보내고 있다. 그런 나에게는 절망적인 '절망'이 있을
뿐이며 소리 덩어리가 된 채 통증에 시달리는 '몸'이 있을 뿐이다. 나는 전
화를 통해서 느껴지는 미친 여자의 침묵을 고통스러워하면서 미치지 못하
게 하는 자신의 이성을 증오한다. 그렇게 미치지 못하는 나는 유달리 거울
에 집착한다. 그렇다면 나에게 거울은 무엇일까. 그 거울은 미쳐버리고 싶
은 나와 미쳐지지 않는 나 사이에 어정쩡하게 있다. 이때 거울은 형체가 없
이 불분명한 자신, 타자로서 현시된 자신을 비춘다. 그러므로 거울에 비친
자신의 정체성이란 시각적인 산물에 불과한 거짓 정체성이 되는 것이다. 그
거짓 정체성으로 현시된 것이 바로 타자이며, 그 타자는 자신의 분신에 불
과한 것이 된다.[2] 이제 거울을 보면서 그의 육체는 변형을 꿈꾼다. 그리고
그 속에서 흩어지고 사라지기를 바라는 것이다.

거울의 계략은 따로 있는 것 같다. 거울과 사진이 무슨 공범 관계에 있는
지 몰라도, 사진의 계략이건 거울의 계략이건, 그게 본래 얼굴 형태를 변형시
키는 데 있는 것 같지 않다. 오히려 그 계략은, 내 얼굴을 그대로 보여주면
서, 저 얼굴이 진실로 내 얼굴일까 의심하게 만드는 것 아닐까? 완벽한 허상
의 형태로, 다만 감정의 표정을 교묘히 바꿔. 바꾼다구? 아니, 바꾸는 게 아
니라 지우는 거 아닐까? (p. 109)

현재시제 속의 나는 불안정하고 모순에 가득 찬 자기 정체성을 직시하게
하는 거울 때문에 고통스러워한다. 거울은 나를 비추면서 동시에 나를 지우
는 것이다. 거울에 비친 상이 단지 나를 바꾸는 것이 아니라 지우기까지 한

---

2) 그런 측면에서 본다면 이인성 소설에서 반복적으로 등장하는 거울은 타자를 비추는, 다시 말
   하면 라캉의 거울 단계에 해당하는 상상적 실체를 가시화하는 매개가 되는 것이다.

다니. 그렇게 나를 지우는 거울에 대한 두려움은 사실 나의 광기를 배면으로 드러낸다는 데 있다. 그것이 나에게 미치고 싶은 아니 미쳐버렸으면 하는 희망을 직시하게 한다. 그리고 그 희망이 얼마나 불가능한 일인지 두 눈을 뜨고 보라는 것이다. 하여 그 거울은 나에게 두려움의 실체로 다가온다. 그래서 "정상적인 리듬, 지금으로선 무엇이 정상인 것인지 모르겠지만, 그것을 깨뜨리는 것은 모두 두렵다. 두려워, 이불을 뒤집어쓰며 몸을 움츠"리고 있는 것이다. 거울의 뒷면에 묻어 있을 것 같은 화학 약품, 맛을 보면 미쳐버릴지도 모르는 그 독극물에 대한 공포를 느끼면서. 그 공포심은 그에게 매순간 미치지 못하는 이성적인 인간으로 되돌려놓는다. 이성이 그를 미치지 못하게, 광기를 부리지 못하게 억누르는 것이다. 그렇게 이성이 비집고 나오는 자리에서 항상 나는 미친 여자를 부정하고 그 실체를 인정하려 들지 않는다. 그리곤 철저하게 자기의 육체에 갇혀서 타자인 미친 여자의 살을 질투한다. 살에 대한 질투라니, 무슨 말인가. 내가 그녀를 기억에서 지우지 못하는 것은 그녀가 준 살의, 몸과 몸의 섞임이 주었던 완벽한 광기의 순간 때문이다. 살이 살 속으로 파고들었던 순간의. 광기의 순간을 이성으로 억누르는 자리에 남는 것은 질투라는 껍데기뿐이다. 그토록 완벽하게 자신의 내밀한 실존적 욕망을 작은 구멍으로 꾸역꾸역 밀어넣는 자리에서 '거울'이 깨진다. 거울은 겹겹의 자아를, 빠져나가고자 하는 육체를 정직하게 비춘다.

사방으로 흩어져 널린 거울 조각들이 불규칙하게 반짝거린다. 여기서 반짝, 저기서 반짝. 손을 잘못 짚으면, 발을 잘못 내밀면, 날카롭게 몸 속으로 파고들 빛 쪼가리들. 공격적인 빛점들의 지뢰망을 빠져나갈 길이 막막해진다. (p. 128)

자신의 광기를 억누르면 억누를수록 깨진 거울의 파편만큼 억눌린 또 다른 자신, 미쳐버리고 싶은 자아가 엉금엉금 기어나오는 것이다. 이렇게 현재시제 속의 '나'는 이성으로 광기를 억누르며 자신의 존재태를 위태롭게 버틴다. 그 막막해진 자리에서 이제 내가 할 수 있는 일은 내 육체의 광기를, 육체의 언어를 정직하게 직시하는 일이다. 바로 그 경계선에서 마지막으로 광기를 향한 나비의 날개가 펄럭이는 것이다.

육체가 의식을 놓지 않는 자리에 그리고 미치고 싶지만 미쳐지지 않는 그 양가성이 모두 공존하는 자리에, 광기와 이성이 또는 이성과 광기가 포개지고 겹쳐지는 곳에 '그'가 있다. 이성이 광기와 겹쳐지면서, 의식과 육체가 또는 육체와 의식이 포개지면서 그리고 광기의 반복이, 반복의 광기와 겹쳐지면서 '내'가 '그'로 미끄러진다. 소멸된 감각과 의식이면 이를 인지하고 있었던 육체가 있는 것이다. 덩치 큰 그 육체 속에는 "자기와 다른 속의 다른 자기와 자기가 아직 모르는 다른 자기들까지를 둥그렇게 품고 있을 자기"가 있다. 그리고 "아마도, 기어이 자기 속의 다른 자기를 밀어내려 한다면, 다른 자기를 자기의 일부로 끌어안고 놓지 않는 그 또 다른 자기의 더 큰 힘에 오히려 자기가 튕겨져 나갈"(p. 23) 것이다. 그것은 자기 안에 겹겹으로 숨어 있는 내밀한 또 다른 자기들을 인정하는 순간에 오는 각성이다. 결국 거울에 비친 자신의 얼굴은 바로 타자인 미친 여자, 그녀의 얼굴이었던 것이다.

'그'는 '나'나 '너'와 다르게 사랑 때문에 미친 여자, 그 여자의 실체를, 그 여자의 육체를 인정한다. 그 여자의 실체를 인정하는 자리에 상상 속의 연애, 몸의 감각을 믿고 끌고 나가는 그녀와의 연애가 펼쳐진다. 이 연애 속에는 육체적 열망으로 치솟게 했던 충동과 의식으로 구성해낼 수 있는 무의식이 공존하고 잃어버린 청춘을 위해서 삶을 거는 축제와 죽음을 거는 축제가 열린다. 그 축제는 육체의 에로틱함을 육체적 카니발로 전이시키면서 극에 달한다. 그 카니발 속에서 육체는 신성한 육체를 희화하면서 고통과 쾌락과 죽음을 매개하는 것으로 승화되는 것이다. 에로틱한 육체와 카니발적인 육체의 극적인 결합을 통해서 진정한 자기 정체성의 의미를 되묻는 것이다. 욕망의 주체이자 대상이 된 육체.[3]

이렇게 죽음을 불사한 축제가 자연스럽게 벌어지는 순간 '그'는 시 쓰기를 꿈꾼다. '그'는 시를 쓰면서 자신의 광기를 언어로, 아니 언어를 광기로 풀어낸다. 시라는 가면을 쓰고라도 다르게 살아보고 싶어 발버둥치는 바로 그 자리에 움푹 파인 우물이 있다. 우물, '그'의 영상에 내비친 움푹 파인 우물은 어떤 의미를 갖는가.

우물가에는 "우물 속을 상상하는 그대가 있다." 그 컴컴한 우물을 들여다보면서 "그녀가 너의 뿌리인 동시에 타인의 새라는 양가적 가치"를 확인하게 된다. 시를 쓰는 행위를 통하여 비로소 그의 육체는 "물의 살을 빚어 물의 무희가 되고 겨울 나비들 춤 주위를 너풀너풀 맴도는 안개 한 겹자락으로 물의 살을 감싼다 물의 살에 스며든다." 접었던 날개를 펴는 순간 그의 육체는, 아니 그의 광기는 날개를 달고 솟구쳐오르는 것이다. 죽음과 동시에 찾아드는 삶. 접음과 동시에 펼쳐지는 날개로 비유되는 열린 육체는 모든 것을 감싸안고 날아오르는 것이다. 그렇게 날아오른 육체는 "나다 너다 그다 그녀다 나눠보았자 말의 우리, 말의 테두리는 뻔한 거니까― 그냥 미친 자가 있어 미치지 않은 자가 있다는 도식 집어치우고, 예컨대, 미치지 않았는데 미쳐 보이는 자, 요만큼만 미친 자, 미치지 않은 듯이 미친 자, 미칠 듯이 미치고 싶어하는 자, 미치고 싶은데 미쳐지지 않는 자. 이런저런, 저런이런, 그 모두 속으로 파고들어야 하지 않을까?"(pp. 200~01) 하고 느낀다. 그렇게 육체가 부풀어오르는 자리에서 그는 어떤 것도 경계짓고 나누려고 하지 않는다. 그것은 "모든 것을 비껴가며 서로를 비껴가지 않는 것"일 수 있다는 것을 인정하는 것이다. 비껴가기를 두려워하지 않고 정직하게 껴안으면서 살아가야 하는 존재, 그것은 "비껴-가기의 그 예정 없음이 그들을

---

3) 피터 부룩스, 이봉지 · 한애경 옮김, 『육체와 예술』, 문학과지성사, 2000 참조.

미칠 것 같게 만들지 않았을 것인가? 왜 아니겠는가? 하지만 아직은 그것이 그들에게 어떤 결과를 불러오리라고 말하기 힘들 것이다"(p. 222).

이제 작가는 '그'를 통하여 인간은 미쳐버리고 싶은데(광기) 미쳐지지 않는(이성), 희망에 중독되어 있는 광기의 웅얼거림을 통하여 인간의 존재론적 모순을 인정하고 껴안으며 살아가야 한다는 아니 살아내야 한다는 전언을 남기면서 말없음표 뒤로 조용히 사라진다. 그러니까 이인성에게 광기는 육체의 언어, 그 자체로 남아 있는 것이다. 이성을 밀어낸 자리에. 견딜 수 없이 괴로워하면서. 광기인 채로. 아마도 이인성은 한국 문학사에서 누구보다 끈질기게 육체적인 광기를 통해서 타자성에 대한 질문을 던져온 작가일 것이다.

이인성과 다르게 최수철이 직면한 실존적 상황은 다양한 인간관계 속에서 짜여진다. 『불멸과 소멸』4)은 그 대조적인 속성으로 마치 '불'과 '물'의 이미지로 다가온다. 그러나 최수철이 말하는 불멸과 소멸은 서로를 잡아먹는 것이 아니라 서로를 살려내는, 그러니까 서로 대립되면서 결국은 동일한 양가적인 속성을 갖는다. 불멸이면서 소멸이고 소멸이면서 불멸인 인간관계에 대한 섬세한 통찰이 서사를 단단하게 지탱하고 있는 것이다. 그 인간관계의 섬세한 부분에까지 촉수가 닿아 있는 것은 인물들의 '육체'다.

'나'는 대동신문사의 문화부 기자다. '내'가 파리 특파원으로 나가게 되면서 알게 되는 주변 사람들은 영원한 반복, 회귀, 다양하고 상이한 속도 속에서 서로 겹치는 인간관계의 다중성을 보여준다. 나는 문석영과 결혼을 한 후 그녀와의 육체적 불화감에 시달린다. 그녀의 몸은 나와 함께 뒹굴며 섞일 수 있는 대상이 아니라 그 자체로 온전히 보존되기를 원하는 텅 빈 공간이다. 하여 "그녀의 속에서 일어나는 성적 욕망도 외부의 자극을 충분히 받아들이거나 밖으로 발산되는 것이 아니라, 그녀의 맘 안에서 공허한 메아리

---

4) 최수철, 『불멸과 소멸』 상 · 하, 범우사, 1995(이하 이 책에서 인용한 부분은 면수만 밝힌다).

로 울리다가 스러질 뿐이었던 것이다"(p. 27). 결국 그녀와 이혼함으로써 나는 인간관계 속에서 영원히 순환하는 고통을 발견하게 되고 부단히 그리고 헛되이 대립하는 그 온갖 것들이 실상은 우리 자신의 고통의 흐름 속에 하나로 연결되어 있다는 사실을 깨닫게 된다. 그렇다면 그 하나로 연결되어 있는 고통의 심연에는 무엇이 있을까. 그 심연을 드러내는 자리에 아내와 염문설이 있었던, 다른 사람의 상처 속으로 파고들어가 자기 욕망을 채우려는 박의상, 판도라 상자 같은 여자 한지연, 속고 속이는 관계에 있는 진정태와 양수만, 우물이 자기 소유가 되지 않는다고 판단되면 그 속에 오물이나 심지어 독까지 집어넣을 인물인 임형국, 그 주변으로 박한섭, 강시우, 송수인, 문화진 등이 빗살무늬처럼 얽혀 있다. 그는 겹쳐지고 쪼개지는 인간들 사이사이에서 느껴지는 단절감 때문에 점점 일상의 리듬을 잃어간다. 그리고 그 상황을 이성적으로 정리하고 해석하면서 살아간다. 그럼에도 불구하고 자신의 본능, 그러니까 이성에 의해서 통제되었던 광기가 드러나는 부분에서는 모든 검열 기제가 사라진 채로 자연스럽게 열려 있는 육체의 의미가 언어에 의해서 가시화되는 것이다.

몸과 몸이 끝없이 미끄러짐으로 점철되는 그 느긋한 행위는, 새벽녘에 뒤늦게 찾아드는 악몽을 쫓아내기 위한 주술과도 같은 것이었다. 그 느긋함이야말로 더욱 깊이 땅속으로 쇠관을 박아 넣어서 깊은 지층 속의 지하수를 모두 뽑아올릴 수 있는 힘이었다. 그리하여 그 마찰과 부딪침의 부단한 반복이 내 속에 들어 있는 욕망의 생명력을 고갈시킬 때, 비로소 나는 악몽의 씨가 뿌려지지 않는 불모의 잠 속으로 빠져들 수 있을 것이다. (p. 47)

그에게 있어서 몸과 몸의 부딪침은 자신의 욕망을 날것으로 드러내는 행위이다. 그 행위는 어떤 이성적 통제도 받지 않은 채로 자연스럽게 밖으로 흘러나오는 '광기'인 것이다. 비껴가고 어긋나는 삶 속에서 그를 지탱시켜주는 것은 바로 그 육체의 언어인 것이다. 걸러지지 않은 생살의 언어로 육체의 점액질이 빠져나온다.

　나는 그 인간들 가운데 특히 박한섭, 송수인, 강시우와의 관계에 끼어들면서 인간 존재론적 상념에 젖는다. 쉽게 말하면 그것은 박한섭과 송수인, 강시우의 삼각관계로 구체화되면서 느끼게 되는 우울한 풍경으로, 이와 맞물려 타자들 사이에 존재하는 어쩔 수 없는 심연에 대한 자각으로 이어진다. 그 과정에서 송수인은 유부남인 박한섭에 대한 감정이 사랑이었다고 믿었으나 사실은 연민에 지나지 않는다는 것을 확인하게 된다. 그런 사랑의 열기 속에서 연민은 쉽사리 부패되어 그들이 결코 원하지 않는 감정으로 변질되는 것이다. 그 변질되는 과정 속에 등장하는 강시우라는 인물은 어떠한 의미인가. 그는 어느 날 갑자기 변사체로 발견된다. 그리고 나는 그가 송수인과 정사를 벌였던 침대에서 그녀와 섹스를 한다. 이들의 관계는 기본적으로 서로에게 위험한 인물인지 아닌지, 나에게 어떤 상처를 입힐 인물인지 아닌지를 먼저 계산한 후 감싸안을 것과 그러지 않아도 될 것을 구분하여 정리된 어떤 것에 불과하다. 맨살로 다가서지 않기 때문에 결정적인 순간에 인간들은 서로 빗나간다. 이러한 쓸쓸하게 겉도는 인간관계를 통해서 작가는 무엇을 말하려는 것일까.

　최수철은 이들의 관계가 꼬이는 자리에 이해관계로 서로를 살피는 불길한 시선들을 배치해놓는다. 그것은 서로 '육체'로 다가가는 것이 아니라 이성으로 다가서는 자리에서 어긋나며 돌이킬 수 없는 상처로 남는 것이다. 이때 육체는 관계와 관계를 넘어서 서로를 갈망하면서 기어가고 강시우의 애인 송수인과 죽은 자의 침대에서 벌이는 섹스 장면에서 날것으로 그 실체를 드러내는 것이다. 관념이 최대한 배제된 상태에서의 육체적 향연.

　나의 성기를 뒤덮고 있던 말라붙은 모래층에 물기가 배어들면서 뻘이 생겨났고, 나의 하체에 박힌 그 뿌리는 그 속에서 물의 근원을 찾아 꿈틀거리기 시작했다. 삽시간에 굵고 **빳빳하게** 틀을 잡은 나의 성기는 분기탱천, 여성의 질을 하늘로 삼아 그 하늘을 찌를 듯이 발기되어 있었다. 그리고 그때 나는 찌그러진 나의 고환이 치유된 것임을 알았다. (p. 269)

육체의 광기가 밖으로 삐져나오는 순간만큼은 이들 사이에 그 어떤 장애물도 존재하지 않는다. 단지 정직하게 서로의 감정을 핥아주는 인간의 어우러짐이 있을 뿐이다. 그러나 그 순간은 오래 지속되지 못한다. 그가 소극장에서 본 연극에서처럼 "동성애, 가학과 피학, 성행위와 실연, 포르노그래피, 달아나고 숨고, 쫓고 애걸하며 매달리고, 상대방을 돌로 변화시키고, 자기가 돌이 되어 상대방을 내리누르고 하는 많은 관계"(p. 266)란 현실적인 여건에서는 전혀 불가능한 어떤 것이 되고 마는 것이다. 바타유가 각 개인이 서로의 육체적인 한계를 깨뜨림으로써 찰나적으로나마 타인과의 연속성을 갖고자 시도한다는 에로틱함이란 이성과 관념에 의해서 철저하게 봉쇄당하고 마는 것이다.

결국 인간은 이성과 광기가 반복되는 또는 광기와 이성이 반복되는 자리에 어정쩡하게 존재할 수밖에 없으며 진정한 사랑의 쾌락에 침잠하기 어렵게 만드는 욕망 '들' 사이에 끼여 살아야만 한다는 것이다. "우리의 욕망이란 근본적으로 상대방을 집어삼키려 하거나 상대방을 넘어서려 하는 경향이 있고, 그 때문에 모든 관계는 어쩔 수 없이 조금씩 망가져 있다"(p. 280)는 것이다. 그렇게 내가 파리에서 인간관계에 상처를 받으면서 다시 돌아온 자리는 아내 석영의 옆이다. 박의상에게 이용당한 피의자로 만난 석영은 그에게 또 다른 상념을 불러일으킨다. 그것은 그가 지금까지 파리에서 만난 많은 사람들을 거치면서 다시 처음으로 돌아오게 하는 고리로 작용하는 것이다. 이를 통해서 그는 그 많은 사람들 속에서 불안정한 삶을 살아가는 또 다른 자신의 파편들을 경험한 것이다. 그것은 처음 자신의 아내와 어긋나기 시작한 그 순간 시작된 것이라는 자각을 하게 한다.

그리고 계속 미끄러져가기만 했던 인간관계의 미궁 속에서 자신이 기의로서 받아들여야 하는 삶의 다른 뒷모습을 보게 되는 것이다. "사람들 사이의 관계는 어느 지점에 도달하여 끝장이 나는 것도, 공인을 하듯 들어가는 것도 아닐 터이다. 삶의 고통에는 종착지가 없다. 우리들 각자에게 나름의 개별적인 입장이 주어져 있는 것은 그것으로서 남들과 구별되는 자리를 찾으라는 뜻에서라기보다는, 남들과 진정으로 만날 수 있는 입지점 내지 출발점으로 삼으라는 뜻"(p. 283)이라는 것이다. 이는 자신의 주변에 있다가 사라지거나 비껴나간 관계 속에 인간들은 결국 끈끈한 점액질로 나에게 들러붙어 있는 내 자신의 환영이었을 뿐이라는 사실에 대한 자각으로 이어지는 것이다. 인간이란 존재는 그 개체적 고유성에 합당한 이야기를 갖고 있다는 것, 그것을 이성의 틀에 의해서 규제할 수는 없다는 것이다.

그때 나는 눈앞에 펼쳐진 그 폐허 속에서 도미노처럼 넘어지며 허망하게 스러진 인간들의 군상이 스멀거리며 일어서는 것을 보았다. ──모두에게 자기 이야기가 있다. 그 이야기가 끝날 때, 그 개인은 죽는다. 그러나 정신의 길이 육체 속으로 박혀 있어 육체와 더불어 소멸한다 해도, 우리 이야기의 유일한 진실이 잘려버린 도마뱀의 꼬리와 같은 것이라 해도, 그 도마뱀의 꼬리는 우리가 죽으면 살아남은 자의 의식 속에서 나비든 새든 모든 것이 될 수 있을 것이다. *그러니 모두 빛나는 곳으로 가라. 소멸의 자리가 화인처럼 찍혀서 언제든 새로운 불길로 타오를 수 있는 곳으로 가라.* (p. 302)

인간은 소멸이면서 다시 불멸인, 아니 불멸이면서 소멸인 그 순환 사이에 끼여서 살아가야 하는 존재, 삶이 죽음으로 이어지고 죽음이 다시 삶으로 이어지는 그 고리를 따라가며 살아야 하는 존재인 것이다. 따라서 작가는 나와 헤어진 아내를 다시 찾아가는 것으로 결말을 삼는다. 여기서 작가는 이성과 광기의 절망스러운 화해를 도모하는 것이다. 어긋나는 '광기'가 '이성'을 봉합하는 순간, 그러니까 그 어긋나는, 삐걱거리는 상태에서 다시 균형의 상태로 돌아갈 수밖에 없는 순간의 절망이 어쩌면 희망일지도 모른다는 것이다.

이처럼 최수철은 이인성의 존재론적인 고민, 희망이란 "양파껍질처럼 끝없이 벗겨지면서도 끝없이 껍질뿐인 것"이며, "희망에 중독되어 있는 광기는 웅얼웅얼 무엇인가를 희망한다"는 전언에서 비껴나 있다. 광기조차 이성일 수밖에 없다는 절망스러운 순간에도, 이인성의 광기는 결코 이성과 쉽게 맞물리지 않는다. 어긋나고 비껴가며 미끄러지는 자리에서 서로 뒤섞이고 갈라지면서 '동시에' 남아 있다. 그리하여 이성은 광기를 잡아먹고 광기는 이성을 잡아먹는다. 그 사이에 작가 이인성이 있는 것이다. 미치고 싶지만, 그 미치고 싶다는 것 자체가 이성일 수밖에 없는 한계 상황. 계속 그렇게 미끄러지면서 살아야 하는 인간의 어쩔 수 없음. 그 부분에서조차도 이인성의 육체는 끊임없이 광기에 대한 그리움에서 벗어나지 못한다. 관념에 의해서 규정되지 않은 상태, 그 무정형의 육체적 감각(거울 이전 단계)으로부터 현실적인 에너지를 길러내는 것, 그것이 이인성 소설에서 육체적인 향연이 보여주는 궁극적인 의미인 것이다. 반면에 최수철의 육체는 이성과의 절망적인 화해의 몸짓을 보인다. 어긋남, 삐걱거림의 광기적인 육체로 현실에서 살아갈 수 없다는 절망은 그 사이에 존재하는 봉합의 점을 향해서 움직여가는 것이다. 그것이 최수철 소설이 보여주고 있는 관계의 리얼리티인 것이다.

아! 희망은 어찌하여 광기인가. 나비처럼 가벼운.

그대가 부르는 '이름,'
그것이 진정 내 '이름'이란 말인가
—— 잡종적 주체를 위한 변론: 배수아, 오수연

1. 잡스러움에 대해서 말하면서

라틴아메리카를 떠올리면 섬광처럼 스치는 것들이 있다. 전근대와 근대가 겹치는 풍경과 이를 반영하는 마술적 사실주의 작가들, 보르헤스, 카르빈티에르, 가르시아 마르케스. 그리고 체 게바라, 부에나비스타 소셜클럽이라는 이름의 간판을 내건 수많은 맥주집과 교사라는 신분에도 불구하고 마음 내키는 대로 남정네들(?)과 어울리며 월급의 10배 이상을 버는 여자들. 마지막으로 배들이 끊임없이 들락거리는 항구 도시 아바나. 라틴아메리카의 다른 도시들보다 아바나가 내 오랜 기억 속에 남아 있는 것은 그 '잡스러운' 아름다움 때문이다. 아바나는 항구 도시의 이국적인 풍경, 그러니까 프랑스, 스페인 문화에 뿌리를 두고 묘하게 뒤틀려 있는 문화적 취향 때문에 많은 작가들을 사로잡았다.

흔히 이러한 이국적인 체험은 작가들에게 정체성의 혼란이나 이질적인 문화를 경험하면서 느끼게 되는 소외감으로 수렴된다. 다시 말하면 이국적인 문화 체험은 곧 경이로움, 또는 소외감 사이를 반복적으로 오가면서 깊은 홈을 만들어간다는 것이다. 좀더 심층적인 논의가 필요하겠지만 그러한 시각에는 적어도 두 가지 이상의 필요조건이 달라붙어 있다. 첫째는 주체(나)와 타자(외국인)에 대한 범주와 경계를 분명히하는 징후들에 대한 관념적인 선입견, 둘째는 타자로부터 소외된 주체의 정체성을 강조하고 이를 고집스럽게 탐문하고자 하는 욕망이 그것이다.

그런데 최근 몇몇 소설들은 전혀 다른 징후들을 보여주고 있어 흥미롭다. 작가는 이러한 이국 체험을 통해서 겪게 되는 정체성의 혼란이나 소외감 극복과 관련된 자기 위안을 문제삼지 않는다. 오히려 이방인임을 즐기며 흔히 말하는 '정체성' 자체가 사회적 시스템 속에서 만들어진 환상에 불과한 것은 아닌가 하고 묻는다. '혼란'이나 '소외감'이 아니라 성적으로 또는 문화적으로 이질적인 관점이 동시에 공존하고 있다는 사실을 인정하는, 그리하여 '그녀'나 '그 남자,' 본토인이나 이방인도 본질적으로 찢겨 있음을 시인하는 과정을 섬세하고 미려한 시선으로 그려내고 있는 것이다. 다시 말하면 정체성이란 잡스럽고 더러운 방식으로 존재하는 것이며, 순수하고 깨끗한 정체성이란 일종의 거짓 모방, 가면에 지나지 않는다는 것이다. 이는 지배 문화와 피지배 문화 사이에 존재하는 이질적인 또는 혼성적이고 잡종적인 문화적 특성과 사회 전반적인 차원에서의 정체성, 구체적으로 말하면 수행적인 젠더 정체성과 문화적 정체성의 문제와도 밀접한 관련이 있는 것이다.[1]

그러므로 이들이 던지고 있는 이런 질문이 새롭게 다가오는 것은 90년대 이후 한국 소설에서 중요한 흐름을 형성하고 있는 여성적 수사학과는 무관하게, 결핍과 타자로서의 여성이라는 언명을 배반하면서 진정한 의미의 정

---

1) 언어의 의미가 고유하고 본질적인 어떤 것, 그 자체를 지칭하는 것이 아니라 발화를 수행하는 언어 행위에 의존하고 있는 것처럼 젠더 정체성과 문화적 정체성이라고 하는 것도 선험적이고 본질적인 것이 아니라 인간의 행동과 수행 조건에 따라서 구성된다는 것이다. 그러므로 그것은 절대로 완벽하고 순수한 것으로 응집되지 못하고 항상 잉여물을 남긴다. 염두에 두어야 할 것은 '응집'이 아니라 바로 그 '잉여물'이다. 그 잉여물은 더럽고 잡스러우며 추하지만 배제, 분리, 나눔, 규제, 금지라는 이분법을 넘어서 '횡단'을 꿈꾼다. Judith Butler, "Merely Cultural," Janet Wolf, "Feminism and Mordernism," Mary Evans, ed., *Feminism Critical Concepts*, Vol. 3, 2001; Sara Sulen, "Woman Skin Deep: Feminism and the Postcolonial Condition," Bill Ashcroft, Gareth Griffiths and Helen Tiffin, eds., *Post-Colonial Studies Reader*, London: Routledge, 1995.

체성이란 무엇인가에 대해서 묻고 있기 때문이다. 이질적이고 다양한 인종과 문화 사이에서 경험의 기억이란 계속 달라지며 문화적으로 결정되어 있는 목소리와 그렇지 않은 목소리가 섞여 잡스럽게 구성된다. 그 잡스러움이 젠더 정체성과 문화적 정체성을 형성하는 배경의 원리로서 작용한다는 사실은 여러 측면에서 시사적이다.

물론 생물학적인 차원에서 본다면 인간이란 존재가 태어날 때 부여받는 것들이 있다. 그것은 생물학적인 '성'이며 한편으로는 임의의 '문화'다. 그것은 주어진 것이다. 그런데 문제는 그렇게 이미 결정된 '법 안의 언어'로부터 인간은 얼마나 자유로울 수 있는가에 있다. 기억을 조작하고, 작은 목소리(small voice)를 배제하면서 순수하고 순결한 주체적 표상을 강요하는 '구성적'인 것들은 체제 이데올로기를 더욱 공고히하는 것이다.[2]

그리하여 사회가 사회의 문화적 이상에 봉사하도록 하기 위해서 인간에게 부과한 억제의 정도를 견딜 수 없는 자들은 서서히 미쳐간다. 신경증 환자로, 우울증과 히스테리 환자로. 이들은 본능이 아니라 충동으로 예외와 일탈을 꿈꾸며 하나의 성과 문화에 의해서 지배되는 개체들에 대한 질문을 시작한다. 호명에 의해서 배제된 것, 상실과 실패를 기초로 한 것이 이러한 우울증의 핵을 이루며, 갖기(having)의 허구적 구조, 즉 여성성이란 또는 남성성이란 기억에 의해서 조작된 것이며 문화적 정체성 또한 이와 다르지 않다는 사실을 따져나간다.[3]

바로 그러한 측면에서 배수아의 『이바나』와 오수연의 『부엌』은 하나의 문학사적 사건이다. 이들의 소설에서는 여자가 타자로서, 또는 결핍이나 부

---

2) Christine Van Boheemen-Saaf, "The language of the outlaw," *Joyce, Derrida, Lacan, and The Trauma of History: Reading, narrative and postcolonialism*, Cambridge: Cambridge University Press, 1999.

3) Judith Butler, "Subjects of Sex/Gender/Desire," *Gender Trouble*, London: Routledge, 1996; 신명아, 「라깡과 버틀러: 라깡의 정신분석과 제3물결 페미니즘(포스트페미니즘)」, 김상환·홍준기 엮음, 『라깡의 재탄생』, 창작과비평사, 2002 참조.

재로서 등장하지 않으며 결손의 대변자로서 묘사되지도 않는다. 오히려 여성의 목소리가 지워지면서 여성을 의미화하는 방식에 대한 새로운 질문을 시작한다. 남성의 여성성이나 여성의 남성성이 거부되지 않는 우울한 젠더로 어떻게 유지되는지, 여성성이란 어떤 측면에서 가면에 불과한지 바로 그 수행적인 산물에 대한 도저한 질문을 던지고 있다는 것이다. 그 우울한 젠더의 가면은 상실한 것을 무덤 속에 묻고 애도하는 전략적인 도구가 된다.

형식으로 남아 있는 젠더의 실체는 여성성, 또는 남성성이란 무엇인가에 대한 질문을 통해서가 아니라 남성과 여성이란 성적 정체성 자체가 사회적 구조에 의해서 만들어진 '구조물'일 뿐이라는 인식을 기반으로 하여, 직접적인 섹슈얼리티를 결정하는 것은 생물학적인 성(sex)이 아니라 남성으로, 여성으로 표상되는 '어떤 것'이라는 질문으로 심화된다. 그것은 가부장제 이론에 입각하여 여성이 남성에 의해서 어떻게 복종을 강요받아왔는지, 또는 생식이란 여성에게 얼마나 고통스러운 덫에 불과한 것인지, 나아가서 여성은 남성의 타자였으며 결핍과 부재의 산물이라든지 같은 지극히 고착적인 이데올로기적 질문에서도 비껴나 있는 것이다.

오히려 이들 소설은 부재와 결핍이라고 명명할 수 없는 것들, 남성이라고도 여성이라고도 말할 수 없는 모호한 젠더 정체성, 그리고 지배 문화 또는 피지배 문화라는 정태적인 이데올로기 밖에 존재하는 문화적 정체성, 그 잡스러움에 대해서 묻는다. 잡스럽게, 혼성적으로 구성되는 정체성에 대한 질문은 90년대 이후 많은 논란을 불러일으켰던 주체, 타자의 문제를 근본적인 측면에서 되짚게 한다. 자신에게 금지된 것들을 부정하고 어느 순간 의도하지 않았던 것까지 떠안게 되는 잡스러운 주체에 대한 탐구. 배수아와 오수연은 그 새로운 도발적 반란을 시작하고 있는 것이다.

아바나가 아닌, 배수아의 『이바나』[4]는 내가 K와 함께한 여행과 몇몇 중

---

4) 배수아, 『이바나』, 이마고, 2002(이하 이 책에서 인용한 부분은 면수만 밝힌다).

심인물이 얽어가는 소략한 에피소드로 이루어져 있다. 그 에피소드들은 항구에 정박해 있으면서 섬으로 가는 순간을 기다리는 듯한 묘한 설렘과 불안감으로 충만하다. 이는 무엇보다 나와 함께 여행을 떠나는 사람들과 더불어 호명되는 대상의 익명성에 기인한다(이바나, K, Y, B 등). 이러한 익명성에 설득력을 부여하는 장치가 바로 이방인으로서 또는 관찰자로서의 산보다. 그 산보는 대도시가 아니라 새로운 변이가 발견되기를 바라는 낯선 곳, 이국땅에서 이루어지며 한곳에 머무르지 않음, 낯선 땅에서의 유목하기라는 행위로 구체화되는 것이다.

이렇게 『이바나』에 등장하는 주요 인물들이 떠돌아다니는 공통적인 이유가 있다면 그것은 바로 '일하기 싫다'는 것이다. 생물학적 쾌락과는 전혀 상관없이 주어지는 '의무'인 일에서 탈출하는 것, 그것이 성적 정체성의 부정으로 구체화된다는 것도 흥미롭다.[5] 일 자체가 표면화시키고 있는 것은 직분의 충실함이며 생물학적 자유로움을 억압하는 '이름 붙여짐'이다. 사회적으로 주어진 삶의 조건 속에서 밤낮으로 일하는 자에게 주어진 것은 심각한 불면증이다. 그 불면은 이 소설에 등장하는 인물들의 대부분을 심각한 병리적 상황으로 몰아넣는다. 끊임없이 공무원에게 부여되는 과중한 책임과 근무 시간외의 야근은 내가 편입해 들어가야 하는 사회에서는 절대로 거부해서는 안 되는 금기인 것이다. 그런 상황을 거부하고 다시 말하면 상황에 의존해서 만들어가야 하는 수행적 주체의 모방을 거부하고 여행을 떠나는 것은 반복적인 복종을 통한 재의미화가 아니라 일탈을 통한 의미의 '발견'인 것이다.

K 또한 사무 노동자로서 일상적으로 반복되는 노동을 통해서 얻은 것이

---

5) '성'과 '일'의 공통점이란 무엇인가, 그것은 바로 동일한 생물학적 에너지에서 비롯된다는 것이다. 특히 사회적 · 이데올로기적 측면에서 본다면 일은 성의 안티테제다. 이에 대한 재미있는 분석은 빌헬름 라이히, 오세철 · 문형구 옮김, 「일과 생물사회학적 기능」, 『파시즘의 대중심리』, 현상과인식, 1986 참조.

라고는 '불면증'밖에 없다. 의사가 처방해준 수면제를 다 먹었지만 그녀는 잠을 이루지 못한다.[6] 그 불면의 나날 속에서도 K는 노동을 해야만 살 수 있다는 강박증에 시달렸던 것이다. 그러므로 나에게 K가 인상적이었던 이유가 "자기라는 존재 자체, 자신의 성별과 이름과 목소리"에서 느껴지는 환멸의 속삭임에 있었다는 것은 당연하다. K는 생물적인 섹스가 여성임에도 불구하고 그 성적 정체성을 철저하게 거부했다("K는 또한 자신의 성적인 정체성을 부정했다. K는 그녀, 라고 불리는 것을 철저하게 거부했다. 그리하여 나는 글 내내 K를 그, 라고 부른다"[p. 98]). 그리고 단지 자신이 얼마나 사회화에 익숙한지에 대해서 강박적으로 상기하고자 하였다. "타고난 노동자예요" 하고 반복하는 그의 중얼거림은 사회적 책임과 복종이 주는 강박증을 거듭 확인하게 하는 것이다. 그것은 나와 모종의 계약을 허락하는 계기로 작용한다. 즉 나의 떠돌아다님은 K와 더불어 대도시의 노동자로서 살아가야 하는, 또는 사무원으로서 주어진 행위에 충실해야 한다는 조건에 대한 강박증에서 벗어나기 위한 것이면서 동시에 개체적 고유성과 자율성을 향한 몸부림이었던 것이다.

따라서 그들이 타고 다니는 이바나는 노동과는 대비적으로 비체계적이며 일률적이지 못하고 비생산적인 것들을 호명하는 매개로 작용하는 어떤 것들이다.[7] 자동차로 호명되는 이바나는 깨끗하고 잘 나가는 차와는 거리가

---

6) "K는 더 이상 일할 수 없었다. K의 눈은 언제나 충혈됐고 피부는 칙칙하게 변했으며 머리칼은 거칠게 말라갔다. 더욱 황폐된 것은 노동의지였다. 더 이상 일할 수 없었다. 아니 일하기 싫었다. 잠을 잘 수 없게 되면서부터 왜 일해야 하나 하는 문제를 생각하게 되었다"(p. 57).

7) "우리가 이바나, 하고 발음했을 때 나타나는 우리 목의 떨림. 우리의 목소리, 입 속에 가득 번지는 구름, 그것이 주는 모든 기억과 기대감, 일순간 뱃속에 따뜻한 4월의 공기가 차오르는 느낌, 그 이름과 같이했던 모든 과거와 미래의 시간들, 그것이 연상시키는, 마치 늦가을의 숲과 같은 온갖 종류의 색들. 11월의 기차 여행과 숲에서 만난 아름다운 색의 버섯, 모르는 것에 대한 열정, 이미 죽은 사람의 낡은 초상화, 초록빛 모슬린 옷을 입고 있는 1867년에 만들어진 박물관의 인형. 그리고 시간의 마룻바닥 밑에서 부는 바람. 집시라는 이름의 검은 개. 그러한 모든 색과 기억을 포함한 이바나는 그런 이름이었다"(p. 6).

먼 형편없이 낡은 차이며 그 외형에 비례하여 "늙고 추하고 성질도 구제할 수 없을 정도로 고약"[8]하다. 그 구제할 수 없이 고약한 성질은 우리에게 더러운 곳, 또는 누추하고 안락하지 않은 곳이라 할지라도 노동이 존재하지 않는, 다시 말하면 커피와 빵, 그리고 일상 용품을 편안하게 소비만 할 수 있는 내적인 포만감과 어울리면서 나와 K에게 내면화된다.

말라버린 분수, 폐쇄된 박물관, 빈집, 방치된 쓰레기, 그 모든 것들의 옆을 이바나는 아무렇지도 않게 지나친다. "영혼을 가진 낡은 존재" 이바나는 대도시의 노동과 그것이 주는 새로운 대가의 창출이라는 생산성과는 대조를 이루면서 점점 더 "이교도와 같은 모습"으로 다가오는 것이다. 그러면서 점차로 대도시의 노동을 낯설고 기괴한 '사물'로 전이시켜나간다. 다시 말하면 이바나로 인하여 "우리 안에 있는 일상적이고 근원적인 본질이 변화하거나 또는 어떤 변이가 새로이 발현되기를 원했으며 또 그것이 실제로 이루어졌"던 것이다. 나아가서 이바나를 타고 떠돌아다니는 여행은 나에게는 억압되어 있는 우울한 젠더가 표면화되는 심화의 과정이었던 것이다. 주어진 그 역할에 충실하지 못하면 살 수 없음을 은밀하게 강요하는 '구조적 조건'은 "도시를 잠시 떠나온 여행자로 길에 머무르기를 원하지 못하게" 했던 것이다. 사회적인 테두리 안에서 결정되어 있는 자신의 정체성은, 예컨대 여자로 불리는 순간 여성적인 것을, 남자라 불리는 순간 남성적인 것을 내면화시키게 한다. 그리고 좀더 사회에 잘 적응하는 젠더의 표정을 얻기 위해서 더욱 여자 같은 가면, 또는 더욱 남자 같은 가면을 쓰게 되는 것이다.

결국 이를 알고 있는 『이바나』의 화자는 여성의 가면을 쓴 남성이었던 것이다. 그러나 그는 자신의 성적 정체성을 쉽게 드러내지 않는다. 『이바나』

---

8) "이바나는 형편없이 낡고 좌석은 딱딱하고 소음은 굉장하고 언덕에서 시동은 꺼지기 일쑤였다. 창에는 흉하게 긁힌 자국이 있고 소파의 가죽은 오래되어 허옇게 트고 색이 바랬다. 외형은 더 형편이 없어서 군데군데 칠이 벗겨지고 녹이 슨 것은 물론이고 사소한 충돌사고로 움푹 들어가거나 흔적이나 긁힌 자국도 있었다"(pp. 6~7).

를 읽는 동안 화자의 성적 정체성이 드러나는 부분은 거의 없다. 그만큼 화자의 목소리가 여성인지 남성인지가 중요하지 않다는 것이다. 아니 엄밀하게 말하면 화자의 성적 정체성이 불분명하기 때문에 서사를 따라가는 독자는 무한히 자유로우며 편안하다. 이러한 중성적인 목소리를 갖고 있는 화자의 등장은 배수아 소설의 새로운 매력이다.

그럼에도 불구하고 그가 몰락한 극장가의 아들로서 자신의 정체성을 확인할 수 있는 유일한 증거물을 찾는 것에 집착한다는 사실은 노동 거부의 문제와 맞물려 여러 가지 문제점을 내포하고 있다. 먼저 그가 찾는 자신의 이력서, 즉 대령의 지하실에 묻어둔 '과거'는 집안에 중심으로 존재해야 했던 자신의 정체성을 대변하는 것이다. 그런데 나는 이러한 증거물들과는 무관한 성적 자유로움과 도덕적 자유로움을 향유하면서 살고 싶어한다. 이를테면 아버지의 연인과도 사랑에 빠지고 떠돌아다닐 수 있다고 생각하는 것이다. 그렇게 윤리적·도덕적으로 자유로워질 수 있는 방식, 그것은 바로 스스로 떠돌아다니는 개가 되거나 원하는 곳으로 움직이는 자동차가 되거나 할 수밖에 없는 것이다. 이는 여성성을 자신의 어떤 것으로 체화하는 방식이라기보다는 엄밀하게 말하면 남성이 우울한 젠더로 묻어야 하는 자신 안에 여성성을 드러내는 전략이 된다. 이바나는 그런 우울한 젠더를 표상하는 매개일 뿐이다. 그러므로 이바나가 개이든, 여자 이름이든, 자동차 이름이든 그것은 중요한 문제가 되지 못한다. 그것은 정상적인 젠더와는 구별되는 이질적인 젠더, 또는 부적응의 젠더일 뿐이다.

그런 나를 포함한 K, B, Y의 공통적인 특성은 그들이 타고난 성 자체의 정체성을 명확하게 규정하지 않는 이방인, 떠돌아다니는 외국인으로 남고자 한다는 것이다. 그리고 모두 혼란스러운 자신의 정체성을 감당할 수 없어 고통스러워하는 우울증 환자라는 사실이다. 나는 자신이 살아온 근거지에 대해서 주소 말고는 아는 것이 없다. 주소, 이름은 명확하게 기억하고 있지만 그 이름에 해당하는 실제가 내 기억 속에는 존재하지 않는다. 그럼에도 불구하고 내가 과거에 집착하는 이유는 무엇일까?

그것은 사회적으로 명명된 누구누구의 아들이라고 불린 경험의 기억 때문이다. "나는 외출을 싫어하는 소년이었지만 그래도 그곳에서 이십 년을 넘게 살았다"는 것은 기억과 동시에 자신이 극장주의 아들로서 가져야 하는 사회적 정체성, 경험적 기억을 재구하는 행위에 따라오는 굴레일 뿐이다. 기억과 그 기억이 부여하는 대상과 의미의 불일치는 이상한 방식으로 그를 괴롭힌다. 이런 상황 속에서 그가 선택한 여행은 집착하고 싶지 않은 자신의 정체성에 대한 강박증에서 벗어나서 억압되어 있던 자신의 여성성을 거듭 확인하는 기회가 되는 것이다. 이때 그가 만난 인물들은 모두 그러한 여성성을 조금씩 억압으로부터 놓여나게 한다. 남성 속에 갇혀 있던 우울한 젠더는 그 인물들을 통해서 자신의 실체를 얻어가는 것이다.

2. 무덤에 묻기와 애도하기

화폐의 논리에 의해서 움직이는 자본주의 하에서 인간이 절대로 거부할 수 없는 것 가운데 하나가 바로 노동이다. 그 노동은 『이바나』의 등장인물인 나에게 단순히 돈을 벌게 해주는 수단의 의미만이 아니라 몰락한 극장가의 아들을 '아들로서' '남자로서' 번듯하게 설 수 있는 중요한 매개물의 역할을 한다. 그것이 어쩌면 유일하게 자신의 성적 정체성, 남성으로서의 정체성을 확인할 수 있는 길인지도 모른다는 강박증에 시달리게 하고, 오히려 자신에게 억압된 여성, 우울한 젠더에 집착하게 하는 것이다.

거기에는 사회적인 도덕과 윤리적인 책임을 강제로 부여하지 않는 자유로움과 떠돎이 주는 편안함이 있으며 그 편안함 속에는 "태어나고 자란 도시를 떠나" "아는 사람이 하나도 없는 방식"으로 살고 싶은 욕망이 자리한다. 순간적인 환영이 중요한 이유는 바로 그 과거 경험 기억을 변이시키고 흠집을 내는 원인으로 작용한다는 것에 있다.

Y의 존재도 경험 기억의 변이 과정, 바로 그 연장선 위에 있다. Y는 아버지와 연정을 나누는 연상의 여자다. 나는 그 여자에게 연애 감정을 느낀다. 그런데 그 사랑은 남성과 여성, 즉 이성간의 사랑이라기보다는 오히려 남성적인 성향을 강하게 풍기는 연상의 여인에게 자신이 갖고 있는 여성적인 성향들, 다시 말하면 사회적으로 부여된 남성의 가면이 아니라 경험에 의해서 자신의 기억을 만들어가야 하는, 그래서 극장주의 아들로 남아야 하는 수행적 정체성에 대한 저항을 자연스럽게 확인하는 기회로 작용한다. 남성적인 성향이 강한 그녀에게서 거듭 확인한 사실은, 나는 남자의 성을 가지고 있지만 남자라는 섹스의 상징적인 의미 자체는 거세된 인물이라는 것이다. 그녀와의 연애가 하나도 두렵지 않은 것은 '상황'에 의해서 구성되는 자신의 정체성 자체가 가면이며 실체 없는 아우라라는 사실을 직시하는 순간부터다. 그러므로 『이바나』를 읽는 동안 화자가 남자인지 여자인지가 하나도 중요하지 않게 되고, 이를 되물어야 할 이유도 없었던 것이다. 그는 그렇게 무표화된 존재를 지향했던 것이다.

그러므로 여기서 중요한 것은 이성으로서 또는 남성으로서 K나 Y에게 끌리는 내가 아니라 그들과 비슷한 성향으로 함께 섞이고 뒹굴고 싶어하는 자신의 심리적 기제(우울한 젠더)다. 내가 그들과 함께 있으면서 육체적인 충동이나 남성적 가학성을 전혀 느끼지 못하고 연민과 그리움에 시달리는 것은 그런 심리적인 갈등을 간접적으로 드러내준다. 대도시, 사무원, 진급, 노동, 극장주의 아들로 명명되는 '이름'에 충실하려 한 자신의 내면에는, 이바나로 호명되는 다양한 잉여물의 주체가 떠돌고 있었던 것이다.

결국 자신 안에 억압되어 있던 우울한 젠더를 인정하고 받아들이지 않으면 살 수 없음에 대한 자각은 나로 하여금 스스로 자신의 남성적 정체성을 확인시켜주는 문서들(대령의 지하실에 있던)을 불 속에 던져버림으로써 절정에 달한다. 이를 통해서 결국 그에게 새겨진 남성적 정체성은 무덤 속에 묻힌 시체가 되었으며 거부되지 않는 우울한 젠더는 이바나와 함께 남게 된다.

B는 『이바나』를 읽는 책 밖의 독자이면서 동시에 책 속에 등장하는 또 하나의 인물이다.[9] B도 K와 마찬가지로 불면증에 시달린다. 그런 B에게 이바나는 자동차나 개가 아니라 한 권의 책이다. 그가 읽은 『이바나』는 "불면에 관한 이야기"다. 그가 불면에 시달리는 이유 가운데 하나는 "더러운" "오염된 어머니"에 대한 반복적인 꿈 때문이다. 어머니의 뱃속에서 그가 느끼는 것은 "갈라진 상처처럼 오염된" "질척거리는 바닥"이라는 것이다. 그곳에서 마구 허우적대는, 급기야는 어머니의 몸을 갈기갈기 찢고 있는 자신을 발견한다. 그리고 영원히 어머니와 함께할 수 없다는 것과 자신은 어머니에게 아무것도 아닌 존재라는 걷잡을 수 없는 상실감에 시달리게 되는 것이다. B의 여행은 그렇게 오염된 그 상실감으로부터 시작되는 것이다. 『이바나』라는 책은 그에게 상실을 받아들이는 자와 그렇지 못한 자의 이야기로 다가온다.

그에게 완전한 사랑이라고 믿었던 산나라는 여인이 있었다. 하지만 그녀 또한 자신의 어머니처럼 완전히 자신과 동일시될 수 없는 잉여분의 타자다. (B는 자신의 어머니에게도, 사랑한다고 생각한 연인 산나에게도 팔루스가 되지 못한다.) 특히 다른 사람과 침대에서 뒹굴고 있는 산나를 보는 순간, B는 자신의 심장에서 어머니를 도려낸 것처럼 산나를 도려낸다.

결국 B는 자신 앞에서 간통을 저지르고 있는 산나를 보면서 무의미해진 결혼과 자신의 아집을 영원히 땅 속에 묻어버린다. 욕망의 대상을 땅 속에 묻고 난 그에게는 삶의 추동력이 될 수 있는 어떤 것, 또는 반복을 통해서라도 도달하고자 했던 대상 자체가 존재하지 않게 되는 것이다. 그것은 삶의 오류였지만 또한 삶의 방식이었다.

---

9) 명확하게 표현되어 있지는 않지만 B는 K가 책 안에서 쓰고 있는 소설 『이바나』를 읽는 독자다. 책 밖에 있는 B는 『이바나』의 비현실적인 것 같은 에피소드에 현실적인 실체감을 부여해준다.

욕망의 대상을 잃어버린 B는 이제 익명의 존재가 된 것이다. 그것이 바로 『이바나』의 의미였던 것이다. 그는 이름 부르기도, 이름 불려지기도 포기한 채 연기처럼 길을 떠났다. 그는 단지 끝나지 않는 여행에 관한 이야기, 『이바나』를 읽을 뿐이다. 대개의 경우 어머니란 지나치게 "완전한 상태여서, 결코 다시는 돌아갈 수 없다는 것 자체가 도저히 치유될 수 없는 극심한 결핍으로 다가오는" 것이며, 예외는 없었던 것이다.

결국 B는 가장 확실한 방법으로 자신의 상실을 인정하고 애도하는 방식을 통하여 다시 태어나며 『이바나』는 이를 읽는 독자 B에 의해서 그 의미가 명확해지는 것이다. 자신이 확인할 수 있는 순수한 주체란 없다는 것, 사랑 또한 순결한 처녀성을 고귀하게 바치는 행위로서가 아니라 '간통'이라는 비윤리적이고 반사회적인 행위로서만 확인이 가능한 현실에 대한 인식.

"죽어야 한다면, 언젠가 한번은 당연한 일이지만, 그 장소는 절대적으로 자신이 태어나고 자란, 그런 곳이 아니어야 한다. 길 위에서 죽어야 한다면 행려병자도 좋다. 서류가 부족한 낯선 외국인들을 수용하는 수용소나 정체불명의 부랑자들을 집어넣는 감옥이나 또는 운이 좋다면 높은 천장에 벽화가 그려져 있는 지독하게 낡은 호텔 이층방이라도 상관없다"고 술회할 수밖에 없는 것은 내가 호명하였지만 그 이름으로 일체가 되지 못했던 모든 것들의 죽음의 형태를 상징적으로 표현하는 것에 지나지 않는 것이다.

자기와 완벽한 동일시를 이룰 수 있는 '어머니'란 지상에 존재하지 않는다는 사실에 대한 깨달음과 그런 사실을 깨달았음에도 이에 대한 그 욕망을 떨쳐버리지 못하고 그 흔적을 반복해야 하는 운명. 순수한 것의 상실을 애도의 방식으로 무덤으로 만들고, 규정되지 않는 우울한 젠더를 자신의 정체성으로 끌어안으면서 스스로 잡스러운 주체가 되어가는 방식으로 이바나는 영원히 남겨진 것이다. 여성, 또는 남성의 이름으로 호명되기를 거부하면서.

3. 불가능한 탈주와 파괴적인 반복

배수아가 젠더 정체성이란 환상적인 고안물에 불과한 것임을 우울한 젠더의 잡스러움으로 묻고 있다면 오수연은 그 자리에 문화적 정체성의 문제를 옮겨놓고 있어 흥미롭다. 그런데 생각보다 그 고민의 동기는 간단한 듯 보인다. "요리하지 않기," 즉 음식을 만들면서 한 시절을 다 보낼 수는 없기 때문이었다는 것. 요리하지 않기 위해서 그녀가 선택한 곳은 아이러니하게도 요리와 먹는 행위에 집착하는 사람들이 많은 인도다("도시 전체가 아침부터 한밤까지 요리만 하고 있다"(『부엌』, p. 12)).

오수연의 『부엌』[10]의 배경인 '인도'는 그 특수한 정치적·문화적 지형도가 많은 부분 한국과 닮아 있다. 예컨대 제국의 식민지였다는 것, 그리고 다인종이 섞여 있어 계급적인 갈등과 분화가 한국보다 더욱 가시적이고 분명하다는 것, 그리고 무엇보다 그런 환경이 한국적인 현실과 지난 삶의 가치를 반추하기에 더없이 좋은 여건으로 작용한다는 것이다. 그런데 왜 하필이면 그 많은 공간 중에서 작가는 부엌을 선택하였을까. 거기에 대한 대답은 그렇게 단순하지 않다.

흔히 부엌이란 공간이 '음식을 만들고 먹는다'는 행위를 반복하는 단순한 공간이라고 간주하기 쉽지만 사실은 개개인의 이데올로기에 의해서 많은 것이 선택되고 배제되는 복잡한 취향의 공간이다. 그러므로 부엌에서 음식을 먹는 행위는 일종의 자신의 이데올로기를 언표화하는 구체적인 것이다. 오수연 소설의 등장인물들은 '먹음'과 관련된 이데올로기에 의해서 그들의 구체적인 현실태가 결정되며 이는 이데올로기가 어떻게 '사실'을 '구성'하는가를 가시화시켜준다.[11] 그렇게 구성된 실체를 통해 허구도 비일상도 따

---

10) 오수연, 『부엌』, 이룸, 2001(이하 이 책에서 인용한 부분은 면수만 밝힌다).
11) "천한 사람이 만든 음식은 종교적인 의미에서 불결하고 그 음식을 먹는 사람까지 피가 더러

지고 보면 매순간 반복과 차이를 거듭하며 진행되는 거대한 '일상 현실'의 '일부'라는 것을 밝혀나간다. 그 일상의 거대한 포식력이 '음식'으로 언표화되는 것이다. 음식을 통한 문화적 정체성, 그것의 규제적인 실천에 이의를 주장하는 파괴적인 반복, 즉 만들고-먹고, 먹고-만드는 반복 행위의 결과가 순결하고 순수한 주체의 죽음과 이를 애도하면서 인정하게 되는 더럽고 잡스러운 주체로 남는다는 것, 오수연의 서사는 여기서부터 시작된다.

인도의 부엌은 그 안에 담겨 있는 "지겨운 풍경"이 거의 모두 열려 있다. 그래서 집이 없어 길가에 천막을 친 사람들의 솥단지는 하루 종일 끓고 있고 재료에 버무려진 향신료의 냄새가 온종일 도시를 휘어감고 있는 것이다. 눈을 뜨고 감는 모든 순간 음식과 함께해야 하는 인도의 상황은 그녀의 일상사를 갉아먹는다. 더군다나 철저한 계급 분화에 의해서 나뉘고 분리된 인간들의 생활사란 더없이 견디기 힘든 요소로 작용한다. 거기에 유학생 다모와 무라뜨는 자신이 겪는 삶의 편린들을 좀더 구체적인 일상에 스며들게 하면서 관찰자로서 남아 있는 자신의 실존적 존재 기반을 객관화시키는 역할을 한다.

철저한 채식주의자와 옹골찬 육식주의자 다모와 무라뜨, 그리고 나는 부엌이란 공간을 공유하면서 스스로의 위안을 삼기 위한 음식을 만든다. 그렇게 지겹던 부엌이 간절하게 중요한 공간이 된 것은 이들이 각기 다른 형태의 음식에 대한 취향을 갖고 있으며 그 다른 취향 모두를 인정하는 곳이 유일하게 내 부엌이라는 현실, 그 때문이다. 그런데 문제는 부엌에서 음식을 만들고 먹는다는 행위를 반복하면 할수록 음식에 대한 취향 자체도 자연스러운 것이 아니라 인위적인 이데올로기에 의해서 조작되고 있지 않은가에 대한 끊임없는 의구심이 생겨난다는 것에 있다.

워진다고 한다. 자기보다 신분이 낮은 사람이 준 음식을 먹으면 그 사람 수준으로 신분이 낮아진다고 한다. 신분을 거슬러 음식을 주는 행위는 선행이 아니라 모욕이고 죄악이다. 그래서 요리만큼은 하녀들이 못 하고 안주인이 해야 한다"(p. 129).

예컨대 다모는 제 나라에서 남들이 사는 만큼의 아파트에 살고 남이 자주 가는 레스토랑에 가며 남이 타고 다니는 승용차를 몰고 다녔다. 그러던 그의 인생을 바꾸어놓은 것은 교통사고다. 그때 그는 "나는 죽었다, 고 생각하니 더 이상 그렇게 살 필요가 없을 것" 같아서 차와 가재도구를 처분하고 고국을 떠났던 것이다. 그리고 채식주의자가 되었다. 그는 내 부엌에서 철저하게 육식을 배제하며 채식으로만 식사를 한다. 그에게 채식이란 일종의 의식과 같은 것이어서 거기에 순결과 복종을 바친다. 그리고 더 나아가서 그 행위를 다른 사람에게까지 강요한다. 결국 나중에는 내 부엌에서 다모가 채식을 하는 행위 자체가 엄청난 강요에 의한 복종이었으며 심지어는 살의를 느끼게 하는 행위로 다가오기까지 한다. 그렇게 그는 음식에 대한 순결성을 강조하듯이 인간의 도덕과 윤리성을 강조하면서 서서히 말라비틀어져 갔던 것이다. 순결과 윤리적이고 도덕적인 인간적 심성을 자신의 정체성의 근거로 삼고 있으면서도 거지를 보면 "저리 꺼져" 하고 외치는 다모를 보면서 연민과 혐오감이 교차되는 것을 느낀다.

한편 무라뜨는 어떤가. 그는 동료들에게 방에서 고기 냄새가 난다는 이유로 고발을 당할 만큼 철저한 육식주의자다. 검은 무라뜨는 요리가 금지된 기숙사에서 벗어나 내 부엌으로 와 요리를 한다. 나는 "고기가 아니면 음식이 아니라고 생각"[12]하고 "오로지 혀의 명령에 따라 뭐든 듬뿍 쏟아 넣고 푹푹 끓여버리는 무라뜨의 무지막지한 요리법에 반해버린" 것이다. "음식에 대한 아무 금기가 없는 그에게는 먹고 싶다는 단순한 욕구만으로 다른 생명을 죽이고 해할 수 있는 충분한 이유"가 된다. 그런 무라뜨는 "모든 성적 금기란 사회적인 억압을 정당화하기 위한 말장난에 불과"하다고 믿는다. "채식주의자가 도덕적으로 육식보다 우위여서 자기네들한테 고발할 권

---

12) "돼지다리짝을 처마 밑에 걸어놓고 파리를 쫓으려고 모기향을 피워놓고 고전적인 푸줏간으로부터 냉동육 전문점에 이르기까지. 그는 일대의 정육점을 낱낱이 꿰고 있다. 사오는 고기마다 육질이 탄력 있고 도마에 배어나는 핏빛도 선명한 최상품이다" (p. 31).

리나 책임마저 있는 줄 안다. 〔……〕 고기 냄새가 코끝을 스치기만 해도 눈앞에서 칼부림이라도 벌어진 듯 난리를 친다. 〔……〕 자애로운 채식주의자가 절반인 이 나라가 인간에 대해서만큼은 얼마나 악의적인 신분 제도를 갖고 있느냐"는 것이 그의 지론이다.

이 두 사람과 나는 내 부엌을 공유하면서 음식을 만들고 먹는 행위를 반복한다. 당연히 다모와는 채식을 무라뜨와는 고기의 기름이 입가에 번지르르할 때까지 뼈를 발라 먹는 육식을 한다. 그렇게 만들고-먹는 행위를 반복하면서 나는 철저하게 그들의 음식 문화에 복종하는 듯이 보인다. 그러나 시간이 지날수록 그 반복적인 복종을 통하여 얻게 되는 것은 강한 저항과 반발 심리다. 즉 반복적인 복종은 결국 파괴적인 저항, 다모를 강제적으로 추행한다든지, 무라뜨를 집에서 쫓아내고 급기야는 솥에 넣어 삶아 먹는 꿈을 꾼다든지 하는 방식으로 전이된다. 결국 "비슷한 생각을 하고 비슷한 판단을 내리는 정신적인 동지로서의 관계는 석 달 전에 중지"되었으며 "서로에게 죽은 사람"이 되고 만 것이다.

결국 '만들고-먹는다'는 행위 또한 문화적으로 구성된 이데올로기일지 모른다는 사실을 깨달아가는 과정이었던 것이다. 다른 사람에게 전혀 피해를 줄 것 같지 않은 음식에 대한 성향도 배제의 원리를 미묘하게 작동시키는 폭력이 될 수 있다는 것, 그리고 그러한 성향은 생래적인 것이 아니라 문화적인 상황에 기인하는 결과물일 뿐이라는 사실을 『부엌』은 파괴적인 반복, 의미의 재의미화를 통해 보여주고 있는 것이다.

4. 잡종적 주체의 엉터리 흉내내기

동물보다 상대적으로 고통을 덜 느끼는 식물을 최소의 양만큼만 취하고 씨가 많은 무화과 종류의 과일은 피하며, 발효 식품인 술도 마시지 않는 사람들, 어떤 측면에서 본다면 그들은 음식에 있어서만큼은 누구보다 순결하며 선량한 이들이다. 음식의 순교자, 순결주의자. 그런 순결주의자는 비도덕적인 것을 견디지 못했으며 언제나 부주의하고 불건전한 누군가의 실수를 책망했다. 도덕적이고 윤리적인 지표가 분명한 채식주의자, 그런 "채식주의자가 절반이 넘는 이 나라가 인간에 대해서만큼은 얼마나 악의적인 신분 제도를 갖고 있는가," "채식주의를 고집하는 사람일수록 실은 상층 신분을 유지하거나 거기에 가까워지려는 불순한 의도를 갖고 있다!"라는 진술에는 지극히 다층적인 의미가 내재되어 있다.

오수연은 이러한 '분화'와 '경계' 자체를 지극히 일상의 불편함으로 치환하면서 더욱 정치적인 효과를 극대화시키는 놀라운 면모를 보여준다. 그것은 순결주의자, 순수 정체성을 고집하는 다모를 무덤에 묻고 애도하는 방식으로 구체화된다. 다모의 자해 사건은 단순한 생물학적 죽음을 의미하지 않는다. 그것은 나의 의식 속에서 체화되지 못한 채 굴러다니는 존재적 파편의 최후를 상징하는 것이다. 채식주의자, 순결주의자 다모를 생래적인 죽음보다도 더 완벽하게 죽이는 방법은 무엇일까. 내 기억 속에서조차도 완전히 걷어내버릴 수 있는 방법은? 오수연이 택한 것은 바로 다모의 죽음을 애도하면서 도저히 도달할 수 없는 순결한, 순수한 주체의 죽음을 인정하는 것이다.

사실 순수와 정의의 이름으로 태어날 때부터 정해지는 인도 사람들의 계급·계층에 따른 자기 정체성, 인도 사람들이 고집하는 자신의 아이덴티티는 철저하게 국가적으로, 사회적으로 공식화된 '이름'에 충실함이다. 그 큰 목소리에 예외적인 작은 목소리는 아무 의미가 없으며 그 목소리에 의해서 변할 수 있는 여분의 것들은 전혀 존재하지 않는다. 철저하게 '어떤 일'을 하느냐의 문제가 그들의 성적·문화적 정체성을 확정짓는다. 자신이 빨래를 하면 그것은 곧 하인의 신분임을 공식화하는 것이며 그들과 같은 하급의 문화적 정체성을 형성하고 있는 황인종으로 분류되는 것이다. 분류와 나눔 사이에서 갈등하고 있는 나는 언제나 침대에서 뒹굴며 그런 상황에 처하게 된 것에 대해서 고통스러워한다.[13] 라즈는 그런 나의 고통을 배가시키는 구체적인 대상이다.

내가 라즈에게서 느끼는 두려움의 실체는 피지배자의 무지에서 오는 두려움, 피지배자가 자신을 공격할지도 모른다는 두려움과 닮아 있다. "당신은 강도, 유괴범, 살인자 들을 당신 집으로 초대하고 있는지도 모른다!"는 경찰의 계도문은 인도에서 지배자가 고용하고 있는 하인들이란 어떤 존재인지를 단적으로 말해준다. 다모나 무라뜨와는 달리 하녀 라즈는 내 집에 와서 빨래를 하는 친구가 아닌 하인이며 나와는 전혀 다른 신분의 소유자다. 상식적으로 생각해도 그녀와 나의 정체성의 구분은 너무도 분명하다. 말하자면 나는 고용주이고 그녀는 피고용주인 것이다.

그런데 나는 라즈가 내게 고용된 하인인지, 또는 내가 그녀에게 고용된 하인인지 구분이 가지 않을 만큼 혼란에 빠진다.[14] 그것은 라즈의 끊임없는 '흉내내기'에 기인한다. 그녀는 나의 인사법을 따라하고 자신에게 맡겨진 일 이상은 절대 하지 않는다. 오히려 나는 라즈가 벌여놓은 일들을 수습하느라 정신이 없다. 그것도 모자라서 그녀는 자신과 같은 처지의 엄마에게 "왜 자기는 학교에 안 보내주느냐, 왜 자기는 창피하게 남의 집에 가서 빨래를 해야 하느냐, 제가 오히려 더 성화"를 부린다. 그런 그녀를 보면서 나는 나도 모르는 사이에 그러면 "때려요! 그럼 자꾸 때려요!" 하고 속으로 외치는 것이다. 자기가 아무리 인상을 쓰고 소리를 질러도 눈웃음을 치는 그 아이가 사실 "나는 징그럽다." 그리고 그것이 유발하게 되는 양가적인

---

13) "미국 대사관은 이 나라에서 가장 큰 유제품 업체의 우유를 검사해보고 제 국민들한테 공문을 돌렸다. 이 우유는 당신 자녀의 학습 능력을, 즉 뇌를 손상시킬 수 있다"는 보도를 보면서 내가 느끼는 것은 내자신도 인도인을 하인으로 부리는 지배자의 입장이면서 동시에 미국이라는 다국적 기업 아래 서 있는 피지배자의 입장이라는 것이다.

14) "하녀와 청소부들은 외국인이라고 해서 나를 예외로 쳐준 게 아니라, 자기들하고 같은 급에 나를 넣었다. 나는 지금 천민이다"(p. 152).

감정은 고용주인(지배자인) 나를 '닮아야 한다는 것'과 '달라야 한다'는 양가적인 욕구 사이에서 생겨나는 것이다.[15] 라즈는 다모나 무라뜨처럼 무덤에 묻고 애도해버리면 그만인 대상이 아니라 나를 끊임없는 우울증에 시달리게 하는 잉여의 주체였던 것이다.[16]

그러므로 라즈가 자기의 행위를 모방하려 들면 들수록, 한편으로 불쾌하고 짜증이 나는 것은 당연하다. 라즈는 나에 대한 부분적인 모방과 흉내내기를 통해서 항상 결함이 있는 혼성 상태를 유지하고 있었던 것이다. 라즈는 나와 같은 인사법으로 인사를 하며 동네 아주머니들이 지켜보는 가운데 "하이! 마이 프렌드으!" 하고 외치는 지경에까지 이른다. 라즈는 사회적인 상황에 의해서 하인이라는 분명한 정체성을 부여받았음에도 불구하고 상황에 따라서 계속 변하는 자신의 성향들을 분명하게 표면화시킴으로써 '고정된 의미' 갖기를 회피했던 것이다.

사실 라즈는 그런 엉터리 흉내내기(mockery)를 통해서 자신의 정체성을 불완전한 어떤 것으로 치환하는 몸부림을 계속하고 있었던 것이다. "라즈가 한쪽 손을 들어 올리며 인사한다. 나한테 배워서 하는 짓이다. 가르쳐주지 않았건만 내가 하는 걸 보고 제 맘대로 따라한다"는 것은 인도의 관습에 따르면 그녀와 나의 신분적 동일시를 의미하는 것이다. 200루피에 고용된 하녀인 주제에 내가 아무리 인상을 쓰고 야단을 쳐도 아랑곳하지 않는 아이, 괘씸한 아이 라즈는 결국 나의 위치, 즉 "마스터, 고용주"였던 자신의 사회적인 위치와 무관하게 "라즈가 웃고 있으니 나도 웃는 체"(p. 173)할 수밖에 없게 만든다. 그 순간 인종적인 또는 계층적인 주체의 수행성은 심리적인 이질감, 차이로 치환되는 것이다. 그리고 어느 순간 고용주로서의 나의 정체성이나 피고용주로서 라즈의 정체성이란 애시당초 분명하게 존재하는 것이 아니라 만들어진, 고안된 산물에 지나지 않는다는 사실이 실체로

---

15) 안토니오 네그리 · 마이클 하트, 윤수종 옮김, 『제국』, 이학사, 2001, pp. 48~64.
16) 작가가 작품집 뒤에 「라즈를 생각하며」라는 글을 붙인 것은 여러 측면에서 의미있다.

드러나는 것이다.

5. 잡종적 주체의 정치학

배수아의 『이바나』와 오수연의 『부엌』은 지금까지 한국 소설에서 여성 작가가 물어왔던 여성의 자기 정체성이 아니라 오히려 이를 규정하는 데 이용된 모든 '명사'를 의문시하는, 다시 말해서 이름 붙여진 것들에 대한 끊임없는 회의와 '생산적'인 자기 망각에 대해서 묻고 있어 이채롭다. 그것은 섹스로 고려될 수 없는 존재, 하나가 아닌 다수의 섹스, 잡종적인 주체란 무엇인가, 그리고 젠더의, 또는 문화적 정체성의 고유함 자체가 존재하는가? 라는 질문으로 구체화된다.

특히 이러한 인식적 전환은 여성성을 탈문맥화시키는, 다시 말하면 여성성을 구축, 구조화하는 방식이 아니라 오히려 지워가는 방식으로서의 글쓰기가 무엇인지를 보여주고 있다는 측면에서 문학사적 사건이라 하지 않을 수 없다. 그것은 기존에 여성 소설들이 여성성, 모성성을 내세워 오히려 고착적인 여성 정체성의 이데올로기를 강화시켰던 것과는 대조적으로 다수의 '여성'을 구축하는 문화적·사회적·정치적 교섭의 다양성을 추구하고 있다는 측면에서도 중요한 의미가 있다.

물론 타고난 생물학적인 성 자체를 부정할 수는 없다(성 전환 수술이라는 예외적인 경우가 있기는 하지만). 그러나 생물학적인 성과 고착적인 성 이데올로기는 다른 차원의 문제다. 그렇다면 어떻게 이러한 규제적인 범주에 대항할 수 있을까. 이는 젠더, 또는 문화적 정체성과 고유성이 있다고 강조하는 환상을 리얼하게 보여주는 것, 그리고 여성이라는 섹스는 남성성에 입각하여 정의되는 결핍의 어떤 것도, 타자도 아니라는 사실을 심층적으로 해부하는 방식으로 가능할 것이다. 즉 남근중심주의 도식에 내

재하는 범주에서 여성은 타자도, 결손도 아니기 때문에 중요한 것은 이를
만들어내는 구체적인 '조건'[17]임을 다양한 방식으로 보여주는 데 있다는
것이다.

---

17) Judith Butler, 같은 책, pp. 11~18.

소설을 모독하는 방식으로서 소설 쓰기
─영원한 '미성년,' 다시 시작되는 '엽기전': 백민석, 김연경

1. 엽기적 상상력의 기원을 찾아서

MTV에 나오는 조각 화면들의 빠른 혼합 장면들은 아! 하는 외마디 탄성을 지르는 순간 순식간에 사라진다. 사고 자체의 정지, 폭격을 가하듯이 쏟아지는 이미지의 무차별적인 가학성. 그 가학성이 가져다주는 것은 화려한 불빛 아래 반짝이는 장면들로부터 완벽하게 버려진 개인들의 소외감이다. 이것은 화면 안으로부터 개인을 밀어내는 역학적인 구조와 맞물려 일상화된 폭력의 한 전형을 보여준다.

그런데 이런 이미지의 폭력에 대해서 '괴기하다' 또는 '끔찍하다'라는 생각을 하는 사람은 거의 없을 것이다. 왜냐하면 그것은 단순한 반복을 통해 한순간 모든 것들을 익숙하게 만들기 때문이다. 그것이 신생 문화의 특징 가운데 하나다. 티에리 주스의 말처럼 신생 문화는 슈퍼마켓이나 정보집, 비디오 대여점이나 화상전화에서처럼 각자가 마음대로 할 수 있는 이미지와 기호, 모방 그림 등이 쌓여 있는 거대한 창고 위에 있다. 그리하여 우리는 모으고, 연기하고, 합성하고, 잘게 쪼개고, 파괴하고, 산산조각 낼 수 있는 문화에, 이미지의 혼란에 편안하게 길들여지는 것이다. 따라서 혼란스러운 이미지에 대한 강박관념을 갖는다는 것 자체가 그리 새로운 것이 되지 못한다. 다중적인 의미에서 전쟁은 점점 더 사회 안으로(내전, 도시 전쟁, 게릴라, 테러리즘), 그리고 개인들 내부(내전, 병적이고 히스테릭한 폭력) 속으로 스며들고 있다.[1] 그 속에서 개인들은 새로 그려지는 원, 빙글빙글 도는 폭력에서 빠져나갈 길을 찾지 못하는 것이다.

이러한 기제와 비슷한 메커니즘 속에서 운동의 방향과 상관없이 위반과 금기의 경계선을 농락하며 움직이는 것이 미세 권력이다. 그것은 중립적이지도, 일방적이지도 않으며 그렇다고 지배적인 것도 아니다. 그것은 철저하게 분배적이며 벡터적인 성격을 갖는다.[2] 그런데 거기에서 언제나 문제가 되는 것은 작용의 방향이나 효과가 아니라 바로 그 조용히 숨통을 조여오는 권력적인 억압에 대한 '폭발'이다. 거기에는 위반을 즐기기 위해 금기를 지속시키는 다양한 방식이 존재하며 이성의 규칙을 파괴하고자 하는 패거리 의식이 생겨난다. 금기의 위반도 금기처럼 일정한 규칙을 잠재태로 하여 움직인다. 그러나 위반의 규칙도 금기의 규칙만큼 잘 지켜지지 않는다.

규칙적이지 않으며 돌발적인 금기의 위반은 익숙해진 사유 구조를 모독하며 공포감을 초월한 상태에서 오히려 자연스럽게 다가온다. 바로 그때 권력과 폭력을 견디지 못하는 자들의 야만성에 의한, 끝나지 않는 복수 의식을 퍼올리는 피의 순환이 이루어지는 것이다. 그 위반은 결코 자유롭지만은 않다. '거기까지, 그것이 가능하다'가 위반이 갖는 실질적인 의미이다. 그러나 그 제한선이 한번 무너지면 단순히 장애물을 제거하는 데 그치지 않고, 무한한 폭력적 충동이 자연스러운 일상의 자리를 차지하게 되는 것이다. 일단 이러한 동요가 시작되면 그것을 진압하기란 쉬운 일이 아니다. 그것은 괴물의 광폭함만이 아니라 구획된 공간 속에서 지속적으로 가해지는 물리적인 또는 비물리적인 폭력과 억압에 의한 식민 의식과 죄수 의식에서 시작된다.[3] 자신이 왜 구획된 일정한 장소를 벗어나지 못하고 죄수처럼 관리되

---

1) 올리비에 몽젱, 이은민 옮김, 『이미지의 폭력』, 동문선, 1999, pp. 36~38.
2) 장 보드리야르, 정연복 옮김, 『섹스의 황도』, 솔, 1993, pp. 203~56.
3) 그 대표적인 것이 백민석 소설에 등장하는 감옥(독방)에 갇혀 길러지는 육식원숭이이다. "부

어야 하는가라는 당위적인 물음에 대해서 어떤 타당한 대답을 들을 수 없는
자들, 깨끗한 도심의 이미지를 위하여 맨홀 밑으로 버려져야 했던 자들은
이를 먹이로 하여 자신을 증식시킨다. 그리하여 말끔하게 정리된 지상에 대
한 혐오와 극단에 이른 소외감은 자기를 확인하기 위한 가학증으로 몸을 키
워나가는 것이다.

이때 육체는 자신이 생각하고 있는 관념을 사물, 물질적인 것으로 바꾼
다.[4] 그런데 흥미로운 부분은 그 물질적인 것이 존재하는 방식이다. 그것은
사회적으로 금기된 것들, 있을 수 없는 것이라고 관념화되어 있는 것들, 불
균등하고 모호한 것들, 동물적인 것들을 드러내는 '육체'로서 등장하게 된
다는 것이다. 바로 이 지점에서 이성을 규제하고 합리성을 개념화하는 관념
들이 사라지게 되는 것이다. 몸과 영혼의 불일치를 꾀하던 관념이 이를 제
압하는 광기, 몸과 영혼의 합치를 꿈꾸는 광기에 의해서 육체 밖으로 밀려
나게 된다. 바로 그 순간 길들여지지 않은 육체는 끊임없이 '동일성'을 파괴
하면서 반동적인 것들을 게워낸다. 괴물은 바로 이 반동적인 것들의 '육체'
인 것이다. 이 괴물의 엽기성은 반동적이고 불균등한 것들이 정상적인 것이
라고 치부되는 것들과 뒤섞여서 비정상적인 것들을 정상적인 관념의 층위
까지 끌어올려야 하는 몸, 물질의 명명을 받는 것이다. 여기에 베르그송이
말하는 '사이'의 의미가 개입할 틈이 없다. 몸이 곧 영혼이며 물질이 곧 정
신인 것이다. 육체와 영혼의 모순을 가져다주는 관념을 완벽하게 제거하기,
엽기의 정치학은 여기에서 비롯하는 것이다. 어떤 것도 같은 것이 없는 비
동일적인 것들로 구성된 '육체'가 엽기적인 것은 당연하다.

그러므로 엽기적인 육체를 가진 인간들, 배제된 자들의 축제가 광폭하게

모를 잃은 새끼나 구박받는 늙은 놈이나 식구들과 원만한 관계를 유지하지 못하는 놈들은 무
리 보호의 차원에서 독방에 거주"시키면 자연스럽게 포악하게 길들여져 잡식이던 놈도 육식
이 되고 채소 따위는 거들떠보지도 않게 된다는 논리는 격리된 자에게 심어지는 죄수 의식,
바로 그것이다.

4) Francis Barker, *The Tremulous Private Body*, Michigan, 1995, pp. 65~103.

나타나는 것은 지극히 당연하다. 개념화하는 또는 규정하는 관념이 존재하지 않는 괴물에게 기존의 사회적인 관습들은 아무 의미를 갖지 못하게 되는 것이다. 잔혹극을 연상시키는 이 축제는 철저하게 의식적으로 이루어지며 진정 살인에 의존하며 절대적·필연적으로 결정된 꿈 안에서 계산된 사건의 방향에 따라서 정해진다.[5] 본성이 과격한 세계, 중재가 불가능한 사회에서 살아남기 위해서 잠재적 호전성을 지닌 모든 인간들을 제거하는 일이 훨씬 가치 있다고 인식하는 것, 삶 자체가 재현되지 않는 황야라는 사실에 대한 비극적인 자각, 바로 여기에서 엽기적 이야기(bizarre story), 소설을 모독하는 소설 쓰기의 거룩한 탄생이 이루어지는 것이다.[6]

1) 도시의 추락: 목화밭 그 이면

영화 「아메리칸 뷰티」는 미국 도심에서 벗어나 잘 구획되어 정리된 도시 변두리를 배경으로 하고 있다. 도심의 현란함을 찾아보기 힘든 이 변두리는 잘 심어진 가로수와 깨끗한 조경을 자랑하며 조용하고 편안한 일상 속에 고른 호흡을 내뱉는 것처럼 보인다. 이 영화에 등장하는 인물들은 모두 중산층 가정에 속해 있다. 그리고 그 중산층을 대상으로 하는 여타 다른 영화에서처럼 이 영화 또한 계급적 갈등이 중요한 문제로 부각되지 않는다. 대신에 딸의 친구에게 성욕을 느끼는 아빠와 상류 사회를 꿈꾸며 절제를 마치

---

5) 잔혹극은 시작되면서 모든 것을 황폐화시키지만 이것은 긍정적인 선언이며 가장 충만하고 필요불가결한 힘으로 긍정 그 자체를 창출한다. 따라서 이때 벌어지는 축제는 반드시 정치적인 행위여야 하며 정치적 혁명의 행위는 다분히 연극적인 것이다. 자크 데리다, 김보현 옮김, 「잔혹극과 재현의 폐쇄성」, 『현대비평과 이론』, 1992년 봄호, 한신문화사, pp. 285~89.

6) 따라서 엽기적인 이야기는 쇼킹하다거나 기괴하다거나 악마의 장난 같다고 느껴지지 않는다. 만약 그렇게 느껴지게 한다면 그것은 이미 엽기의 근본 취지를 모독하는 것이다. 악마의 장난이라기보다는 자연스럽고 지극히 정상적인 행위이며 그 현실적인 비판력 때문에 심지어는 슬프고 감동적인 느낌까지 불러일으킬 수 있어야 한다. 놀람(악?)과 동시에 그럴듯함(음!)에 자연스럽게 빨려들어가는 방식, 그것이 엽기적인 이야기가 갖고 있는 기본적인 매력이다. 따라서 그로테스크나 아라베스크가 담고 있는 수수께끼적인 질문보다는 더욱 사회 비판적이며 현실 비판적인 요소가 강하다.

자신의 최고의 미덕으로 알고 살아가는, 그러면서도 욕망을 참지 못하고 불륜을 저지르는 엄마와 히틀러 시대 접시를 골동품으로 애장하면서 아들에게 가학적인 폭력을 휘두르는 옆집 남자와 비디오를 찍으며 사는 것이 유일한 낙인 그 집 아들이 벌이는 복잡한 심리적인 갈등이 주를 이룬다. 그 사이에는 상처를 덧내가며 살아가는 사람들의 이야기가 끼어들어가 있다. 불륜에 대한 욕망, 훔쳐보기, 도심에 대한 동경 등은 자신들의 콤플렉스를 감추면서 살아가는 이들의 정신적인 갈등을 부추긴다. 이 닫힌 계몽적 서사의 진부함에도 불구하고 이 영화의 의의는 계획적으로 잘 꾸며진 외곽 도시를 배경으로 일어나는 리비도적인 상상력의 '육체화'에 있다.

백민석의 『목화밭 엽기전』[7]도 "수도권에서 가장 살기 좋은 도시" "범죄율이 가장 낮은 도시" "좋은 냄새가 나쁜 냄새를 죄다 몰아낸 도시," 과천의 어느 중산층 가정에서 벌어지는 엽기적인 살인 행각을 중심으로 하고 있다. 백민석의 이 소설은 중산층 지식인의 물질적·심리적 소외감을 극단적인 방식으로 표현한 문제작이다. 대학강사의 집에는 외관과는 상관없이 아직도 LPG를 쓰며 난방기도 따로 있으며 청동제 보일러도 있다. 그리고 책 무더기, 286 컴퓨터로 상징되듯이 어느 순간 문명과 단절된 이들은 거의 외출을 하지 않으며 집 안에서 생활한다. 이것은 하루하루 변하는 도심 외곽의 화려함과는 전혀 상관없이 살아가는, 외부와 차단된 그들의 생활 방식을 단적으로 말해준다. 그들의 시선에는 더 이상 새로운 것은 보이지 않으며 TV를 보는 행위조차 시선에서 벗어난 '일거리'에 지나지 않는다. 그런 너절한 일상 중에도 가끔 외출을 하는 한창림이 가장 두려워하는 것은 자신을 길들인 펫숍의 주인, 바로 삼촌이다. 삼촌은 펫숍의 한쪽 공간을 이용하여 인간을 죽이고 점원들에게 뇌수와 뇌조각을 손걸레로 닦게 하는 인물이다. 다시 말하면 괴물의 전형인 셈이다. 몸과 영혼을 하나로 움직이는 힘과 자신의

---

7) 백민석, 『목화밭 엽기전』, 문학동네, 2000.

기억을 물질적인 것으로 치환할 수 있는 추진력을 그 펫숍 주인은 갖고 있었던 것이다. 한창림은 그런 장면을 목격할 때마다 담배를 피워 물고 소리 죽여 운다. "무서웠던 것이다. 공포 때문에." 그리고 자신 또한 삼촌을 닮아갈 수밖에 없다는 생각이 들었기 때문에. 결국 무서운 공포감을 이겨내기 위해서 한창림이 선택한 것은 삼촌과 같은 방식의 폭력을 휘두르는 권력자가 되는 것이었다. 한창림과 아내의 엽기적인 행각은 공포와 두려움을 이겨내기 위해서 자신이 권력자가 되어 같은 방식으로 폭력을 행사하는 주체가 되는 것으로부터 시작된다.

2) 여성 사디스트: 포르노의 부재

이러한 폭력적 살인 행위에 적극적인 관심을 보인 인물이 아내 박태자다. 그녀는 수컷을 다룰 줄 알았다. 그 대상으로 걸린 사내는 수컷 냄새를 풍기는, "예쁜 엉덩이, 좌변기를 오줌으로 더럽히는 습관, 헤어숍과 참치회, 노출증, 그리고 윤간 취향에서 배어나는 악취 강한 불량함"을 풍기는 놈이었다. 그녀는 게이 차림을 해서라도 자기가 볼 만한 물건이라는 사실을 남들에게 알리고 싶어하는 남편의 행위를 못 참으면 남편 뺨을 젓가락으로 그어서 얕게 살이 파이게 하는 여자다. 암페타민 먹고 젖꼭지까지 뾰족해진 여자가 박태자인 것이다.

백민석은 여성 사디즘의 문제를 건드리면서 여성이 지닌 두드러진 정서적 민감함과 도덕적 자질에 대해서 우리가 내심 깊이 간직해왔던 믿음을 여지없이 무너뜨린다. 이런 박태자의 행위는 여성의 공격성을 강조하면서 여성의 일탈 의식을 보여준다. 연약한 여자 같은 남성을 광기와 죽음으로 몰아넣는 독재적인 여주인공에 대한 묘사, 이를 통해 백민석은 타자의 현실성을 부정하고 자아의 절대적인 지배권을 확인하는 한 수단으로서 고독한 자아가 자행하는 성애적 폭력 행위의 강박적이며 기계적인 묘사를 반복하고 있는 것이다.

이때 박태자가 느끼는 성적 충동은 아무 감정도 없는 비인격적인 폭력을 통한 타자의 능동적인 힘과 정체성의 말살에 의존하고 있으며 그것을 요구한다. 그런데 이때 폭력보다 더 중요한 것이 있다. 그것은 성애적 환상을 구가하는 유혹이다. 그러나 박태자에게는 이러한 유혹이 부재한다. 폭력은 유혹조차도 잡아먹고 복수의 힘을 배가시킨다. 성욕은 본질적인 부분이 아니라 단지 연행(performance)일 뿐이다. 거기에는 미학화된 성욕과 가장(假裝)이 필요할 뿐이다.

따라서 박태자는 자신이 아르바이트 대상이었던 사내아이를 잡아다 놓고 지하실에 감금하는 과정에 이르는 동안 가학적인 가장을 위한 폭력을 행사한다. 그것은 마치 인간에 대한 누를 수 없는 복수심의 차원에 히스테리 현상까지를 포함하는 것이다. 따라서 "노출증은 여전할까. 아직도 누군가에게 보여주고 싶을 만치 몸이 예쁠까. 고등학교 입시 생활이 몸매를 망쳐놓지 않았을까. 심지어는 거웃이 돋았겠지"라고 되뇌지만 이 독백 안에는 성적인 욕망을 부추기는 유혹의 그림자를 전혀 찾아볼 수 없을 만큼 차가운 냉기가 흐른다. 그녀가 수컷이라고 지칭하는 남편에 대한 태도에서도 성욕이나 유혹의 이미지를 발견하기란 쉽지 않다. 단지 수컷들이란 사실에 대해서 갖는 일련의 혐오감이 그녀의 후각을 자극하고 견딜 수 없는 증오감을 느끼게 할 뿐이다. 그러니까 "수컷들에겐 말로 교훈을 가르칠 수 없다. 육체적인 훈육이 필요하다"는 것이다. 따라서 박태자가 찍으려는 포르노는 섹스를 하지만 유혹이 제거되어 있으며 대상에 대한 매혹이 완전히 부재한 형태이며 권력자의 힘만을 가진 자의 포효에 지나지 않는 것이다.

육체의 이데올로기, 또는 일차원적인 문화의 형성조차 불가능한 공간, 그것의 의미는 바람직한 성의 풍자화, 또는 진실성과 신뢰성을 묻는 것조차 우스꽝스런 짓거리에 지나지 않는다는 것이다.[8] 왜냐하면 박태자의 근본

___

8) 날카로운 이빨에 가슴을 물어뜯긴 박태자의 상황은 포르노그래피는 '해방될 수 있고' '해방되어야 하는' 상품과 사회 관계의 이상적인 사용가치를 제시할 수 있는가라는 물음과도 일정

욕망은 포르노를 통한 에로티즘이 아니라 금기를 의식하면서 행하는 살해 욕망, 바로 그것이기 때문이다.

그러나 성행위가 어떠어떠한 경우에 금지되듯이 살해 행위도 어떠한 경우에만 금지된다. 살해의 금기는 성의 금기에 비해 더욱 강하고 보편적인 방식으로 살해를 제한하고 있기는 하지만 살해의 금기도 성의 금기와 마찬가지로 어떤 상황에서만 그것을 금하고 있을 뿐이다. 금기를 모르거나 무시하고 저지르는 살인 행위가 죄의식을 갖게 한다면 금기라는 사실을 인식하고 게임의 규칙에 의해서 저질러지는 살인 행위는 죄의식을 부여받지 않고 치러내는 에로티즘의 다른 얼굴일 뿐이다.[9] 따라서 이때 3분마다 바뀌는 체위를 위한 일련의 콘티는 살인 행위를 위한 엄정한 프로젝트에 지나지 않는 것이다. 그 프로젝트가 자기 존재를 부정하는, 즉 "포르노가 스스로, 자기 존재를 부정하는 제목"을 붙이는 것은 당연한 일이다. 살인 행위와 금기 사이에서 저질러지는 에로티즘의 극치는 콘티의 열여섯번째 장면으로 막을 내린다.[10] 정해진 관념에 입각한 사회 구조 속에서 여성은 남성에게 흡수되지만, 그 구조가 와해될 때는 더 이상 남성도 여성도 없게 된다. 구조의 영도(degre zero) 상태에 이르게 된다는 것이다. 그러나 박태자는 여지없이 펫숍 삼촌, 마지막 보이지 않는 권력자의 폐물로, 자본주의 논리의 극단적인 모습을 대변하는 희생양으로 처리됨으로써, 구조의 영도 상태는커녕 여전히 변하지 않는 체계 자체를 더욱 공고히하는 결과물로 전락하고 만다.

결국 백민석은 명민하게도 그러한 구조의 영도를 향한 전복적인 행위 자체가 현실적으로는 불가능할지도 모른다는 것에 대한 자의식을 갖고 있었던 것이다. 구조의 영도가 불가능한 상태에서 범죄는 범죄일 뿐이며 살인은

한 거리를 갖는 것이다. 그것은 광적으로 사로잡혀 있는 성욕과는 다른 그것 자체가 환상일 지도 모른다는 경고 차원의 문제일 뿐이다.

9) 조르주 바타이유, 조한경 옮김, 『에로티즘』, 민음사, 1989, pp. 76~87.
10) 이 콘티는 무려 다섯 페이지에 걸쳐 상세하게 이루어진다. 『목화밭 엽기전』, pp. 208~12.

살인일 뿐이다. 그 극단적인 결정론 앞에서 '감옥의 고독'이 가져다주는 파괴적인 에로티즘은 범죄 안에서 더욱 강해지는 관능의 이미지조차도 소멸시키고 마는 것이다. 타인의 전적인 부정이 자아의 부정을 내포하지 않는다는 것, 타인의 부정은 자아의 긍정일 뿐이라는 것, 보이지 않는 권력은 언제나 안녕하거나 무사하며 권력의 하수인만이 죄악의 희생자가 되어 황야 같은 삶 속으로 다시 되돌려 보내진다는 것을 백민석은 그만의 문학적 자의식으로 분명하게 제시하고 있다. 백민석은 이렇게 자신의 모습을 똑바로 보지 못한 채 두려워 떨고 있는 자들에게 삶의 이면을 똑바로 바라보라는 경고장을 날린다. 그리고 그러한 삶의 황야에 심을 수 있는 것은 황당하게도 목화밖에 없을 것이라는 인식을 철저한 자의식을 통해서 검증해내고 있는 것이다. 여기에서 백민석 소설의 새로운 가능성이 열린다.

그러나 수컷과 암컷이 갖는 알레고리적 상징이 지나치게 상투적인 측면, 박태자의 심리적 갈등이 비교적 복잡미묘한 데 반해서 직접 권력의 하수인인 되어버린 한창림의 심리가 다소 진부한 듯한 느낌을 주는 것도 사실이다. 집단은 일정한 목적을 가지고 있으며 이를 수행하기 위한 통일된 방식을 취한다. 계급이나 계층 사이에 존재하는 권력은 집단의 일정한 목적을 위해서 봉사하는 측면이 있다. 그러나 그 계급은 철저하게 분산되어 있으며 비유기적이고 파편적인 개인들의 집합이기 때문에 체계와는 다른 방식으로 또는 더 복잡한 방식으로 화학 작용을 거듭한다. 그 복잡함이 서로간의 긴장 관계 속에서 '힘들의 관계'로까지 심층적인 전이를 이루어가기를 바란다.

2. '계기'로서의 소설 쓰기

백민석과는 다른 측면에서 김연경 소설은 이질적으로 겉도는, 또는 파편화되어 있는 것의 나열 상태가 아니라 그 '계기'에 대해서 묻고 있어 흥미롭다. 그 각각의 계기들은 서로를 무화시키면서 한편으로는 서로를 향해 있는 이질적인 방식으로 차이를 '계기'의 연속으로 구체화시키면서 계속 반복한다. 그리고 그 계기들이 계열로 변해가는 상황에서 실질적인 침전물이 생겨난다. 그 침전물은 개인적 의미의 굴욕감과 치욕감이다.[11] 이를 확인할 때마다 마음속에서 지워지는 대상의 이미지와 시선의 분산, 그것들이 만들어내는 불균형, 그리고 새롭게 만들어지는 이미지가 이 소설에서 중요한 흐름을 형성한다.

그녀의 두번째 소설집 『미성년』에 나타나는 '계기'들은 다양한 가면과 목소리의 변주로 우리가 쉽게 접근할 수 없는 인간의 '치욕'과 '굴욕감,' '도덕의지'에 대한 어려운 질문을 던져나간다. 난 개인적으로 현대 작가들 중에서 도스토예프스키만큼 이 물음에 치열했던 작가도 드물다고 생각한다. 내가 아는 한 그는 결코 지상의 행복 따위와 손잡는 일은 하지 않았다. 모두 지하 생활자나 미성년에 머물렀던 것이다. 도덕적·윤리적으로 완전한 인간이기를 거부한 인물들은 끊임없이 무엇인가를 생성해나갈 뿐 종합이나 논리적인 환원과는 애시당초 출발선이 달랐던 것이다. 바로 이러한 계기로 작용했던 것들이 어떤 특정한 대상에 적용이 되면 현실의 미묘함을 인정하고 끊임없는 생성 과정에 있는 것들을 포착하기 위해서 거듭되는 자리바꿈을 시도하는 것이다. 거기에서 계열의 순수한 의미가 탄생한다.

1) 시선의 분산: 계열의 미학

「기다림」은 누군가를 기다린다는 단순한 동기를 빌미 삼아 기다린다는 사실과 '시선'이 수렴과 분산을 반복하는 계열에 의해서 이루어진 서사를

---

11) 이것이 김연경 소설 주인공의 공통점이다. 사랑에 의해서든 보이지 않는 권력에 의해서든 굴욕과 치욕을 당한 사람, 그것이 「배반」「미성년」「심판」「피아노, 그린비의 상상」「은유희」「세레모니」에 등장하는 인물들의 공통점이다.

기반으로 하고 있다. 내 앞에 둥근 시계가 10시를 가리키고 있음을 확인하면서 시작되는 기다림은 나의 시선을 현관문을 지나 종점을 지나 '그날'을 지나, 은빛 판이 쇠막대기에 달려 있는 정류장에 멈추게 한다. 그런데 그런 시선과 무관하게 내 의식은, 오지 않는 그를 기다리면서 온갖 상념에 시달렸던 어제에 맞추어져 있다. 시선은 현재의 시간을 앞서서 움직이고 의식은 그 시선과 상관없는 듯이 과거의 육체를 더듬고 있는 것이다. 그런데 이런 이중적인 흐름을 더욱 미묘하게 흔드는 것들이 있으니 바로 셔틀을 기다리는 아이들을 통해 드러나는 '타자성'이다.

셔틀을 눈 빠지게 기다리는 아이, 구시대의 유물과 같은 회중시계를 꺼내서 귀가 긴 토끼처럼 '늦었어, 또 늦었어'라고 되뇌는 아이, '셔틀'이 오는 방향 쪽으로 멀찌감치 시선을 두고 있는 아이, '셔틀'에는 초탈한 양 도로로부터 획 돌아서서 당구장의 당구 마크나 컴퓨터 오락실의 신 프로명이나 '두껍아 두껍아'의 유리 너머로 보이는 전통 한복과 유리에 비치는 자신을 보는 아이, 꿋꿋하게 정면을 향한 채 책이나 신문이나 노트를 보는 아이, 때마침 만난 친구나 선후배와 함께 별 재미없는 형식적인 대화를 나누는 아이 〔……〕 발가락 하나 서로 닮지 않은, 그저 '그곳'에 가야 한다는 것 이외에 어떤 공통점도 아이들이지만 모두들 한결같이, 그것을, 우리를 공짜로 '그곳'까지 실어다줄 '셔틀'을 기다리고 있다.[12]

실제로 셔틀을 기다리는 이들을 엮어주는 공통성이 그들 자체 안에 내재되어 있었던 것은 아니다. 그것은 아직 도착하지 않은 버스라는 대상을 통해서만 규정되는 것이며, 그런 측면에서 본다면 이들을 묶어주는 근거는 '외부'에만 존재한다. 그들을 동일자로 묶을 수 있는 내적 근거는 전혀 존재

---

12) 김연경, 『미성년』, 문학과지성사, 2000, p. 185(이하 이 책에서 인용한 부분은 면수만 밝힌다).

134

하지 않는다는 것이다. 그 다양한 기다림의 양태와 이유가 있는데도 그들의 공통적인 존재 근거를 만들어주는 것이 바로 버스다. 그것은 내가 어젯밤에 그를 기다리며 좌절하고 절망한 근거가 되기도 한다. 기다리는 그 사람에게 무심하게 버려진 듯한 고통은 자신의 동일성을 확인하는 방식이 전적으로 타자에 달렸다는 사실을 확인하는 것, 끊임없는 자기 분산에서부터 시작한다. 버스를 기다리는 사람들이 하나의 집단이지만 이질적 존재들이듯이, 그리고 버스를 기다린다는 것 자체가 일련의 우연이듯이 내가 그를 사랑하는 것도, 아니 그와 나의 사랑도 어떤 내재적 통일성을 이루는 것이 아니라 버스처럼 외부에 존재하는 어떤 것에 의해서 주어진 것뿐이란 사실이다. 그와 나의 사랑이라는 통일성은 고정된 것이거나 단번에 주어지는 것이 아니라는 것, 사랑은 명멸하듯이 출몰하는 타자성의 동일성, 바로 그것이라는 인식에 있다. 그리고 버스를 기다리는 사람들처럼 계열 안에서 끊임없이 순환하듯이 나의 기다림 그 자체의 진정성도 계단을 올라오는 발소리에 또는 짙게 칠한 립스틱과 아이섀도의 색깔에 따라서 달라질 수 있다는 것, 사랑이란 개념적인 논리를 위반하는 지속적인 회피 운동이라는 사실을 인정하는 것이다. 따라서 셔틀이 도착한 순간 아이들이 보여주는 "천편일률적인 무심한 몸짓"은 무심하고 맹맹한 그 이상도 그 이하도 아닌 것은 지극히 당연하다. 김연경은 이러한 계열의 논리를 기다림이라는 재미있는 발상으로 풀어놓고 있는 것이다. 따라서 더욱더 중요한 인식의 변화는 그와 나를 단지 '사랑'이라는 고정된 의미로 묶어버리지 않고 유동성을 부여하며 새로운 관계 의식을 갖고자 하는 것에서부터 시작되는 것이다. 그러나 그녀는 기다림, 그 자체가 주는 허위를 깨닫기보다는 변화와 성장을 거부함으로써 자기 자신 안으로 침몰한다.

「피아노, 그린비의 상상」도 피아노(대상)를 사이에 두고 벌어지는 전혀 다른 세 개의 계열들이 의미들을 지연시키고 유동적인 것들로 겉돌게 하면서 한편으로는 얽혀 있는, 하여 의미를 중첩시키면서도 한편으로는 의미를 무화시키는 작용과 반작용 속에서 씌어진 소설이다. 그리고 거기에 거듭되는 시선의 소멸은 변화없이 존재하는 주변 상황에 대한 인식을 가중시킨다. 베스트라빈스, 겨울 용품을 재놓고서 싸게 파는 개그, 투명한 유리창과 새하얀 진열대를 빼고 모든 것이 검은 무크, 크라운베이커리, 옴파로스를 거쳐 노점상에 머문 내 시선은 "시간을 벌기 위해 최대한의 한눈을 팔기로 결심한 하지만, 항상 변함없이 전개되는 이 거리의 풍경에서는 좀체 심각하게 한눈을 팔 수 있는 거리가 보이질 않는다." 시선의 소멸과 함께 일상적으로 반복되는 상념들이 지나가고 그 탈출을 꿈꾸는 소설 속의 상상이 시작된다.

그린비라는 피아노 학원에 피아노를 사이에 두고 벌어지는 이야기는 먼저 이 피아노 학원의 선생인 은영을 중심으로 전개된다. 은영은 연애를 몇 번 했지만 모두 실패하고 연봉 이천오백의 남자와 결혼한다. 그녀는 피아노 학원을 운영하고 있지만 행복한 삶을 살아가는 것처럼 보이지는 않는다. 거기에 가끔 들르는 나는 소설 속으로 들어가거나 나오거나를 반복하면서 은영의 주변에서 벌어지는 일들을 관찰한다. 거기에 은영의 다른 남자와 말더듬이 여자의 이야기가 끼어들게 되는 것이다. 거의 우연한 계기로 이루어지는 이들의 만남은 피아노를 사이에 두고 사랑을 기다린다는 공통적인 바람으로 수렴되는 것이다.

그것은 마냥 길고 가는 몸을 가진 우수에 찬 은영의 학원으로 피아노를 배우러 온 슬지, 은영의 옛 친구인 소설가 최시우 사이에서 더욱 구체화된다. 이들의 겉도는 삼각 관계가. 결국 시우와 말더듬이 슬지가 결혼한다는 것으로 끝이 나는 이 소설은 언제나 변함없이 그 자리에 머무르려고 하는 지하실 인간을 탄생시키면서, 가난하게 살아가는 연인의 불행을 지하 생활자의 모습으로 구체화시키고 있는 것이다.[13]

---

13) "그 여자는 태초부터 불임이야, 은영은 어떠한 불멸도 꿈꿀 수 없어. 언제나 그 자리에 머물러 있을 뿐 변화와 운동을 시도하지 않으니까. 생성을 실행하지 않는 사람은 어떤 것도 낳을 수 없어. 아이도 낳지 않고 글을 쓰지도 않고, 자신의 음반을 만들지도 않아. 그저 바람에 흔

「세레모니」는 작은 암실 상자, 즉 카메라로 사랑하는 친구의 모습을 담으려고 쫓아다니는 나의 시선과 그 시선을 피해 달아나는 피사체의 시선이 벌이는 교묘한 게임 방식으로 짜여진 소설이다. 곱게 단장한 너, 깔깔거리는 너는 하염없이 나를 피해, 카메라를 피해 움직이고 나는 카메라의 소실점에 너를 맞추기 위해서 계속 따라다닌다. 카메라가 대상을 쫓아가는 방식으로 우리의 시선도 함께 움직이며 우리 역시 동일시와 불안정한 거리 유지를 반복하게 되는 것이다. 영화처럼 피사체와의 동일시를 이용해 장면 속으로 정신없이 빨려들어가고 시야에서 떠난 검은 여운의 이미지만을 남긴 채 다시 뱉어진다. 그렇게 멀어지면서 세리모니 전야의 친숙한 아름다움과 전혀 다른 세리모니 날의 낯선 아름다움이 일렁이게 되는 것이다. 함께 축하해줄 수 없는 먼 거리에 카메라를 들고 있는 나는 이들을 렌즈로 끌어당기는 것밖에는 아무것도 할 수 없는 입장이다. "그녀의 밖, 그녀 가족의 밖"에 설치된 줌렌즈, 그것은 "너와 나는 지금이 어제인 양, 그렇게 기쁘고 다정스럽게 웃고 떠들고 있다. 기억의 공간 속에서 현재와 과거는 서로 이질성을 고스란히 간직하고서도 무리 없이" 만나는 텅 빈 진공판이다. 이때 렌즈는 찍는 행위의 지연에 따라 피사체를 가두지 못하고 관찰자의 상이한 시점을 그녀의 형상에 공존시킴으로써 시선 자체를 균열시키고 고정되었던 형상의 내부에 균열을 만들어낸다. 그것 때문에 그녀의 이미지는 계속해서 지워지고 새로운 이미지가 그 사이를 파고드는 것이다.[14] 그 새로운 이미지는 "아무 윤곽도 없고 오직 푸른 바탕과 전체일 뿐인 세레모니의 하늘" 그 이상도 그 이하도 아닌 흐릿함으로 남는다.

들리는 길고 가는 나무처럼 자신의 자리에서 조금씩 움직이기도 하지만 결국은 그 자리에 있는 거야"(p. 66).

14) 시선 안에 들어온 그녀의 이미지와 시선 밖의 그녀의 이미지는 사랑과 이별, 슬픔과 기쁨, 행복과 불행 사이의 깊은 골을 만들고 메우기를 반복한다. 소리와 느낌, 스쳐지나감, 저 멀리 떨어짐, 환희와 긴장, 그리고 이런 것들과는 아무 상관도 없다는 듯이 들려오는 요란한 웃음소리. 이 때문에 시선 자체를 통한 일종의 소격효과(Verfremdung)가 일어난다.

2) 지하 생활자: 모욕과 굴욕을 극복하는 방식

타인으로부터 당한 경멸감은 무자비한 것이며 냉혹하고 결정적인 것이다. 이는 자기 경멸보다 참기 어려운 것이다. 도덕감과 굴욕 의식 없이 담담하게 삶에 맞서 있는 방식, 오히려 굴욕과 파멸을 정당화하는 방식으로도 본질적인 문제는 해결되지 않는다는 것이다. 이것이 다른 한편 김연경 소설의 존재 방식이기도 하다. 도스토예프스키의 소설 『미성년』과 제목이 같은 소설 『미성년』은 "몇 겹의 가면"과 "몇 명의 타인"의 목소리로 수렴되기도 하고 분산되기도 하는 이미지들의 계열을 추적하는 방식으로 이루어져 있다. 표면상으로는 나와 대학강사 사이에서 벌어지는 사랑놀이 정도로 보이지만 그 심층에는 다양한 방식으로 존재하는 사랑에 대한 또는 죄악과 선에 대한 이미지들이 널려 있는 것이다. 그리고 현실과 비현실 사이에 존재하는 분열과 파열, 추상적인 것과 구체적인 것 사이에서 벌어지는 균열이 내가 왜 성년을 거부하고 미성년의 상태에 머물려고 하는가라는 일련의 자의식 속으로 수렴된다. 그것은 단순한 내면적 정체 상태를 의미하는 것이 아니다. 미성년의 정치학은 인간의 영혼이 지향하는 바와 현실적인 조건의 괴리감을 예리하게 포착하면서, 이성과 합리성으로 규제된 것들에 대해서 비판적인 시각을 견지하는 데 있다. 그 낯선 패쇄성은 도스토예프스키의 『미성년』의 인물의 특성이기도 하다.[15]

한 인간의 영혼 속에서도 질투하고 증오하고 혐오하는 추악한 감정이 들어 있다는 사실을 인정하는 것, 사랑이라는 감정도 이기적인 발상에 지나지 않으며 죄의식이라는 것 자체도 진정한 이타심의 산물이 아니라 자기 자신

---

15) "나는 우울한 인간이다. 나는 끊임없이 내 내면을 닫아걸고 속으로만 침잠해 들어가려고 한다. 나는 자주 사람들의 틈바구니에서 탈출하기를 원한다. 나도 어쩌다가 타인을 위해 좋은 일을 할지도 모르지만, 현재로서는 그들에게 좋은 일을 해줘야 할 이유를 조금도 찾아낼 수 없는 때가 많다"(도스토예프스키, 이상룡 옮김, 『미성년』 상, 열린책들, 2000, p. 156).

에 대한 한없이 높은 기대지평에서 나온다는 것, 그 사실을 인정하고 있는 미성년에 대한 일련의 자기 보고서, 그것이 「미성년」의 빛나는 지점이다. 강사를 사랑하는 자신의 감정이 지극히 평범하고 고리타분한 것이라는 사실, 단 한 번의 격렬한 섹스 없이도 하룻밤을 잘 수 있으며 아침에 일어나 각자의 길을 걸어가는 것이 하나도 이상하게 느껴지지 않는다는 것, 그것은 그 사랑 자체가 이타적인 사랑의 감정에서라기보다는 지극히 자기애의 차원이었다는 사실을 순순히 받아들이는 것, 바로 그 정직에서 온다. 그리고 이는 도스토예프스키의 소설에 등장하는 지하실의 인간에게 끝까지 남아 있던 고뇌와 통한다. 모든 것이 종말을 고하고야 말았다는 사실을 안 뒤에도 지하실에 남겨진 인간은 자기 존재론적 모순을 끝까지 떠안는 것이다.

「심판」과 「은유회」에 등장하는 인물들은 철저하게 이기적인 듯이 보이지만, 그 자체가 생에 대한 진지한 고민과 운명과 맞서 있는 자의 모습을 표상하고 있는 것이다. 김연경은 도스토예프스키처럼 근친, 인류, 문명의 장래, 진보 같은 의무에서 갑자기 해방된 채 자신의 고독한 무의미에 빠져 헤매지 않는다. 오히려 이타성들의 공존 자체를 자신의 운명으로 받아들이며 이를 통해 상처를 치유하고 굴욕과 모욕을 견뎌내고 있는 것이다. 음습한 내면의 혼동을 기꺼이 껴안으면서.

3. 영원한 '미성년,' 다시 시작되는 '엽기전'

백민석은 황량한 내면을 잔혹극의 형식을 빌려서 밖으로 드러내고, 김연경은 성장을 멈추고 의식적으로 트라우마 속으로 침잠해 들어간다. 그러나 이 이질적인 상상력의 이면에는 집단적인 의미(백민석)의 또는 개인적인 의미(김연경)의 치욕과 굴욕에 대해서 묻고 있다는 공통점이 있다. 그것이 자본주의 논리를 끝까지 예의주시하면서 내파가 아닌 외파의 방식으로 상처를 도려내고 다시 씨앗을 심는 방식으로 나타나거나 지하 생활자의 모습으로 구체화되는 것이다. 그리고 이 물음이 극단화되면(백민석처럼), 수렴과 분산, 중첩과 분리의 비환원주의적 현실 인식조차 불가능한 포화자본주의 사회, 끊임없는 수렴과 환원만이 반복될 뿐인 자본주의 사회, 이를 드러내는 방식으로 잔학성의 신화에 무서운 깃발이 올려지는 것이다.[16] 무서운 비정상의 망령이 거대한 두뇌를 내리누르기 시작할 때쯤이면 그것은 분명히 공포이며 새로운 신념으로 변한다. 그리고 "그대는 저주받은 자를 알고 있는가? 나에게 말해주렴. 그대는 용서받지 못할 자를 알고 있는가"라는 물음에 대한 광기 어린 대답이 시작되는 것이다. 그것이 허망한 도깨비불이거나 광적이고 환상적인 착각이 아니며, 거기서부터 희망의 원리를, 존재의 원리를 터득하고자 하는 자들의 진지한 물음이라는 사실, 바로 거기에서부터 젊은 작가들의 소설적 응전력이 생겨나는 것이 아닐까?

---

16) 니체가 발견한 악의 힘, 그것은 악 가운데 선을, 악인 가운데서 위대한 창조의 힘을 발견하는 것이었다. 그는 "선한 사람들이 악이라고 부르고 있는 모든 것은 진리의 탄생을 위하여 집합되어야만 했다. 오! 형제들이여, 이 진리를 위하여 그대들은 충분히 악할 수 있는가? 대담한 모험, 다년간의 불신, 잔인한 부정, 그리고 권태와 포만 등이 한 자리에 집결한다는 것은 얼마나 드문 일인가. 그러나 이러한 씨앗으로부터 진리는 나왔었노라. 항상 악한 양심과 더불어 지식은 성장해왔노라"(L. 세르토프, 이경식 옮김, 『도스토예프스키, 톨스토이, 니체』, 현대사상사, 1986, pp. 196~97).

견고한 모든 것은 '권태' 속에 녹아내린다
—— 패러디 소설의 가능성과 그 한계: 이치은론

1. 황지우의 '죄송합니다'와 이치은의 '죄송합니다' 사이

황지우는 『새들도 세상을 뜨는구나』 서문에서 "나는 내가 쓴 시를 두번 다시 보기 싫다. 혐오감이 난다. 누가 시를 위해 순교할 수 있을까? 나는 시를 불신했고 모독했다. 사진과 상형 문자 사이를 오락가락하며, 아 그러니까 나는 시가, 떨고 있는 바늘이 그리는 그래프라는 것을 파동역학(波動力學)이라는 것을, 독자께서 알아주시라고 얼마나 시의 길을 잃어버리려고 했던가. *죄송합니다*" 하고 썼다. 1983년에 쓴 이 서문은 군부 독재 하에서 치욕스러운 나날을 보내야 했던 시인이 시의 언어를 믿지 못하고, 아니 시를 믿지 못하고 사진과 상형 문자로 이를 대신했어야 했던 내밀한 고민을 "떨고 있는 바늘이 그리는 파동역학"이라는 몇 마디의 말로 압축해놓은 또한 편의 '시'다. 시인은 왜 하필 "떨고 있는 바늘"이라고 했을까. 그것은 아마도 80년대 누구보다 패러디 시에 있어서 천재적인 면모를 보여준 황지우의 중요한 일면일 것이다.[1]

---

[1] 황지우는 자신의 시적 패러디에 대해서 "나는 말할 수 없음으로 양식을 파괴한다. ——이를테면 신문이나 일기예보나 해외토픽, 비명(碑銘), 전보, 연보, 광고문안, 공소장, 예비군 통지서 등 거의 모든 프로토콜들은 마치 처음 본 것처럼 아주 '낯설게' 느끼도록 하는 효과"를 위한 것이라고 한 바 있다. 황지우, 『사람과 사람 사이의 신호』, 한마당, 1986, p. 23.

현실에 대한 자신의 태도를 분명히하면서 지배 이데올로기를 내파하는 또 하나의 방식으로 선택한 그의 시 쓰기는, 아마도 현실과 원텍스트의 긴 장력과 맞물린 역학 관계 속에서 "떨고 있는 바늘"의 모양새, 바로 그것이리라. 정확한 시간을 가리키는 지점에 멈추어 서지 못하고 "떨어야 하는 바늘"은 숙명적으로 패러디가 잉태한 업보인 것이다. 그 업보를 짊어지고 시를 쓰는 시인은 독자에게 자신의 불경스러움을 사죄하며 *죄송합니다*라고 했다. 그럼에도 불구하고 황지우가 보여준 지배 이데올로기의 교란은 누구보다 전략적이며 치밀하였다.

쉬페르비에르와 김승옥을 원텍스트로 하여 계엄 상태의 도시를 패러디했던 「몬테비데오 1980년 서울」은 1980년 서울의 현실적 상황과 분위기를 그대로 드러내준다.[2] 남미의 몬테비데오와 서울이라는 두 도시의 상황에 대한 비극적인 풍자와 반어, 바로 이것이 황지우의 시가 갖는 더 없는 무거움인 것이다. 상황과 분위기를 전략적으로 드러내는 패러디와 원텍스트의 삽입을 통한 패러디를 동시에 수행했던 황지우의 시는 패러디의 전범을 보여준 것이다.

거기에 1990년대, 그것도 한 세기가 다 끝나갈 무렵에 젊은 작가 이치은이 황지우 시를 원텍스트로 하여 한 편의 소설을 썼다. 『권태로운 자들, 소파씨의 아파트에 모이다』가 그것이다. 이 소설은 엄격하게 말하면 패러디의 일종이지 패스티쉬(pastiche)는 아니다. 원텍스트에 분명히 존재하는 자크, 아담 폴로, 오리나무, 연심의 남편, 성과 K를 그대로 탈근대적 공간에 불러놓고 그들이 극도로 압축된 공간 속에서 정신분열증에 가까운 탈중심

---

2) 쉬페르비에르 시를 읽어도 좋고, 김승옥의 「서울 1964년 겨울」을 읽어도 좋지만 하나도 안 읽어도 좋다. "잎이 지는 4월에서/눈 내리는 7월까지 市中에는 아무 일이 없었다./시민들은 대개 축구장으로 가고/테라스에서 노인들은/내기 체스를 두었다 복덕방과/의사당이 특히 한산했다/아침에 우유와 뉴스가 오고/또는 주문한 히아신스꽃이 배달오기도 하고/이따금 먼 친척의 부음이 오기도 했지만/전철이 그 시간에 1번街를 소리내며 지나갔다"(황지우, 「몬테비데오 1980년 서울」).

화를 경험하도록 한 것이다. 다시 말하면 상황과 분위기의 패러디와 원텍스트의 삽입을 통해 전략적으로 서사를 짜나가는 패러디 소설에 지나지 않는 것이다.

작가는 이 소설에서 자신이 빌려온 인물의 원텍스트를 밝히며 *"죄송합니다"*라고 쓰고 있다. 요는 원텍스트의 작자에게 자신이 빌려온 인물이나 상황이 자신의 소설에서 효과적으로 표현되지 못했다면 사과한다는 것이다. 그런 의미로 '죄송하다'는 것이다.[3] 그는 처음부터 자신의 소설에 기존의 소설이 메타 텍스트가 되고 있음을, 자신이 소설 속에서 구현하고 있는 현실이 허구에 허구를 덧씌운 것에 불과하다는 것을 솔직하게 시인한 상태에서 글쓰기를 하고 있는 것이다. 황지우가 현실을 맞대면하지 못하는 시적 언어를 부끄러워하며 '죄송합니다'라고 독자에게 사과하고 있다면 이치은에게 그것은 이미 부끄러워 사과할 만한 일이 아니다. 오히려 그에게는 원텍스트의 의미 이상을 자신의 소설에서 효과적으로 드러냈는가 또는 그렇지 못한가가 더 중요한 문제이기 때문이다.

따라서 그의 소설이 패러디인가 패스티쉬인가를 묻는 것은 어리석기 짝이 없는 일인 것이다. 왜냐하면 이는 패러디와 패스티쉬의 도덕성을 묻고 검열하는 문제가 중요한 것이 아니라 어쩌면 그것이 얼마나 효과적인 소설적 역량을 발휘하고 있는가를 되물어야 하는 시점에 와 있는지도 모르기 때문이다. 그러니까 황지우가 죄송합니다라는 사죄의 말을 통해 허구를 빌려 글을 써야 하는 자의 글쓰기의 자의식, 모랄 의식을 내비치고 있다면 이치은에게 그것은 모랄의 문제라기보다는 글쓰기 방식의 '효과'를 묻는 문제에 불과한 것이라 하겠다. 허구를 허구 속에 녹여 글을 쓰면서 그것이 얼마나 현실적 리얼리티를 담보하고 있는가의 문제에 천착하는 것, 그것이 이치은의 글쓰기 행위인 것이다.

---

3) 이치은, 『권태로운 자들, 소파씨의 아파트에 모이다』, 민음사, 1998; 부록 참조.

2. '성(城)'과 소파씨의 '아파트'

이치은의 소설 속에는 권태를 다룬 일련의 소설들이 주인공 중심으로 글쓰기의 효과를 노리며 패러디되어 있다. 이 '효과'를 묻는 이치은이 이들에게 부과한 임무는 죽음의 덫에 걸리지 않고 살아남는 방식에 있다. 권태를 즐기면서 권태 속에서 살아남는 방법, 권태를 끝까지 밀고 나가 그 이미지 자체가 스스로 폭발해 분진으로 흩어지게 하려는 전략, 그 전략은 죽이려는 자와 살아남으려는 자, 근대적인 기획을 끝까지 밀고 나가려는 자와 이에 맞서 있는 자 사이의 이중적인 힘의 논리 속에서 이루어진다.

「권태로운 자들」의 중요한 얼개는 성(城)의 기사, 아파트와 그 속에 박혀 사는 인물들과의 관계로 짜여 있다. 단순하게 요약하면 성의 부름을 받은 기사에 의해서 죽음에 직면하게 된 권태를 즐기는 권태로운 자들이 죽음을 피하여 소파씨의 아파트에 숨어들면서 벌어지는 일련의 사건들이다. 성은 이 일련의 사건을 기획하고 지시를 내리는 '벌거벗은 방송국'이다. 그 일련의 사건이란 로깡뎅, 디노, 오리나무, 아담 폴로 같은 인물들을 하나둘씩 제거해가는 사건을 의미한다. 덧붙일 필요도 없이 이들은 권태라는 문제적인 테제를 짊어지고 살았던 옛날 옛적 주인공들이다. 사건은 "하루 종일 소파에 누워 격조 있게 시간을 죽일 궁리만 하면 되는 몸"인 소파씨를 중심으로 일어난다. 바로 그 소파씨가 사는 아파트에 모여 이 당면 '과제'를 어떻게 피해볼까 하고 모인 자들의 과거, 현재, 미래, 아니 어쩌면 '지금'의 이야기가 살인 게임이라는 전략적 코드 속에서 일어나고 있다.

벌거벗은 방송국, 성의 정체는 무엇일까. 카프카의 소설 속에 나오는 성의 정체는 실체가 있는지 없는지 분명하게 잡히지 않는 어떤 것이라면 「권태로운 자」의 성은 비교적 그 형태가 분명하다.[4] 그것은 기사에게 일거리와 돈을 주는 '보이는' '권력 주체'다. 이 부분이 이치은 소설에 있어 아쉬움이 남는 부분이기도 하다. 사실 자본주의 논리 속에서 권력의 주체를 찾아내는 일이란 그렇게 단순하지만은 않다. 어쩌면 그 주체 자체도 주체를 가장하며 가짜 주체 뒤에 숨어 또 하나의 주체를 게워내고 있는지도 모른다. 어쨌든 그 권력의 주체가 마련한 자장 안에 있는 또 다른 공간 그것이 바로 소파씨의 아파트인 것이다. 다산성의 여인상을 한 가짜 가죽이 덮여 있는 소파가 있는 아파트, 그것은 곧 다가올 파우스트의 비극을 연상하게 한다. 아파트라는 공간 속에, 그러니까 성의 권력권 내부의 공간에 있으면서 그 자장과는 전혀 상관없이 자신들의 권태로움을 즐기려는 자들은 성의 입장에서는 반역자이며 오히려 성과 맞싸우는 자들보다 더 두려운 존재인 것이다. 아무것도 하지 않는 자들, 그들의 자폭은 자본주의 논리를 믿고 따르는 자에게는 더없이 위험한 존재이기 때문이다. 그것은 열심히 일해야 하는 일개미들이 자기들에게 부과된 일의 양에 대한 부당성에 대항해 싸우지 않고 오히려 개미구멍 속에 안락함을 즐기려는 모양새를 닮아 있다. 그 무기력과 권태는 빠른 속도로 전염된다.

빨리 기어나와서 하나라도 더 쌓아 사회에 뭔가를 공헌하고 이바지해야 하는 인물들의 칩거는 소파씨 아파트라는 상징적인 공간을 중심으로 이루어진다. 소파씨의 아파트란 무엇인가. 「살찐 소파에 대한 일기」라는 황지우의 시에 나타난 소파씨의 아파트는 "번역극의 무대"와 같다. 이 말은 무대 위의 인물과 공간의 이물스러움을 그대로 대변해주는 듯하다. 거기서 소파씨는 아내가 다 알아서 해주는 식물인간이 되고 싶어하며 이를 상징적으로 대변해주듯이 그의 아파트에는 다산성의 여인상을 연상시키는 가짜 비닐로 덮여 있는 소파가 있다. 이치은의 소설에서 두드러지게 반복하여 표현되어

---

4) 물론 그것은 소설 속에 드러난 작가의 정보와 관련이 클 것이다. 카프카의 성(城)은 영적인 부분과 관련하여 논의될 만큼 겹겹의 의미를 띠고 있으며, 살인 게임의 주도자라기보다는 인물의 심리적인 공간에 파고들어 옥죄고 짓누르는 커다란 감시 체계, 관료 체계의 괴물에 가까운 것이다.

있는 이 소파에 대한 상징적인 묘사는 소파씨의 아파트가 얼마나 지리멸렬하며 권태로운 공간인가라는 문제와 다산성이 주는 이미지, 즉 발전과 생산의 근대적인 이미지 두 가지를 동시에 연상시킨다. 그 다산성의 소파가 가짜 비닐로 덮여 있다는 것은 말 그대로 '생산'과 '발전' '진보'의 허위적인 측면을 희화하는 대목이기도 하다. '징그러운 근대,' 바로 소파씨 아파트의 '소파'는 이 징그러운 근대의 객관적 상관물인 것이다. 또한 그것은 성이라는 권력의 감시 체계 안에 존재하는 푸코식의 감옥이나 병원과도 일맥상통한다. 이들은 어떤 측면에서 사회적으로 도태된 자들, 낙오자들, 병자들보다 더 치밀하게 관리해야 하는 관리 대상임이 틀림없기 때문이다.

소파씨의 아파트에 있는 시계는 이들이 시간의 '속도전'에서 처진 낙오자들이며 오히려 잠시 동안 시간 속에서 시간을 폐지시킴으로써 그에게서 도망가고자 하는 자들임을 잘 드러내준다. 이것은 이상(李箱)의 시계가 일으키는 시간 착종의 문제와는 조금 다른 것으로 위험이 제거된 공간 속에 들어와 있는 인물의 '변화'와 '흐름'에 대한 공포의 즉물적인 속성을 보여주는 측면이다. 전혀 위험하지 않은 상태에 있는 인물인 소파씨가 "저 빌어먹을 시계, 시간도 맞지 않고, 땡땡거리지도 않고, 하루 종일 당최 꿈쩍도 하지 않고, 밥값도 못하는 새끼 같은 이라구, 나가 뒈져라" 하고 시계에 대해 퍼붓는 언사는 더 이상 시계가 울리지 않을 거라는 확신에 차서 하는 말이다.[5] 권태, 변화없음 자체가 그의 아파트 안에서는 당연한 것이고 당당한 것이다. 그 아파트 안에서 K, 무슈, 소파, 아담 폴로, 오리나무가 겪게 되는 갈등은 정적인 권태로움의 상징, 그 이상의 의미가 없다. 오히려 더 중요한 의미는 이들이 밖으로 나가 탈근대적 공간 속에서 겪게 되는 일련의 사건들

---

5) 소파씨는 자신이 즐기고 있는 권태를 방해할 만한 어떤 것도 존재하지 않을 것이라고 생각한다. 세상에 대한 두려움이 가시고 오히려 세상이 만만해 보이는 것이다. "이제 나는 전혀 위험하지 않다는 거야. 뭐. 건덕지를 다오. 건덕지를, 끄응 위험하다구? 피유, 위험하기는 커녕—"이라고 되뇐다. 이는 자신이 편안하게 즐기는 권태를 누구도 방해하지 않을 거라는 확신에 가까운 비아냥거림이다.

이다. 아파트 안에서 느꼈던 것과는 다른 더 극대화된 시공간의 압축을 외부의 다른 공간 속에서 체험하게 되는 것이다.

이 공간에서 벌어지는 살인 게임은 단순히 권태로운 공간에서 권태를 이겨내려는 내적인 동기에 의해서 벌어지는 일련의 사건이 아니다. 기사에게 잔인하게 죽임을 당한 자들의 처참한 모습은 "비참한 정직"이 가져다준 결말이다. 그것은 건조하고 드라이한 게임으로 현대 사회가 파괴해버린 수많은 삶의 형태로 가시화되는 잔인성과 난폭성을 우리 마음에 부각시킨다. 그 쓸쓸함이 다시 되살아나는 것은 아마도 90년대 막바지에 우리 소설의 여러 징후들이 날것으로 들어와 있기 때문일 것이다.

3. 탈근대적 공간 속에 되살아난 유령들

장 필립 투생의 『욕조』에 나오는 '나'는 아침에 깨어났을 때의 기분을 "나는 다가오는 하루가 잠긴 내 눈 뒤의 검은 바다, 용서할 수 없으리만큼 굳어버린 끝없는 바다처럼 생각되었다"라고 표현한 적이 있다.[6] 도시의 침몰을 꿈꾸는 자의 아침은 그렇게 왔던 것이다. 그런 아침을 맞은 그가 한여름 밤의 악몽, 기하학적이고 견고한 죽음과 시간의 흐름에 대한 강박관념으로 가득 찬 침묵의 시간과 공간, 90년 막바지에 소파씨의 아파트에 다시 출몰한 것이다. 그 아파트에서 "모든 촉수는 천천히 게으름을 피우듯 물결치

---

6) 자기 집의 유리창에서 떨어지는 비를 관찰하는 두 가지 방식에 대해서 언급하고 있는 부분은 투생의 「사진기」에서 느꼈던 서서히 힘 빠지는 절망감의 이면을 잘 드러내준다. 간략하게 정리하면 다음과 같다. 먼저 시선을 공간의 한 지점에 고정시키고 선택한 지점에서 떨어지는 빗물의 연속을 바라보는 방식. 이는 정신적으로 편안하나 운동성의 목적에 대한 어떤 개념도 제시하지 않는다. 또 한 가지 방식, 한 번에 한 방울의 낙하를 시야에서 포착한 순간부터 땅 위에서 사라질 때까지 추적하는 방식인데 이렇게 하면 비록 겉으로 보기엔 순간적이지만 운동이 본질적으로 부동성에 수렴하며 가끔 완만한 듯하지만 운동은 물체를 계속하여 죽음, 즉 부동성으로 이끈다는 것을 알 수 있다는 것이다.

며 가지를 치고 여러 갈래로 나누어지며 산호층이 움직이듯 두 개로 벌어졌
다 다시 닫히곤 했던"『조서』의 아담 폴로를 만난다. 아담 폴로가 등장하는
장면을 르 클레지오는 정떨어질 만큼 무미건조하게 묘사하고 있다. 『조서』
의 앞머리는 바로 이렇게 시작한다. "어느 무더운 여름 날, 한 남자가 열린
창문 앞에 앉아 있었다. 그는 키가 크고 등이 약간 굽었으며, 이름은 아담,
아담 폴로였다. 그는 거지처럼 구석진 벽에 몇 시간이고 계속 앉아서 햇빛
의 반점을 좇고 있었다. 그는 처치 곤란한 듯 팔을 늘어뜨린 채 몸에 닿지
않도록 하면서, 흔들어대고 있었다."[7] 거기에서 1900년대 경성에 살던 권
태롭고 무기력한 이상의 날개에 나오는 연심이의 남편과 진정 오리무중을
연상시키는 경마장에 오리나무씨와 잘게 나누어져 미스터리하기까지 한 K
까지 모두 한자리에서 만난다. 어찌 됐건 중요한 것은 이들이 모두 1990년
대 말의 소파씨의 아파트에 모였다는 점이다.

소파씨의 아파트에 모인 이들에게 일어나는 중요한 일 가운데 하나는 무
의식적으로 지나치던 공간이 의식적인 '탐구' 대상으로 변한다는 것이다.
그것이 인물들이 아파트 밖에서 겪게 되는 일련의 사건들과 맞물려 있다.
다시 말하면 아파트 외부의 공간은 아파트라는 공간에서 느낄 수 있었던 근
대적 징후의 나른함을 넘어서 있는 또 하나의 공간을 연출해낸다는 것이다.
그것은 빠른 속도, 상품미학, 시공간의 압축 문제와 직결되어 있다. 빠른 유
통의 속도는 돈과 권력, 상품미학의 경제적 조정 기능 등 다양한 것들을 경
험하게 한다.

생필품이 떨어져 밖으로 나온 소파의 행동을 조심스럽게 따라가보자. 이
는 현대 경제 체제 하에서 비롯되는 문화의 역동성이 좀더 많은 것들을 창
조하기 위해서 물리적 환경, 사회 제도의 궤도 속으로 어떻게 인간들을 끌
어들이는가를 볼 수 있는 대목이다. 소파는 르 클레지오의 『조서』에 나오는

---

7) 르 클레지오, 정혜숙 옮김, 『조서』, 세계사, 1989, p. 11.

메뉴, 이를테면 마른안주, 맥주, 초콜릿, 먹을 것, 종이, 가능하다면 신문 등을 사러 거리로 나온다. 빠른 것을 이해하지 못하는 소파씨는 "거리가 마치 자신의 부속 기관을 총동원해 가볍고 흥겨운 왈츠를 연주하는 것 같았고 사람들은 빠르고 규칙적인 발소리로, 자동차는 경적이나 엔진의 기침 소리로 거기에 답하고 있었다. 그것은 거대한 유기물의 춤 같았다"라고 느낀다. 그리고 물건을 사기 위해 프리쥐닉 백화점에 들어서면서부터 이 혼란스러운 상황은 극대화된다. 말 그대로 인(人)의 장벽 속에서 소파씨는 "앞으로 가고 있다는 건 단지 내 느낌뿐인지 몰라. 이렇게 내 발도 잘 보이지 않는데 뭘"이라고 하면서 인간의 바다로 떨어져 물건을 사기는커녕 나가지도 못한다고 생각하는 것이다. 소파씨는 소비 상품의 엄청난 회전 속도를 경험한다. 갖가지 맥주 중에서 어떤 것을 고를지도 모르겠거니와 사가지고 나갈 출구도 모르는 것이다. 인간 무더기 속에서 물건을 사는 것도 출구를 찾아 나가는 것도 하지 못한 채 차라리 개를 따라가기로 결정한 소파의 모습은 희극적이다 못해 슬프기까지 하다. 어떻게든 상품을 구매하도록 만들어진 백화점의 공간 구조는 공간을 정복하여 자본주의적 성장을 재활성화하겠다는 프로젝트에 의해서 움직이는 마의 소굴인 것이다. 수입 맥주가 장악한 상품 시장은 세계의 다양한 공간들이 밤마다 텔레비전 스크린 위에서 이미지의 콜라주를 취합하는 교환과 소비의 가속화 문제로 연결되는 것이다. 그리하여 모더니티를 경험했던 인물이 탈근대적 공간에서 경험한 이 낯섦은 희극적이며 비애스럽다.

그런 탈근대적 공간 속에서 권태로운 자들이 즐기는 것이 TV와 영화임은 당연하다. 영화는 나의 백일몽을 키워주는, 대리 충족을 시켜주는 안전판이다. 그 속에서 그들은 더 큰 안락과 따뜻함을 느낀다. 그것은 자본의 논리 속에 무수한 변신에 변신을 거듭하면서 인간을 길들이는 또 하나의 킬러가 될 수 있는 것이다. 그러나 이들에게 영화는 어떤 자극을 주는, 욕망을 충족시켜주는 척하면서 다시 부속품으로 전락시키는 최소한의 자극제도 되지 못한다. 영화는 스크린을 사이에 둔 안전한 도피처일 뿐이다. 영화는 이미 그들이 즐기는 권태를 방해할 만큼 위험한 존재가 아니다. 안전한 영화는 즐거운 권태를 배가시킨다.

그리고 그런 대상 가운데 또 하나가 "TV였다. 그들에게, 고립되어 있는 무인도 주민들에게 지치지 않고 말을 거는 자의 정체는. 그런 그들과 바깥을 이어주는 공식적인 유일한 통로"가 되며 그 통로를 통해서 보는 것은 빠른 속도로 태어났다 사라지는 광고다. 광고는 홍보의 대상으로 만들어지는 어떤 것이 아니라 아무 관련이 없는 이미지를 생산해내고 있는 조작된 욕망의 담지체인 것이다. 이러한 상황에 대한 유머러스한 묘사를 통해서 이치은은 상품미학의 이중성에 대해서, 즉 그것이 인간을 배부르게 하기는커녕, 오히려 굶주리게 만든다는 사실을 역설적으로 드러내고 있는 것이다. 이렇게 삽입된 에피소드들이 적절한 곳에 배치되면서 이치은 소설의 구성력을 키워나간다.

4. 자본주의의 천박한 변명과 '권태'

세기말의 스산한 풍경은 "말라죽어 거무튀튀하게 변한 판독하기 불가능한 음식점의 외국어 간판들, 대각선으로 찢어져 있는 여인들의 치마" 사이에서도 느낄 수 있을 만큼 눈앞에 펼쳐진 전경(前景)이 되었다. 그 전경을 뒤로한 진보, 발전, 창조, 역동, 모험심, 로망스가 끝나갈 무렵의 자본주의의 천박한 변명은 무엇일까. 한편으로는 만족을 모르는 욕망과 욕구의 문제, 영원한 혁명, 무한한 발전, 인생의 모든 면에서의 끊임없는 창조와 개선은 다른 한편으로 철저한 허무주의를 낳는 것이 사실이다. 대표적인 것이 '돈만 지불하면 된다'가 아닐까. 자본주의의 유일하고 근원적인 억압은 약분되지 않는 저 수없이 많은 담론들을 단일하고 강요된 어떤 규칙, 즉 모든 것은 돈을 받고 팔 수 있다는 규칙으로 환원하여 생각하게 한다. '현대적 허무주의'는 이로부터 비롯된 것이리라.

이러한 자본주의의 천박한 변명과 대응하는 일, 이치은에게 있어서 권태의 문제는 여기에 맞닿아 있다. 소파의 아파트에서 벌어지는 일련의 사건은 각 개인의 권태로움조차 관리하려 드는 사회에 절대로 타협하지 않겠다는 의지의 표명을 넘어서 이를 즐기겠다는 선언으로 심화된다. 자본주의 논리에 놀아나느니 차라리 권태를 즐기겠다는 것이다. 성으로부터 엄청난 돈을 받는 킬러, 기사가 "여긴 지옥이다. 이들은 스스로 지옥을 만들고 허우적대는 것"은 거기서 벗어나려는 의지를 그들에게서 발견할 수 없다는 데 있는 것이 아니라 그들이 오히려 그걸 즐기는 것 같아 보인다는 사실을 인정하는 것에 있다. 물론 나는 이들과 함께 "도저히 살 수가 없다. 빨리 끝나길, 이 지겨운, 쓰레기더미에서 빨리 벗어나길" 빌며 괴로워하며 게임을 빨리 끝내려고 기사와 비슷한 인물인 채칠리아라를 등장시키지만 전혀 설득력을 갖지 못하는 것이다. 심지어 그것은 불필요한 섹스 장면으로 이어져 소설을 가볍게 만드는 장애물이 되기도 한다.

물론 작가는 단순하게 권태를 즐기려는 자들보다는 권태에서 벗어나고자 하지만 현실적으로 도저히 불가능한 그 길항 작용을 포착하고 싶었을 것이다. 따라서 메타 텍스트에 인물들의 다양한 권태의 편린을 단순화하여 표현하였지만 그다지 거부감이 생기지는 않는 것이다. 이와 관련하여 소설의 마지막 부분은 중요한 의미를 갖는다. 이상의 「날개」의 주인공과 장 필립 투생의 『욕조』에 나오는 인물인 무슈와의 공통점도 소설의 마지막 부분에 분명하게 드러난다. 이상의 「날개」에 주인공은 33번 유곽에서 벗어나기 위해 드디어 옥상으로 올라가 "날자, 날자. 한번 날아보자꾸나" 하고 외친다. 투생의 『욕조』에 등장하는 "나는 눈을 내리깔고 욕조의 에나멜을 만지작거리며 어떤 위험한 일, 나의 추상적인 삶의 편안함을 위협할 만한 위험한 일을 저질러야만 하겠다"고 얘기한다.

그러나 이 소설 속에 살아난 이들은 절대로 다시 날아보자거나, 뭔가 위험한 일을 기획해보자거나 하지 않는다. 결코 현실과 타협하지 않겠다는 것이다. 이들의 공통된 특성은 출구를 찾지 않음, 상황을 바꿀 수 있는 탈주선(ligne de fuite)을 찾고자 하지 않음이란 어쩌면 탈주선 찾기의 어려움을 대변하는 논리인지도 모른다. 이때 권태의 전략적 의미는 카프카가 『아버지에게 드리는 편지』에서 구사하고 있는 것과 유사하다. 카프카는 오이디푸스적인 고뇌를 패러디하면서 그의 아버지를 지고의 부권적 참주로 그렸다. 자신이 결혼을 하지 못한 것도 아버지 때문이었다고 주장한다. 아버지의 권위에 몸을 숙이기보다 강한 부권의 이미지를 끝까지 밀고 나가 그 이미지 자체가 폭발해 산산조각이 나게 했던 것이다.[8] 카프카의 이 전략은 바로 이치은의 소설 마지막에 극적으로 패러디된다.

소설의 마지막은 아파트의 주인 소파씨의 행위에 모아져 있다. 소파씨가 영화 관계자에게서 받은 초청장이 그 빌미를 제공한다. 작가는 소파씨가 마지막에 영화와 관련한 일을 할까 말까 망설이는 부분과 그 망설임 끝에 아무것도 하지 않는 마지막 행위를 맛깔스럽게 처리한다. 이는 그 아파트에 모여 있던 인물들을 권태의 이름으로 아파트에 남겨놓는 치밀함과 닿아 있다. 여기에 지금까지 권태를 이야기했던 소설들과 다른 작가의 야심적인 의도가 응축되어 있는 것이다.

과연 그것을 현실적 패배주의라 단언할 수 있을까. 그것은 오히려 천박한 자본주의 논리에 대한 작가의 또 다른 복수 방법은 아닐까. 우리가 직면한 천박한 자본주의의 논리를 권태 속에 녹여버리겠다는 전략은 권태의 형식으로 이루어지는 「권태로운 자들」의 배면의 논리이며, 권태라는 가면을 쓴 서글픈 아리아로 우리 앞에 있는 것이다.

---

8) F. Kafka, *Dearest Father: Stories and Other*, Writings by Ernst Kaiser and Eithne Wilkins, New York: Schocken, 1954, pp. 177~95.

제3부

영원한 '현재'의 시간을 위한 변주곡
—오정희론

1

호수에 떨어지는 돌의 이미지를 떠올려보자. 돌이 물의 표면을 스치는 바로 그 지점에서부터 중심에 모여 있던 물결이 온 사방을 향해 퍼지는 이미지. 진동으로 인하여 햇빛에 반사되는 물결의 모양, 냄새, 빛깔, 모든 것이 새롭게 보이는. 한번쯤 경험을 했는데도 유난히 낯설게 다가오는 감각적인 이미지들 때문에 숨겨져 있던 삶의 비밀이 '순간적인 인상'으로 각인되는.

바슐라르는 '순간의 미학'을 말하면서 시간이란 순간의 현실이기 때문에 본질적으로 비연속적이라고 말한 바 있다. 문학이란 상상력 속에서 파악되는 시간[1]이라고 할 때 시간의 의미는 표상적인 시간과는 다르게 내적이고 비연속적인 의식에 더 초점이 맞추어져 있는 것이다. 그 의식은 다분히 기억을 통해서 표면화되며 감각의 지각 속에서 자기만족을 얻지 못한 것들, 한순간에 도취된 황홀의 순간으로 향한다. 그것이 나의 의지와는 상관없이, 자기 중심과는 무관하게 떠오르는 것의 실제인 것이다. 이때 실제는 역사적인 사실을 허구적인 이야기로 재규명하는 방식을 통해서가 아니라 허구적인 이야기가 사실적인 이야기의 틈을 비집고 들어가 이를 더욱 불분명하게

---

1) 칼 하인츠 보러, 최문규 옮김, 『절대적 현존』, 문학동네, 1998, p. 219.

만드는 서술 전략에 의해서 구체화된다.

몽롱한 의식 상태, 언제나 그 시간에만 머물러 있는 것 같은 느낌, 자기 정체성을 허락하지 않고 부표하는 상태의 시간적 불연속성은 '발전'하고 '진보'하는 것, 근대적인 표상들에 대한 환멸일 수도 있으며 사회적·도덕적인 차원으로 환원되지 않는 개체의 고유성에 대한 발현일 수도 있다. 그러므로 진정한 의미의 기억은 위악적인 현실을 드러내는 심미적 시간론에서 무엇보다 중요한 것이다.[2] 노라(Pierre Nora)는 현대 사회에서 기억을 가능하게 하는 실제적인 조건이란 더 이상 존재할 수 없는 어떤 것이 되어버렸기 때문에 흔히 말하는 기억의 장소라는 것도 기억을 결정하면서 동시에 기억 자체를 감추는 곳으로 작용할 뿐이라고 한다. 이때 기억의 장소란 물질적이기도 하고 상징적이기도 하고 기능적이기도 하다. 특히 문학이라는 구조물 안에서 움직이는 비자발적인 기억은 기존의 역사적 회상과는 전혀 다른 방식으로 존재한다. 그것은 단순한 역사적 사건이나 실제로 환원되지 않는 어떤 존재적 가치들과 뒤섞이면서 앎과 지식으로 작용하는 의미적 기억(semantic memory)의 이면들을 들추어낸다.

2

오정희 소설에서 '기억'이라는 이름으로 떠오르는 것들은 모두 삶의 은유다. 회상의 깊은 골짜기에서 힘겹게 길러내진 파편들이 문장을 할퀴고 문장에게 상처를 낸다. 그 문장의 틈 사이에서 느껴지는 삶의 속살들은 냄새, 빛

---

2) 진정한 의미의 기억과는 달리 문화 기억은 기념비적인 시간을 내면화시키면서 오히려 억압의 논리를 재생산한다. 문학에서의 기억이 문화 기억의 한계를 넘어서야 하는 지점은 내적 시간과 기념비적인 역사적 시간 사이에 존재하는 치명적인 부조화와 그 모순을 순간적인 현재의 감각을 통해서 재현하는 것이다. 전위적인 소설에서의 시간이 과거를 기억하는 회상보다는 언제나 그 시간에 집착할 수밖에 없는 것도 이러한 이유와 무관하지 않다.

깔, 소리, 그 모든 형체 없는 것들 속에서 꿈틀거리며 움직인다. 그런데 여기서 중요한 것은 '기억'을 삶의 표면으로, 문장의 표면으로 길러내는 것이 감각적 기호라는 점이다. 이 감각적 기호에 의해서 떠오르는 '기억'이 의미를 규정하는 기호를 밀쳐내고 떠돌게 한다. 하여 문틈으로 들어온 광선 한 자락에, 냄새에, 또는 맛에 일상이 흔들리고 겉돌게 되는 것이다.

냄새, 색깔, 피부로 드러나는 감각적인 기호들은 하나의 대상을 또는 그 대상과는 다른 어떤 것을 지칭하면서 시간을 뒤집고 가른다. 그 갈라진 시간의 틈 때문에 물빛, 한 줄기 햇살, 기차 소리, 노란색의 냄새, 그 모든 감각적 기호들이 비자발적인 기억들을 떠오르게 하는 것이다. 그리고 시간과 공간에 상관없이 서로 다른 두 성질의 기호들이 동시에 삶의 자장 속에 맞물려서 공존하면서 과거의 '나'와 현재의 '나'를 점점 낯선 대상으로 인식하게 한다.

다시 말하면 오정희는 '기억'을 통해 떠오른 과거로 현재를 재구성하여 자기 정체성의 의미를 규정하지 않는다는 것이다. 오히려 이때의 기억은 현재 '나'의 삶 속으로 파고들어와서 시간을 흩뜨리고 삶에 바느질 자국을 낸다. 그런 측면에서 본다면 오정희 소설에 존재하는 시간은 '영원한 현재'의 시간이다. 그 속에서 과거와 미래, 현재가 동시에 존재하며 과거와 미래는 현재라는 시간 속에서 서로 환원될 수 없는 차이를 지닌 채 떠돌아다닌다. 일상을 타고 흐르는 외적인 시간과는 달리 한계를 향해서 돌진해가는 내적인 시간은 사회적인 규범과 도덕적인 명분론으로부터 일탈하고자 하는 고독한 존재자를 부표하게 한다. 자아의 정체성을 허락하지 않는 상태의 불연속성, 오정희 소설의 핵심은 바로 여기에 있다.

오정희 소설에서 과거와 현재와 미래는 서로 겉돌며 공존하는 이질적인 요소일 뿐이다. 거기에 침묵의 조각과 말의 조각이, 말한 것과 말하지 않은 것들이 파편화된 채로 펼쳐져 있는 것이다. 그 조각들로 기워진 삶의 누더기는 모든 시간을 현재의 시간으로 환원하여 전체화하지 않으면서 각각의 시간을 삶 속에서 긍정하려는 의지를 보인다. 과거와 이질적인 현재를, 현재와 이질적인 과거를 그대로 인정하면서 오히려 어둠 속에 숨겨진 과거의 진실을 찾아나간다. 감각이 소생시키는 과거의 진실들과 삶의 비밀들이 '우연적이지만 필연적인' 방식으로 부딪치면서 낯설게 다가오는 것이다. 여기에 오정희 소설이 갖는 독특한 매력의 비밀이 있다.

오정희의 두번째 창작집 『유년의 뜰』은 이러한 감각적 기호들에 의한 시간의 간섭으로 정교하게 짜여 있으며 이를 따라서 움직이는 작가의 시선은 "언제나 그 시간"에 머물면서 불연속적인 방식으로 '나'를 흔들어놓는다. 이때 과거의 시간이란 자기의 정체성을 확인하게 해주는 의미화된 기억이 아니라 감각의 지각만이 리얼하게 남아 있는 '순간적인 것들'의 연속체로 존재하는 것이다.

3

「유년의 뜰」의 감각적 기호들은 노랑 눈이 의식 상태를 드러내는 데 중요한 역할을 한다. 노랑 눈이란 누구인가. 그는 전쟁으로 와해된 가족이라는 끄나풀 끝에 매달린 소외되고 겉도는 인물이다. 그렇기 때문에 그는 가족이라는 울타리 밖에서 가족 구성원 하나하나의 삶의 편린들을 들추어볼 수 있는 관찰자의 눈을 가질 수 있게 된다. 그 눈으로 가장이 없는 가정에서 가장을 대신하고자 발버둥치는 오빠의 매질이 갖는 허상과 기생이었던 할머니의 과거와 술집에서 전전긍긍하는 어머니의 뒤틀린 삶의 모양새를 그대로 담아낸다. 노랑 눈이는 "저마다의 땀냄새, 떨어져내리는 살비듬 냄새, 풀썩풀썩 뀌어대는 방귀 냄새, 비리고 무구한 정욕의 냄새"들로 과거를 기억한다. 감각의 느낌에만 남아 있는 불안정한 것이 노랑 눈이의 지나간 시간을 채우고 있는 것이다. 그리하여 "밤마다 술 취해 들어오는 어머니, 더러운 이불 속에서 쥐처럼 손가락을 빨아대는 일 따위가 한바탕의 긴 꿈만 같이 여겨졌다. 진짜의 나는 안타까이 더듬어보는 먼 기억의 갈피 짬에서 단편적인 감각으로 남아 있는 것이 아닐까" 하고 생각하게 되는 것이다.

노랑 눈이가 느끼는 이런 "단편적인 감각"들은 과거의 시간을 다른 현재적 시간에 옮겨놓는다. 노랑 눈이가 "달착지근한 공기"와 할머니의 머릿기름 냄새를 맡으면서 알게 된 것은 '우리'가 "거지나 다름없는 뜨내기 피난민"이라는 사실이다. 그러나 자신이 피난민이라는 사실을 깨닫게 해주는 것은 육체적인 감각 속에만 존재한다. 따라서 노랑 눈이가 이발사의 머릿기름 냄새를 맡으면서 분명 아버지라는 존재를 떠올릴 수 있었는데도 "그것은 흘러간 시간의 저 안쪽 어디엔가 숨어 전혀 기억해낼 수가 없었다"고 술회하는 것은 중요한 의미를 갖는다. 그 머릿기름 냄새란 무엇인가. 그것은 과거 아버지가 목마를 태워주었을 때, 그의 머리를 잡은 내 손에서 나는 냄새였다.

그러나 현재의 나는 그 냄새의 실체를 전혀 기억할 수 없다는 것이다. 무엇 때문일까. 그것은 아버지라는 존재를 떠올리고 싶지 않다는 의식적인 저항에서 오는 것일 수 있지만 그보다 더 중요한 것은 과거의 아버지라는 존재가 나에게는 전혀 낯선 어떤 존재로 새롭게 인식되고 있다는 사실이다. 그러니까 가족을 남겨두고 집을 떠난 과거의 아버지라는 존재 자체의 부정이 아니라 현재 나에게 전혀 다른 아버지로 존재하는 '아버지'의 이물스러움 때문이다. 이때 아버지에 대한 기억은 현재와 섞여 어떤 통일감을 갖지 못한 채, 즉 현재와 섞이지 않는 '과거'로 겉돌게 되는 것이다. 하여 교장 선생님이 교문 밖에 아버지가 왔다고 말해주었는데도 교장 선생님 책상 위에 단 케이크를 훔쳐 먹고 "갑자기 욕지기가 치밀었다. 참을 수가 없었"을 뿐이다. 현재 나의 기억 속의 아버지란 실체가 아닌 감각으로만 존재하는 것이다.

감각적인 기호를 통해 나는 대상에 대한 아이덴티티를 갖지 못한 이질감

과 현재라는 시간 속에 동시에 공존하는 과거의 시간을 경험하고 있는 것이
다. 과거의 시간은 이렇게 현재의 시간과 섞이지 못한 채 나의 주위를 겉돈
다. 이는 과거의 아버지가 현재 나에게는 더 이상 어떤 의미도 없다는 존재
자체의 부정이 아니라 현재 시간에 녹아나지 않는 앙금으로 존재하는 이질
적인 과거임을 깨달아가는 것과 통한다. 즉 머릿기름 냄새라는 감각적 기호
는 과거와 현재를 이어주는, 하여 현재라는 시간 속에서 과거를 재구성할
수 있게 해주는 것이 아니라 오히려 현재라는 시간과 과거라는 시간이 서로
깊은 내연 관계를 맺고 있지만 얼마나 이물스러운 관계로 섞이지 못하고 공
존하는가를 역으로 보여주는 것이다. 그것은 과거의 시간과 현재의 시간을
연속적으로 파악하는 데 전쟁이란 것이 얼마나 폭력적인가를 단적으로 드
러내주는 것이면서 동시에 어느 것 한 가지 자신들의 의지대로 되어준 것이
없는 세상에 대한 구역질나는 환멸을 보여주는 것이기도 하다.

4

오정희 소설에서는 작은 내러티브(little narrative)가 특징적으로 반복된
다. 이 작은 내러티브는 아버지, 아들, 형제, 자매라는 호칭들이 아주 엄격
하게 서로간의 의무를 수반하는 것인데도 얼마나 다른 존재들인가를 내밀
하게 그려내고 있다. 하여 「유년의 뜰」의 오빠는 전혀 '오빠'가 아닌 채로,
어머니는 전혀 '어머니'가 아닌 채로, 서로 자신들의 현재 시간을 메우며 과
거를 묻어간다. 이런 작은 내러티브가 이음새 없이 매끄럽게 연결되면서 감
각적 기호로 시간과 공간의 새로운 의미를 찾아가는 대표적인 소설이 「중
국인 거리」다.
「중국인 거리」는 과거와 현재의 시간이 심층적인 동일성을 향해 나아감
과 동시에 얼마나 더 중요한 차이를 낳는가를 잘 보여준다. 그 차이를 통해

서 지난밤 떠나온 시골 생활, 즉 과거로 남아 있는 지난 시간의 진실이 현재 시간 사이에서 소생한다. 내가 "우리가 정말 이사를 온 것일까, 낯선 곳에 온 것일까 이상한 혼란에 빠졌다. 그것은 공기 중에 이내처럼 짙게 서려 있는, 무척 친숙하고, 내용은 잊혀진 채 분위기만 남아 있는 꿈과도 같은 냄새 때문이었다. 무슨 냄새였던가" 하고 생각하는 것은 시골과 비슷하면서도 이질적인 '중국인 거리'의 낯섦 때문이다. 그리고 나는 '중국인 거리'라는 고유명사를 "노란빛의 냄새"로 감지한다.

이렇게 과거의 시간은 냄새라는, 노란 냄새라는 감각적 기호로 소생하여 현재의 시간을 비집고 들어온다. 거무죽죽한 공기 속에서 낮달처럼 걸려 있는 해가 있고 해조(海藻)와 뒤섞이는 석회 냄새로 온통 노란빛의 회오리가 일고 있는 중국인 거리. 이 중국인 거리는 현실적인 삶의 공간이자 오정희 소설에 있어서 중요한 상징적인 공간이다. 중국인 거리란 무엇인가. 우리 가족이 시골에서 새로운 삶의 희망을 걸고 이사온 '도시'다. 그런 중국인 거리에서 풍기는 '냄새'는 과거 시간의 일부분을 현재의 시간대에 그대로 오려 붙이면서 낯익은 것들을 낯설게, 낯선 것들을 낯익게 느끼게 한다. 그러니까 나의 의식 속에서 이 노란빛의 냄새는 과거와 현재라는 두 시간대의 동질감을 주는 이미지이면서 동시에 시골과는 다른 거리의 모습들을 박아 놓는 감각적 이미지인 것이다. 그것은 전혀 체험하지 못한 도시 공간 속에서 더 심각한 전쟁의 내상을 느끼게 해준다.

거기에 시골에서 볼 수 없었던 매기 언니의 죽음으로 상징되는 양공주의 모습과 전쟁으로 부서진 도시의 하늘에 전진(戰塵)처럼 밀려드는 검은 연기, 고달프게 달려가는 기차 바퀴 소리가 뒤섞이면서 이해할 수 없는 두려움과 비밀스러움을 느끼게 하는 이물스러운 '노란빛 냄새'가 있었던 것이다. 그 노란빛 냄새는 "땅 속 깊숙이에서 울리는, 지층이 움직이는 소리, 해일의 전조로 미미하게 흔들리는 물살, 지붕 위를 핥으며 머무르는 바람"으로 수렴되면서 과거와 현재의 시간을 공존하게 한다. 이는 「유년의 뜰」의 노랑 눈이가 세상에 대해서 느꼈던 것과 다르지 않으면서 더 구체적이고 심층적인 것이다. 하여 "알 수 없는, 다만 복잡하고 분명치 않은 색채로 뒤범벅된 혼란에 가득 찬 어제와 오늘의 수없이 다가올 내일들을 뭉뚱그릴 한마디의 말을 찾을 수 있을까" 하고 술회한다. 이렇게 내가 그 노란빛의 색채로 감지하는 시간은 불안감으로 가득 차 있는 '순간'일 뿐이며 기억을 통해서 걸러진 결과물이란 미래를 예견하지 않는 몽롱한 의식 상태로 남는 것이다.

그런 시간의 간극을 관찰자의 입장에서 차분하게 그리고 있는 것이 「겨울 뜸부기」다. 「겨울 뜸부기」는 화랑 담배 연기 속에 전우야 잘 가거라를 부르던 예닐곱 살의 어린 나와 "헌 옷가지처럼 남루히 널린 기존의 삶 중 하나를 둘러쓰기 시작한" 나 사이의 이물스러움이, 그리고 춤 잘 추던 인텔리라는 말이 유행하던 시절 여선생의 치맛자락을 따라 손을 움직이던 오빠, 그리고 꿈을 상실한 채 어머니와 나에게 돈을 구걸하는 오빠의 모습이 그대로 담겨 있다. 그것은 오빠의 어긋나는 삶을 바라보는 나의 시선에 의해서 전개된다. 과거 호기를 부리던 오빠의 삶의 태도가 현재의 시간에서도 훼손되지 않은 채로 있어주기를 간절히 바라는 것은 그러한 오빠의 태도를 통해서 잠시나마 위안을 얻고자 함이다. 그것은 세월의 상흔을 짊어지고 힘겹게 살아가는 오빠가 다시금 삶에 자신감을 갖게 되기를 바라는 동생의 희구와 맞닿아 있다. 그러나 과거 오빠의 모습과 현재 오빠의 모습에는 어떤 연속성이 존재하지 않는다. 과거에 대한 기억이 길러낸 것은 지금 현재의 모습과는 무관한 것처럼 보이는 낯섦일 뿐이다.

「저녁의 게임」은 다소 구성이 단순하지만 그 구성 안에서 전개되고 있는 이야기는 여러 측면에서 다층적이다. 먼저 저녁의 게임이란 무엇인가. 그것은 아버지와 하는 화투놀이다. 나는 아버지와 화투놀이를 하면서 아버지의 위선을 아무렇지도 않은 듯이 능청스럽게 끄집어낸다. 그것은 아버지가 정당하지 않게 내 표를 훔쳐보거나 거짓말을 하는 것으로 구체화된다.

여기서 중요한 것은 화투놀이를 하면서 주고받는 가족에 대한 대화이다. 그녀에게 아버지란 존재는 문란한 생활 때문에 정서적으로 안정되지 못한 어머니를 정신병원에 보내놓고 "외려 네 엄마에겐 그곳이 편한 곳이야. 친구들도 있고 가족이란 생각하듯 그렇게 대단한 건 아니야" 하고 말하는 사람이다. 그런 아버지와 나는 같은 시간대에 앉아서 화투를 치지만 각자가 기억하는 시간의 의미는 전혀 다르다.

그애가 휘파람 소리로 나를 찾아오던 것이 십 년 전의 일인가. 〔……〕 휘파람 소리에 문을 열고 나가면 그애는 마른 꽃냄새를 풍기며 서 있었다. 〔……〕 종달새 소리가 자욱이 눈 위로 덮여 그애는 눈을 껌벅이며 내게 말했다. 리본이 안 어울려요. 그래 나는 붉은 리본을 묶기에는 너무 나이를 먹었어. 〔……〕 미치광이나 창부뿐이지. 나비를 잡으러 가겠어. 그애가 해맑은 눈길로 나를 바라보았다. 네 애민 나비 같았지. 나는 아버지 손가락 사이에서 팔랑개비처럼 돌아가는 사꾸라를 보았다.[2]

나의 발화에서 아버지의 발화로 이음새 없이 이어지면서 자연스럽게 시점의 변화를 유도하고 있는 위의 인용문은 마치 영화에서처럼 몽타주된 두 개의 장면이 겹쳐 있다. 장면과 장면 사이가 수실로 무늬를 놓은 것처럼 한 땀씩 이어져 있다. 그 땀 사이로 과거와 현재의 시간이 나란히 공존한다. 다시 말하면 과거의 시간에 의해서 현재 시간의 의미가 새롭게 규정되지 않고 나란히 병치되어 나타난다는 것이다. 아니 오히려 과거를 연상하는 나와 현재 화투를 두면서 아버지와 앉아 있는 나는 전혀 서로 다른 생각을 하면서 다른 시간대에 앉아 있다는 것을 알 수 있다. 그러니까 아버지는 현재 시간에 나는 과거 시간대에 나누어져 있으며 아버지가 현재 시간을 이끌어간다

---

2) 오정희, 「저녁의 게임」, 『유년의 뜰』, 문학과지성사, 1981, p. 114.

면 나는 과거를 회상하면서 현재의 시간을 낯설게 만들고 있는 것이다.

이러한 이질적인 시간의 경험을 통해서 작가는 '나'라는 인물이 전혀 아버지(현재의 시간)와 동화되지 않으며 과거와 현재가 하나의 연속성을 가지고 이어져 있지 않음을 구체적으로 보여준다.

「별사(別辭)」는 죽음이라는 일상의 문제를 다루면서 오히려 낯선 죽음에 대해서, 아니 삶에 이물질로 씹히는 죽음에 대해서 묻고 있다. 거기에 죽음이 어떻게 영원의 이미지를 만들어가는가를 조심스럽게 보여준다. 현재 남편을 찾아가는 정옥의 시점과 죽음으로 향해가는 과거 남편의 시점이 공존하면서 빚어내는 문체의 질감은 죽음이라는 과거의 시간을 현재의 시간에 그대로 옮겨놓는다. "사람이 죽는 것은 공포 때문이 아니라 허무 때문인 경우가 많지"라고 했던 정옥의 남편은 문맥상에 확실하게 드러나지는 않지만 정치적인 사건에 연루된 대학 선생이었다. 「별사」는 정옥의 시점에서 저수지에 빠져 죽은 남편의 무덤으로 찾아가는 것으로 시작된다. '죽은 녹빛의 행군'이라는 군인들의 행렬을 바라보며 정옥이 "가슴속에 드리운 불투명한 막이 점점 두꺼워지며 뭔가 질리는 느낌으로 옥죄어오기 시작했다"고 느끼는 것은 남편의 죽음이 정옥에게 가져다주는 무거움을 단적으로 드러내준다.

그러나 이 무거움을 전혀 무겁지 않은 태도로 받아들이는 것에 「별사」의 매력이 있다. 그 매력은 정옥이 현재의 시점에서 과거 남편에 대해서 느끼는 감각적 기호들 속에서 묻어나온다. 그 느낌은 여전히 '그 자리'에 있는 열쇠가 손등을 스치는 순간 느꼈던 감각과 집 안에 희미하게 떠도는 담배 냄새로부터 온다. 그 냄새로부터 그가 다닌 숱한 곳의 냄새, 정옥이 결코 가본 적이 없는 곳의 바람 냄새, 이슬, 스쳐간 사람들의 냄새로 이어지면서 "더 이상의 추리와 탐색이 부질없는" 남편의 죽음이 성큼 다가오는 것이다. 이렇게 정옥은 남편의 죽음을 현재의 시간 속에 풀어서 어떤 의미로 환원하지 않는다. 오히려 "이 흔적에서 분명 지금의 이 시간들을 되살리려는 헛된 노력을 하게 될 것"을 '끔찍'하게 생각한다. 그녀는 과거, 현재의 의미를 규합하여 미래라는 변증법적인 시간의 의미를 억지로 만들어내지 않는다. 바로 이러한 시간의 인식에 의해서 「별사」의 인물은 시간의 파편적 의미를 삶의 일부분으로 끌어안으면서 불연속적인 자기 증식을 꿈꾸는 것이다.

5

「꿈꾸는 새」는 이런 조각난 시간들을 그 자체로 긍정하려는 삶의 의지가 강하게 드러난 소설이다. 「꿈꾸는 새」의 '나'는 모든 사람들이 "부러워하는" 교수 부인이다. 그러나 내가 삶 속에서 진정으로 원하는 것은 교수 부인이라는 '허울'이 아니라 주어진 시간 속에서 진실이 무엇인가를 끊임없이 반문하면서 자기 정체성을 찾아가는 데 있다. 따라서 매순간 "내가 원하는 것은 사랑인가, 성인가, 소멸인가" 자문하면서 "대답은 모두일 수도 있고 전혀 아무것도 아닐 수 있다"고 한다. 그리고 지나간 시간들은 현재 시간 속에 용해되지 못한 채로 눅눅한 공기 속에서 숨쉬고 있으며 이것은 "시간에 길들여지지 않으려는 반작용"이라고 되뇐다. 시간에 길들여지지 않으면서 끊임없이 자신을 비워가며 살아가는 것, 거기에 생성을 꿈꾸는 자의 일상이 자리하고 있는 것이다.

「비어 있는 들」에서는 지속적이고 연속적인 시간과 함께 공존하는 불연속적이고 비동시적인 시간의 의미가 좀더 심층적으로 나타나 있다. 그것은 남편과의 가정생활에서 은밀하고 절박한 그리움으로 남편을 떠나 누군가를 기다리는 '나'의 모습을 통해 구체화된다. 이런 나의 의식 상태를 규정하는 것은 '기차 소리'라는 감각적 기호다. 이 기차 소리는 곧바로 '그'에 대한 기다림과 열망으로 이어지면서 일상에서 남편을 지운다. 그렇게 지워진 흔적에 "감정의 과장, 극적인 형태, 도식으로 설명될 수 있는 모든 것을 혐오"

하는 내가 있는 것이다. 남편과 낚시를 하는 동안에도 나의 귀에 맴도는 기차 소리는 현재 시간을 비집고 들어와서 더듬더듬 일상으로 흘러가는 외적 시계 시간을 내적 시계 시간으로 되돌려놓는다. 그 틈 사이로 빠져나온 일상은 낯선 또 하나의 시간대를 만들어간다. 그리고 그 낯선 일상의 틈 사이로 간신히 숨을 쉬며 살아가는 내가 있다. 그런 나를 지탱해주는 것은 놀랍게도 사악하고 악마적인 것, 즉 남편 이외의 다른 남자에 대한 그리움이다. 결국 그녀를 살게 한 것은 남편과 아이를 키우면서 잔잔하게 보내는 일상이 아니라 비도덕적이고 반사회적인 것, 사악하고 악마적인 것을 향한 일탈의 욕망에 있었던 것이다.

6

　지속적인 시간의 흐름을 순간적인 시간으로 전이시키는 것, 일상의 시간에서 일탈하여 한계적인 상황으로 치닫게 하는 것은 현재적인 자연 상태를 그대로 인정하는 무시간성의 '순간'에 의해서 가능하게 된다. 거기에 모든 시간을 현재의 시간으로 환원하지 않은 채 이물스럽게 만드는 '시간의 간섭'에 중요한 의미가 내재되어 있다. 심미적인 시간의 의미론이 궁극적으로 지향하고자 하는 것은 "태초에 말이 있었고 말이 신에게 있으며 신은 말이다"가 아니라 오히려 그 말은 언제나 그때그때 만들어지는 것일 뿐이라는 데 있다. 그러므로 순간적인 시간, 영원한 현재의 시간이 미래를 지향하지 않음은 당연하며 이는 수사학적 차원이 아니라 지극히 정치적 차원의 문제이다.

　그것은 내적인 시간 안에 현존하는 감정과 과거 속에 존재하는 의미화된 시간적 감정과의 모순과 불일치가 기억의 본래적인 모습이라는 것, 그러므로 우리가 기억을 통해서 확인하게 되는 것은 자기의 정체성이 아니라 오히려 불명확해지는 존재적 현현이라는 진중한 물음 속에서 구체화된다. 이 인식이 오정희 소설에 있어서 퍼져 있는(range over) 글쓰기 공간을 만들어내는 가장 중요한 원동력이 되는 것이다.

메두사의 얼굴을 한 섹슈얼리티, 그 존재론적 모순
─오정희, 전경린, 이평재

1

전경린의 첫 소설집 『염소를 모는 여자』에 실린 작품 중에 「봄 피안」이란 단편이 있다. 나는 가끔 온 동네가 떠나갈 듯이 울부짖으면서 싸우는 여자나 막무가내로 울어대는 아이들, 남은 숨 다해서 젊은것들을 욕하시며 막걸리를 들이켜는 할머니나 이를 악물고 철봉에 매달리기를 하고 있는 할아버지, 외도를 들키고도 악을 써대며 자신의 정당성을 주장하는 여자를 볼 때 이 소설을 떠올리곤 한다. 그것은 이상하게도 입에서 떨어지지 않고 맴도는 다음 구절 때문이기도 하다. "삶의 매혹이란 저마다 제 운명을 꽃피우는 데 있는 것은 아닌지. …불행의 신비, 불행의 매혹은 거기에 있다. 파멸하지 않은 영혼은 그것을 피해 간 존재들일 뿐… 그들은 상처없는 것을 자랑하지만 나는 그들을 한번도 사랑해본 적이 없다, 나 자신까지 포함하여."[1] 그렇다고 위에서 말한 모든 경우가 파멸한 영혼에 대한 이야기라는 것은 아니

---

1) 전경린, 「봄 피안」, 『염소를 모는 여자』, 문학동네, 1996, p. 127. 이 소설에 등장하는 미리 엄마는 산사나이의 두번째 마누라로 그의 전처를 쫓아내고 그 자리를 차지한다. 그런데 재미있는 것은 그런 남편에게 세번째 여자가 생긴 것이다. 그녀는 아이까지 내어주고 전처 꼴이 된다. 그래도 삶에서 물러나지 않고 "그동안 애써 번 돈으로 골짜기를 피로 물들이겠다"고 하면서 소리를 질러댄다. 이 구절은 파멸에 대한 두려움을 갖지 않는 그녀를 보면서 주인공이 되뇌는 말이다.

다. 단지 어느 한순간 외피로 싸고 있는 모든 것들과 상관없이, 남들이 알아주건 알아주지 않건 상관없이 온 숨을 다해 소리치며 발악을 하면서 자신의 존재를 인정받고자 하는 때가 누구에게나 있다는 것이다.

파멸을 두려워하지 않는, 비껴나 있는 삶을 동경하는 순수는 누구에게나 내재되어 있으되 야생의 날것으로 드러내기는 두려운 섬광 같은 것이다. 전경린은 파멸을 에로스의 극치로 치환하는 열정적 사랑(amour passion)을 꿈꿔온 우리 시대의 대표 작가다. 그녀의 소설에서 배회나 응시는 없다. 에로스의 충동도 응시에서 비롯되는 것이 아니라 울부짖으며 천박하게 발악을 하는 '목소리,' 음성으로부터 온다. 그런데 그 음성, 목소리가 그리 낯설지 않은 이유는 무엇일까. 그 의문에 대한 답을 얼마 전에 인천에 있는 '중국인 거리'에서 찾았다.

내가 중국인 거리에서 아주 인상 깊게 본 것은 검게 그을린 자국이 흔적으로 남아 있는 목조 적산 가옥이다. 그리고 그 베란다에 난 작은 문틈 사이로 물끄러미 낯선 이방인의 행로를 주의 깊게 바라보던 '여자'의 '눈'이었다. 그녀는 자신의 삶에 이물스럽게 끼어들고 있는 외부의 존재를 두려워하면서도 한편으로는 신비로운 그 무엇으로 인식하고 있는 듯했다. 아무 감정 없이 냉정하게 바라보는 듯하지만 탐색의 빛이 역력한, 그러나 한없이 두려운 눈빛.

그곳에는 어느 날 해안촌으로 이사온 '나'와 치옥이가 주고받던 말[2]과 적산 가옥 베란다에서 떨어져 죽은 매기 언니를 보며 되뇌는 말, 그리고 "마치 짐승이 새끼를 품듯 감상이나 의지와는 무관한 본능적인 애정으로

---

[2] 매기 언니와 아래위층에 사는 치옥이의 꿈은 매기 언니 같은 양공주가 되는 것이다. 양공주의 꿈을 가진 치옥이와 내가 주고받은 말 중에 아직도 잊혀지지 않는 대목이 있다. 치옥이가 너 동생 있잖아 하는 말에 아무렇지도 않다는 듯이 의붓동생이라고 대꾸하고 "그럼 너의 엄마도 널 때리고 나가 죽으라고 하니?"라는 물음에 천연덕스럽게 "응, 아무도 없을 때면"이라고 응수하던 '나,' 그리곤 이내 "나는 얼마나 자주 정말 내가 의붓자식이었기를, 그래서 맘대로 나가버릴 수 있기를 바랐는지 모른다"고 말하던 '나.'

목이 메면서도 가끔 아이에 대해 이상할 만큼 차가워지는 자신에 당황하곤 했다"[3]는 고백이 들린다. 그렇게 고백하면서도 그녀는 어딘가를, 무엇인가를 바라보며 중얼거림을 멈추지 않는다. 그녀의 음성은 덥고 후끈거린다. 그러나 그녀의 시선은 냉정하기 그지없다.

오정희 소설에서 시선의 냉정함이란 자신이 처해 있는 현실에서 자신의 삶을 확장할 수 있는 방식으로 존재한다. 그것을 낭만적인 사랑이라고도 열정적인 사랑이라고도 말할 수 없다. 오정희는 자유로움과 그렇지 못한 자신의 현실 사이에서 어느 한쪽으로도 기울지 않고 냉정하게 균형잡힌 시선으로 훑어내린다. 그러므로 오정희 소설의 등장인물은 남편과 낚시를 가야 한다는 현실과 춘천행 기차를 타고 내려오는 애인을 애타게 기다리며 시간을 되묻는 현실 사이의 불균형, 불안정을 견딘다. 가슴속에서는 멀리서 기차를 타고 내려올 그에 대한 그리움이 너울거리지만 머릿속에서는 남편과 아들 옆에 있는 자신의 존재를 잊지 못한다. 그녀의 사랑은 낭만적인 사랑이 추구하는 숭고함과 열정적인 사랑이 맞닥뜨릴 수밖에 없는 에로틱함 '사이'에 존재하는 것이다.

숭고한 사랑과 관능적인 에로틱함 그 사이의 긴장감을 유지할 수 있는 이유는 어디에 있을까. 그것은 '친밀성'의 문제와 밀접한 관련이 있다.

---

3) 「비어 있는 들」의 '나'는 삶과 죽음의 문턱을 냉정하게 넘나들 수 있는 물리적인 육체가 아니라 정신적인 육체를 가진 여자다. 낚시터에서 발견된 익사체를 보면서도 늘 자신이 기다려온 '그'를 떠올릴 줄 아는 여자. 그 여자는 퉁퉁 부은 시체의 발을 보면서 "나는 늘 기다렸다. 깊은 밤 어두운 하늘을 보며 샐별이 떨어져내리기를, 가슴에 흘러들기를, 이승에서는 결코 이룰 수 없는 그리움처럼 그를 기다려왔다"고 되뇐다. 그 여자의 이 독백에는 사랑에 미쳐 한순간 빨갛게 타올라 사그라질지도 모르는 정념이 숨어 있다. 그 정념에 냉정해지기란, 차갑게 맞서 있기란 과연 무얼까.

2

흔히 낭만적 사랑이란 정신적인 부분을 메워주는 영혼과의 만남을 가정
하며 불완전한 개인을 완전한 전체로 만들어준다고 생각한다. 그런데 중요
한 것은 그런 낭만적인 사랑에 도사리고 있는 피할 수 없는 함정이 있다는
사실이다. 그것은 순수한 관계와 갈등하는 측면이 있으면서 동시에 여성을
가정으로 밀어넣는 데 일조한다. 남편이 있고 아들을 키우고 그 속에서 사
랑을 키워나간다는 어떤 측면에서 전통적인 사랑과도 통하는 바가 있다. 그
러므로 낭만적인 사랑은 기존의 제도와 쉽게 단절하지 못하고 그 안에서 숭
고한 사랑에 대한 꿈을 키워가려고 한다.[4)]

「비어 있는 들」의 '나'는 그런 측면에서 흥미로운 인물이다. 아무렇지도
않게 결혼이라는 일상을 유지하면서 동시에 일정한 시간 기차를 타고 지나
가는 '그'에 대한 열정을 포기하지 못한다. 그래서 냉정한 시선으로 아이와
익사체를 응시하면서도 "이승에서는 결코 이룰 수 없는 그리움처럼 그를
기다려왔다"고 되뇔 수 있는 것이다. 부부 관계, 가족 관계의 끈이 느슨해
지는 지점에서 낭만적인 사랑은 더 이상 힘을 발휘할 수 없다. 그것이 강박
으로 작용하는 이유는 바로 여기서 비롯되는 것이다. 그러므로 낭만적인 사
랑의 과정은 비애스럽기까지 하다.

「하실(夏室)」[5)]의 혜순이나 「전갈」[6)]의 그 여자 또한 여기에서 크게 벗어

---

4) 근대적 제도의 탄생과 낭만적 사랑이 밀접한 관련이 있다면 바로 이러한 측면 때문이다. 낭만
적인 사랑에 대한 꿈은 사랑으로 유지되는 가정, 친밀한 가족애로 자유로움을 보장받을 수 있
는 새로운 라이프스타일의 창조에 대한 희망으로 이어진다. 그러나 이러한 낭만적인 사랑은
'가족'의 변화, 다시 말하면 전통적인 가족 개념이 붕괴되는 지점에서부터, 근대적인 기획이
말 그대로 '기획' 이외의 아무것도 아닐 수 있다는 모멸의 지점으로부터 새로운 인식의 터널
로 접어들게 된다.
5) 오정희, 「夏室」, 『바람의 넋』, 문학과지성사, 1986.
6) 오정희, 「전갈」, 같은 책.

나지 않는다. 혜순의 남편은 "섬, 좀더 늙으면 낙도에 가서 의사 노릇을 하겠소. 자전거를 타고 왕진을 다니고 환자가 없으면 배를 타고 바다에 나가서 낚시를 하겠소" 하고 되뇌지만 조용한 도시에서 권태롭게 살아가는 의사다. 그런 남편과 마찬가지로 일상의 권태를 느끼면서 그 옆에서 자유로워지고 싶지만 그녀는 그러지 못한다. 왜냐하면 그녀의 의식 속에는 아이와 남편, 자신이 살아가는 가정의 사랑으로부터 완벽하게 자유롭지 못하기 때문이다. 그녀의 머리는 "자다가 깨어 우는 버릇이 있는 딸"과 "어둠에 대한 병적인 공포"를 느끼는 아이에 대한 걱정으로 가득 차 있다. 그러므로 "오랜만에 만난 남편에게 수면 부족으로 인해 한결 늙고 꺼칠한 얼굴을 보일 수 없다"고 심지어는 "자신에게 한정된 시간"(「전갈」)이 남아 있을지도 모른다고 생각하면서도 집 밖으로 한 발짝도 움직이지 못하는 것이다.

그럼에도 오정희 소설의 여주인공들은 "한숨과 비탄과 이룰 수 없는 사랑과 최악의 상황을 갖다대어도 좋을 청춘의 꿈" "사랑은 뜨겁고 아름답게 사는 방법이었다"(「어둠의 집」)는 것에 대한 상념을 포기하지 않으며 미래에 대한 예감을 항상 간직한 채 살아간다. 오정희 소설을 읽으면서 느껴지는 불안과 비애의 근원은 바로 여기에서 기인하는 것이다.[7] 그 사랑은 낭만적인 사랑과 열정적인 사랑 사이에서 불안정을 견디는 리얼리티로 수렴된다.

그렇다면 열정적인 사랑이란 무엇인가. 그것은 성적이고 에로틱한 강박 충동으로 기존 제도와 과감한 단절을 선언한다. 성적인 순결함과도 아무 관련이 없고 관계, 그 자체를 목적으로 한다. 열정적인 사랑은 섹슈얼리티, 관능과 유혹의 극단을 치달으면서 파멸도 불사한다. 열정적인 사랑 그 이면에

---

7) 앤소니 기든스, 황정미 외 옮김, 『현대 사회의 성·사랑·에로티시즘』, 새물결, 1996, pp. 82~88. 낭만적인 사랑은 노골적인 섹슈얼리티나 느닷없는 단절과는 양립이 불가능하다. 왜냐하면 낭만적인 사랑은 어떤 정신적인 커뮤니케이션, 즉 부족한 부분을 메워주는 성격을 띠는 영혼의 만남이라는 것을 가정하기 때문이다. 그리고 이런 낭만적인 사랑은 위반을 통해 성장하기도 하지만 세상을 살아가는 처방과 타협을 이루어내기도 한다.

는 낭만적인 사랑이 귀결되는 정점, 부부애나 숭고한 사랑과는 거리가 먼
말 그대로 피 튀기는 욕망과 서로에 대한 갈망이 뒤엉켜 있다. 외부와 일상
모든 것으로부터의 단절조차 아무 의미가 되지 않는 사랑. 그렇다면 이 열
정적인 사랑은 과연 제도와 사회적인 규범으로부터 자유로울 수 있을까. 즉
공적인 영역의 영향력을 벗어나 진정 자유로운 사랑의 승화 지점으로 치달
을 수 있을까.

3

　　전경린은 오정희가 유지하고 있는 낭만적인 사랑과 열정적인 사랑 '사
이'에 존재하는 섬뜩한 냉정함이나 비애스러움에 관심을 두지 않는다. 전경
린의 관심은 열정적인 사랑이란 과연 완전한 것으로 존재할 수 있는가에 있
다. 즉 낭만적인 사랑이 제도적인 것으로부터 결코 자유롭지 못하다면 열정
적인 사랑은 과연 어떠한가. 열정적인 사랑, 순수한 사랑, 일상을 벗어난 일
탈적인 사랑은 과연 모든 제도적인 것을 초월하여 순수한 관계로서만 존재
할 수 있는가. 과연 순수한 관계, 순수한 사랑이란 우리에게 무엇인가라고
묻는다.

　　『내 생에 꼭 하루뿐일 특별한 날』[8]의 '나'는 남편 효경이 죽고 나면 자신
도 따라서 죽을지 모른다는 생각을 할 만큼 결혼 생활의 보이지 않는 결속
력을 믿고 살았다. "그때부터 나의 꿈은 스물한 살에 만난 그 남자가 평생
동안 오직 나만을 사랑하고 나 또한 하나의 남자만을 사랑하며 평생 동안
같은 삶을 공유하는 것이었다. 그 속에서라면 육십 도의 고열도, 뜨겁고 건
조한 모래도 바람도, 백이십 일간의 부재도 견딜 수 있다고 믿었다. 가난과

---

8) 전경린, 『내 생에 꼭 하루뿐일 특별한 날』, 문학동네, 1999(이하 『내 생에』로 줄여 씀).

결핍과 일에 치여 사는 그의 외박까지도 사랑하는 사람들이 겪는 작은 시런이라고 믿었을 뿐 단 한번도 의심한 적 없이 받아들였"(『내 생에』, p. 185)던 것이다.

그런데 문제는 자신이 생각했던 그 결속력이란 현실을 살아가기 위해서 스스로 부여하거나 부여된 것일 뿐이라는 사실을 깨닫는 것에서 시작된다. 그 깨달음을 가속화시키는 결정적인 요인은 남편의 외도였다. 그리고 자신도 모르는 사이에 빠져들기 시작한 낯선 곳에서 만난 낯선 남자와의 걷잡을 수 없는 사랑이었다. 그 사랑은 에로티즘과 관능적인 육욕과 서로에 대한 갈망으로 극단까지 치닫는다. 그 사랑은 관능으로 불탄다.[9]

거기에 아이를 비롯한 가족이라는 것은 외압에 의해서 형성된 일종의 조건에 지나지 않는다. '나'는 더 이상 낭만적인 사랑이 쳐놓은 안전함과 안온함에 길들여지지 않는다. 아니 그 속에서 "몹시 수줍음을 탔던" 내게 5월의 어느 수요일 오후 서클룸에서 만나 비틀즈의 음악을 들었던 남편이란 존재는 나에게 사멸해가는 대상일 뿐이다.[10]

전경린의 고민은 낭만적 사랑이 쳐놓은 제도적 그물을 벗어나 당당히 열정적인 사랑의 격렬함, 파멸의 아름다움, 또는 사랑과 애증의 복잡한 갈등, 그런 것에 있는 것이 아니다. 전경린은 개개인이 선택한 열정적인 사랑은 낭만적인 사랑 못지않게 제도와 주변의 응시에서 벗어나지 못하고 그 외압으로부터 조금씩 썩어들어가 나중에는 도저히 회생할 수 없을 만큼 망가지는 삶의 '과정'일 뿐이라는 사실 때문에 괴로워한다. 그러므로 한순간 모든

---

9) "나는 여전히 흥분이 식지 않아 간신히 견디고 있었다. 입 속에 뭔가를 가득 베어 물고 싶었다. 욕망 때문에 이빨로 그의 살을 찢고 싶었다. 뭔가로 내 몸을 가득 채우고 싶었다. 나는 그의 배 위에 등을 대고 천장을 향해 누우며 중얼거렸다. 난 지금 당신 살을 먹을 수도 있을 것 같아. 인육을 먹는 종족처럼 ——손가락들이 혀를 지나 목구멍까지 들어왔다. ——나는 손바닥과 손가락과 손톱과 손톱 밑을 빨았다"(『내 생에』, p. 224).

10) 그런 측면에서 본다면 섹슈얼리티의 문제가 경제 성장과 기술적인 통제에 골몰해 있는 문명의 안티테제라기보다는 바로 그러한 문명의 실패를 체현하고 있는 것이라는 지적은 음미해 볼 만하다. 앤소니 기든스, 같은 책, p. 296.

것을 일탈한 관능적인 사랑도 "내가 원한 건 이런 게 아니었어. 좀더 가벼워야 해. 경박함도 신파도 아닌 가벼움. 당신과 내 꼴을 봐요. 마치 19세기의 불륜"[11]이라고 느낄 수밖에 없는 것이다.

따라서 문제는 순수한 관계라는 것 자체가 모순에 가득 찬 관념 덩어리일 뿐이라는 사실을 알면서도 그에게 매달리는 '내' 자신에 있는 것이다. 그러므로 "당신은 가짜야, 시골 우체국장이나 하면서 허전해 보이는 여자들에게 엉터리 게임이나 거는 수상한 건달," 여기까지 오면 순수한 관계란 지극히 상호 파괴적인 가학 이상이 아님을 알 수 있다. 순수한 관계라는 것 자체가 인간이 신에게 부여받은 '선물'이나 자연이 준 '조건'이 아니다. 그것은 언젠가 깨질지도 모르는, 그러니까 상대에게 자신의 모든 것을 던지는 것에서 시작하여 상처나 파멸을 두려워하지 않는 환영 속에 있는 것이다. 그러므로 내가 사랑하는 사람이 누구든, 어떤 측면에서는 내 가족 구성원이 누가 되든 아무 상관이 없는 것이다. 어차피 순수한 관계란 불가능하며, 이를 믿고 거기에 빠져들지 않으면 견딜 수 없는 일상이 존재할 뿐이다. 순수한 관계에 잉여적인 것들이 존재하고 이것들이 항상 주위를 맴도는 이유가 바로 여기에 있다.

그러므로 전경린 소설의 섹슈얼리티는 세대를 반복하면서 존재하는 순수한 사랑에 대한 열망을 지향하는 매개체가 아니다. 그것은 다른 가족, 즉 불변하는 친족의 질서를 과감히 벗어나서 가족이라는 '친밀성의 영역을 재구성'하려는 욕망의 문제와 직결되는 것이다.

『난 유리로 만든 배를 타고 낯선 바다를 떠도네』[12]는 전경린이 섹슈얼리

---

11) 그 둘의 사랑은 남편의 감시와 주위의 눈총과 제도적으로 이미 판정나 있는 불륜이라는 사슬에 걸려 있을 뿐이다. 그러므로 "가정이란 아무리 인문화되어도 결국 연속성이라는 일종의 광기와 같은 비이성적인 번식 욕망의 지배를 받는 카오스야—언젠가, 기운이 빠지면 당신도 이 생을 받아들이게 될 거예요. 아니면 자살하든지—어쩌면 그렇게 보잘것없는 게 생이니까"(『내 생에』, p. 226)라고 말한다.
12) 전경린, 『난 유리로 만든 배를 타고 낯선 바다를 떠도네』, 생각의나무, 2001.

티 문제로 재구성되는 친밀성의 영역이 어떤 것인가의 실체를 구체적으로
보여주고 있는 소설이다. 이 소설의 주인공 '나'는 "생명이 가랑이를 벌리
고 삽입하던 순간을 기억한다. 〔……〕 나를 유린하고 나를 소화하고 나로
부터 뽑혀져 나가는 이 거대한 성기. 그리고 정적" 어쩌구 하는 시를 쓴 시
인, 문유경에게 빠져든다. 그리고 다른 한편 "무어라고 묘사하기 어려운 흐
릿한 얼굴과 내성적인 눈, 커다랗게 살찐 팔과 다리와 허리, 성기"를 가진
이진과도 관계를 갖는다.

그런데 재미있는 부분은 그녀가 오르가슴을 느끼고 황홀해하던 순간을
기억하면서 독백으로 되뇌는 장면에 있다. 그녀는 자신이 섹슈얼리티에 광
적으로 빠져든 순간, 즉 "내가 사랑하지 않는 몸이 나를 만질 때, 온갖 불행
한 일들이 떠올랐다. 나는 마음 깊이 내 인생에서 너무 일찍 사라진 아버지
를 원망하고, 감상적이고 허약한 엄마를 경멸하고 양부를 불길하게 생각하
고 양부의 아들을 질투하고 저주"했다. 바로 그런 "불행한 생각들이 오히려
내 몸을 타오르게 했던 것이다. 그 무렵 나와 내 몸 사이에 어떤 해리 현상
이 있었는지 모른다. 아니 그렇게도 급작스럽게 색정광적인 탐닉에 빠져들
었"으며 "나의 다리는 활짝 열렸고 때때로 그의 명령에 따라 등을 돌려 엎
드리거나 그의 위에 올라앉거나 엉덩이를 더 높이 치켜들었"다는 것이다.

낯선 이와의 섹스가 더 격정적일 수 있는 이유는 바로 불변의 사랑과 친
족 질서에 의존하지 않는 열정의 불연속성 때문이다. 이때 진정으로 문제가
되는 것은 순수한 관계인가 아닌가, 사회화라는 또 다른 통념으로 수렴되는
가 아닌가에 대한 질문이 아니라 그것이 진정한 상호 소통을 갈망하고 있는
가의 여부에 있는 것이다. 한순간의 열정적인 매혹이 진정 의미있는 이유는
바로 이 상호 소통적인 사랑을 맹목적으로 갈구할 수 있는 '몰입' 때문일 것
이다. 그 몰입은 여성인가 남성인가, 양부인가 친부인가, 부부인가 아닌가,
친아들인가 아닌가의 경계를 무화시키면서 친밀성이라는 불변의 질서 속에
서 유지되는 것이 아니라 순간순간 재구성될 수 있는 것일 뿐이라는 전언을

낳는다.[13] 그런데 이평재의 소설은 친밀성의 재구성이라는 것 자체가 '허구'적인 어떤 것에 지나지 않을 수 있다는 사실에 천착하고 있다는 측면에서 또 다른 면모를 보여준다.

4

　이평재의 소설 『마녀 물고기』[14]는 섹슈얼리티의 문제와 친밀성의 영역을 근본적으로 해부하고 있는 일종의 '감각'의 도상학이다. 『마녀 물고기』는 섹슈얼리티와 진정한 개인의 행복, '쾌락'의 문제를 미학적인 차원에서 묻고 있는 소설이다. 그것이 도상학적인 이유는 특히 '감각'적인 것 자체를 끝까지 견지하면서 '그럼에도 불구하고' 남아 있는 '잉여적인 억압'이 무엇인가를 구체적으로 따져 묻고 있기 때문이다. 이평재에게 있어서 그것은 성기적인 성(genital sexuality)의 억제를 충동적인 섹슈얼리티(drinen sexuality)로 바꾸는 것에서 시작한다. 예컨대 현실적인 좌절이나 타자로부터의 좌절 같은 것은 '자아'를 적대시하게 한다. 즉 '좌절'로부터 에고의 경직, 성격적인 방어기제가 생겨난다는 것이다. 그런데 섹스의 오르가슴은 이러한 에고

---

13) 그런데 친밀성의 재구성 문제가 섹슈얼리티의 문제나 사랑으로 행해지는 모든 행위에 실존적인 만족감을 줄 수 있을까에 대해서 오정희는 일찍이 회의적인 입장을 취한 바 있다. 「인어(人魚)」에서 오정희는 사회적인 규율 밖의, 제도 밖의 인간관계가 새로운 형태로 재구성된다고 해도 실존적인 공백을 메워줄 수 있는가 그렇지 못한가의 문제는 또 다른 것일지 모른다고 생각한다. 그러므로 「인어」의 '나'는 진정 사랑하는 예쁜 딸로 클 수 있다고 믿고 양녀를 들이지만, 즉 또 다른 의미에서 새로운 친밀성의 영역을 만들어가지만 도저히 소통할 수 없는 단절을 느끼며 괴로워한다. "욕조에 물이 차오르자 순영의 신발까지도 집어넣었다. 내 속의 그 무슨 힘이 나로 하여금 그런 행동을 하게 한 것인지도 모르면서 순영의 옷가지들이 흠뻑 젖어 잠기는 것을 보고야 마음이 가라앉았다"(오정희, 「人魚」, 『바람의 넋』, 문학과지성사, 1986, p. 66)는 고백은 사회적인 관념이나 통념이 주는 강박증, 또는 억압의 문제로만 환원할 수 없는 개개인이 처한 실존적 상황에서의 존재론적인 비애를 느끼게 해준다.
14) 이평재, 『마녀 물고기』, 문학동네, 2001.

의 경화(硬化)를 녹여버림으로써, 또는 깨뜨림으로써 자아의 경직성을 벗어나 해방에 이르게 한다. 그리고 이를 통해서 감각의 부활이 던지는 질문은 우리가 진정 빼앗기고 또는 박탈당하고 사는 것이 무엇인가에 대한 것이다. 이평재의 소설은 이를 단순히 제도적인 억압이나 윤리적인 억압의 탓으로 돌리지 않는다는 점에서 흥미롭다.

「마녀 물고기」는 이러한 과정을 무엇보다 잘 보여주고 있다. 주인공 '나'는 학회 세미나를 마친 후에 마신 몇 잔의 위스키 때문에 교통사고를 내고 부상자를 그대로 둔 채 도망을 친다. 그런데 재미있는 것은 교통사고를 낸 차가 다름 아닌 마녀 물고기, 해그피쉬를 싣고 가던 차였다는 것, 그리고 이를 목격한 이후 실체를 분명하게 알 수 없는 여자에게 걷잡을 수 없는 섹스 충동을 느끼며 부풀어오르는 성기를 주체하지 못해서 점점 미쳐간다는 것이다. 급기야는 같이 근무하는 간호사를 강간하는 사태에 이르게 된다. 정신병자 취급을 당하면서도 그는 '여자'만을 간절하게 생각한다. 자신조차 경멸해가는 상황. 그 강도가 강해질수록 그는 비 오는 날 찾아오는 여자와의 섹스에 집착하는 것이다. 명실공히 정신병자가 된 나의 독백은 "나는 어디로 사라졌는가"로 시작하여 결국 '나'는 섹스와 오르가슴을 통하여 자아의 경직성, 성격적인 방어기제에서는 벗어났지만 "껍질과 뼈만 남은 형상"으로 "내부가 텅 비어" 있는 통으로 끝난다.

이 소설은 도덕이나 윤리라는 것은 사회적인 차원에서 만들어져 강요되는 것이 아니라 오히려 각기 다른 방식으로 개개인의 실존 상황에서 재구성되는 것일지도 모른다는 생각을 갖게 한다. 심지어 그것은 본능을 규정하는 방식의 문제와도 직결되는 것이다. 이를테면 남자가 여자의 구멍 속으로 들어가고자 하는 욕망 자체도 "인간은 어중간한 존재이기에 마음속에 뻥 뚫린 구멍이 있다고? 그래서 그것을 메우기 위해 발버둥친다고? 음경을 질 속에 삽입하는 것은 그 상징이라고?"(「푸른고리문어와의 섹스」)하고 반문한다. 왜냐하면 그에게 섹스란 "암컷의 구멍을 들여다보며 맹렬하게 부풀어오르는 수컷의 본능"일 뿐이기 때문이다. "아무 생각도 할 수 없이" "성기에 몰려 있는 주체할 수 없는 기운"을 방사하고자 하는 것, 그것 말고는 아무것도 없는 것이다. 그것은 "난 사랑하지 않는 사람과는 절대로 섹스를 할 수 없는 여자야"라고 소리치는 상대방을 오히려 낯설고 거리가 먼 대상으로 느껴지게 하는 요인이 된다.

그러한 의식을 좀더 분명하게 해주는 것이 바로 섹스의 욕망만큼이나 격렬하게 느끼는 글쓰기의 욕망이다. 성애소설을 쓰고자 하는 자신의 마음속에는 '소설'과 '포르노'의 차이가 무엇일까에 대한 물음이 내재되어 있다. 그의 의식 속에는 근본적으로 사랑과 섹스를 나누어서 생각하는 기제 자체를 아무 의미가 없는 것으로 만들어가려는 빨판 달린 문어가 자리하고 있었던 것이다. 창녀와의 격렬한 섹스나 지고지순한 관계를 가정하면서 하는 섹스나 아무 차이가 없다는 사실, 그것을 깨달아가는 과정이 곧 글쓰기라는 것이다. 거기에 순수한 관계와 비순수한 관계, 창녀와 처녀, 인간적인 것과 비인간적인 것 사이의 경계는 존재하지 않는다. 작가는 섹슈얼리티와 사랑이라는 문제를 가지고 일상적으로 규정된 것들을 비일상적이고 낯선 것들로 만들어간다. 심지어 그것은 모성애가 모든 여자들에게 진정 본능일까에 대한 질문으로 구체화되기도 한다. 아이를 낳고 키우고자 하는 것이 여성이 감당해야 하는 모성애적인 본능인가 하는 것이다. 어머니란 아이를 낳는 존재가 아니라 아이를 낳을 수밖에 없는 존재라는 것이다. "어머니는 십여 년에 걸쳐 아이 다섯을 낳고, 기막히게도 일 년 만에 또 나를 낳을 수밖에 없었다"는 것이다.

그러므로 "중간에 어쩌다 잃어버린 생명까지 합친다면 어머니의 자궁벽에는 굳은살 같은 흠집이 열 군데도 넘을 터였다"(「마술에 걸린 방」)는 것이다. 아이를 많이 낳을 수밖에 없는 어머니의 인생이 낯설고 이상하게 느껴지듯이 "아이를 낙태시킨 것을 후회하고 있으면서도 그것을 감추기 위해 자신의 일에 대한 이야기를 열심히 쏟아내던 대학교수인 옆집 여자"가 이상해 보이지 않을 수 없는 것이다. 그런 그녀의 눈앞에 나타난 것은 갈라진 벽의 틈새로 보이는 너덜너덜해진 어머니의 자궁이다. 그녀는 잠시 정신착란인지 뭔지 분명하지는 않지만 자궁 속의 태아로 다시 들어가는 경험을 하게 된다. 그 속에서 그녀가 느낀 것은 어머니가 아이를 원하지 않았다는 사실만큼 자신 또한 전혀 태어나고 싶지 않은 존재였을 뿐이라는 사실이다.

5

개개인을 이어주는 순수한 관계란 헌신을 요구할 수밖에 없는 모순을 내포하고 있다. 그것이 열렬하게 사랑하는 사이에서건, 또는 새로운 관계를 약속하면서 '연인'이라는 이름으로 묶인 사이에서건 간에 어김없이 찾아오는 갈등이다. 그런데 문제는 그 갈등을 어떤 식의 존재 양태로 바꿀 수 있는가에 있다. 수동적인 상태로 관계에서 오는 좌절을 자기 폐쇄적인 회로로 치환하는가 아니면 새로운 친밀성의 영역으로 재구성할 수 있는가의 문제는 거기에 달려 있는 것이다. 섹슈얼리티의 문제로 개개인 사이를 규정하고 있는 친밀성의 문제를 다시 되짚어보는 것의 의미가 있다면 바로 이 때문인 것이다.

열정이 매혹이 될 수 있는 것은 상호 소통적인 사랑으로 전환될 때이다. 그러나 그것이 어느 정도의 가능성을 담고 있을까. 이를 위한 제도나 문명적인 기제들을 만들어 이성적인 규율로 통제한다고 해서 가능한 일일까. 순수한 관계나 섹슈얼리티에 대한 문제는 어쩌면 무엇이 '자기 폐쇄적인 파멸'에 이르게 하는가에 대한 질문에서부터 다시 시작되어야 할지도 모른다.

'상징'으로부터의 일탈을 꿈꾸는 소설의 이피퍼니
——서하진, 전경린

1. '눈물'에 관한 짧은 단상

오래 전 독일에서의 일이다. 유학생 중 누군가가 『슈피겔』에 한국에서 상영 중인 「편지」에 관련한 기사가 실렸는데 그 요지인즉, 한국 사람들은 IMF 시기, 엄청나게 쏟아지는 실업, 혼란스러운 정치, 누가 봐도 심각하고 거의 회생 기미가 보이지 않는 사태를 눈앞에 두고 있으면서도 「편지」 같은 낭만적이고 퇴폐적인 영화에 엄청난 관객이 모인다는 비판적인 내용이라 한 적이 있다. 특히 여성들이 영화관을 나오면서 눈물을 흘리는 모습은 한많은 한국 여성들의 전형적인 모습을 보는 것 같다는 것이다.

나는 이 기사가 한국의 현실과 관련하여 「편지」라는 영화에 관객들이 모이는 현상을 비판했다는 측면에서는 이해가 가면서도, 한편으로는 그 단순하고 권력적인 담론에 대한 격분을 감출 수 없었다. 그 당시 독일에서는 「타이타닉」이란 영화가 엄청난 관객을 동원하여 흥행에 성공하고 있었고 그 관객의 대부분인 독일 여성은 영화관 안에서 엉엉 소리내어 울기까지 했다고 한다. 물론 영화를 보고 눈물을 흘린 데는 다른 컨텍스트들이 작용한다. 그러니까 「편지」처럼 단순한 스토리에 다소 극단적이고 유치한 상황 설정의 영화와 근대가 보여준 속도전의 희생양으로, 자본주의의 거대한 미망 속에서 인간들의 부글거리는 욕망의 접전 지대에서 신분이 다른 남녀의

지순한 사랑 얘기를 다룬 테마와는 영화의 출발점부터가 달랐던 것이 사실
이다.

그럼에도 영화관을 나오면서 울었던 독일 여성들과의 인터뷰 내용은 거
대한 권력과 근대적 속도전에 희생당한 인간의 연민을 말하기보다는 디카
프리오, 한 여인을 구하기 위하여 빙하의 파편들이 떠다니는 바닷물 속에서
얼어 죽어가는 남자와 그의 지고지순한 사랑 때문에 울지 않을 수 없었다는
사람들이 대부분이었다. 로맨틱한 사랑 이야기에 매료되어 눈물을 흘린 건
「편지」를 보며 울었던 한국 여성이나 「타이타닉」을 보며 울었던 독일 여성
이나 마찬가지였다는 것이다. 언제부터 눈물이 한국 여성, 동양 여성들의
감상적이고 퇴폐적인 사고를 대변하는 물질적인 것이 되었는지 모르겠다.
한국 여성들이 흘린 눈물은 태곳적부터 전수받은 신비스럽고 비합리적인
낭만성 이외에 그 어떤 것도 아니라는 것인가. 그 글은 다분히 한국(동양)
여성에 대한 권력적이고 이데올로기적인 편견을 내포하고 있는 것이다.

그렇게 따지면 당시 통독 이후 심각한 사회적·역사적 혼란과 엄청난 실
업률과 정치적인 문제로 연일 시위가 계속되고 있었던 상황에서 「타이타
닉」을 보고 유럽 여성들이 흘린 눈물은 합리적이고 이성적이란 말인가. 언
제부터 합리적이고 이성적이란 이름 하에 '눈물'까지 규제하는 상황이 되어
버렸는가. 지독한 오리엔탈리즘의 전형들.

이제 어떤 점에서 보면 구체적인 일상에서 경험하고 있는 우연적인 것들
도 은밀한 배후의 구조, 또는 하위 텍스트에 의해서 규제되고 있는 것이다.
이제 경험도 조작된 산물이다. 현실은 육안으로 보이지 않는 좀더 깊은 논
리, 그 논리가 가져다주는 엄청나게 폭력적인 권력에 의해서 움직인다. 사
실 합리성이란 이른바 현대 사회의 상상물로서 하나의 껍데기 같은 형식이
며 그 자체가 수단인 사이비 합리성(pseudo-rationalitie)일 뿐이다. 보이지
않는 불평등 구조 속에서 발견되는 갈등의 잠재성과 상징적 전략은 권력의
합리화를 미시 분석을 통해 명시화하며 제도의 상징적인 근원이 무엇인가

하는 문제에 천착해 들어간다. 상징이란 그 사회학적 뿌리를 고려하지 않고
서는 설명될 수 없으며 일상생활에서 부단히 이루어지는 상징적 생산 또한
사회 구조적 테두리를 벗어나서는 큰 의미를 갖기 힘들다. 사회적 구속력을
지닌 제도와 자율적 주체 사이의 경우 역시 상징적 긴장이나 갈등이 존재하
게 된다. 일상생활에서 마주치게 되는 무수한 상징의 작용은 '상징적 갈등'
과 '상상의 일탈' 사이에서 일어나는 것이다. 상상은 비현실이 아니라 현실
과 비현실이 분별되지 않는 곳에 있다. 이 두 항은 서로의 핵을 끊임없이 주
고받으면서 자기 증식을 꿈꾼다.

2. '회상'과 '향수,' 그리고 그림자 깨닫기

　실로 미학이란 예술이 실질적으로 사멸하는 순간에 정치적인 힘으로 등
장하여 예술의 사회적 적합성을 상실한, 바로 그 시체 위에서 번성한다. 문
학이 어쩔 수 없이 문화의 주변으로 물러났다고 말할 수 있을지 모르지만
미적인 것의 이피퍼니는 영원히 은밀한 전복과 소리없는 저항으로 부르주
아적 근대성에 대한 철저한 부정을 담지하면서 끈질기게 살아남을 것이다.
그것이 주변화된 예술(문학)이 갖는 힘이다.
　서하진과 전경린의 소설은 근대적 담론의 쌍생아인 소설과 장르로서 소
설에 대한 자의식에서 시작하여 부르주아 근대성이 낳은 왜곡된 '관계'의
문제까지 천착해 들어간다. 이것이 삶의 혼효(混淆)스러움과 인식 체계의
이질성, 개체 안에서 터져나오는 들끓는 소음, 광기, 원시성에 대한 그리움,
유기체적 사회에 대한 향수를 통해서 구체화되는 것이다. 이는 남성적 정체
성의 목표, 즉 안정과 불변성을 근간으로 하는 것과는 대조적인 것으로 여
성적 정체성이 얼마나 관계적(reactional)이며 발전적이고 순환적인 것인가,
그리고 그 개인적이고 치밀한 자기 진술이 감추어진 자아를 어떻게 드러내

는가를 정치하게 보여주는 것과 통한다.

　서하진의 「탑선리」는 『사랑하는 방식은 다 다르다』에 실린 소설 중에서 완성도가 상당히 높은 소설이다. 전통적인 소설의 서사 전개와 구성의 치밀성은 단편소설이 보여줄 수 있는 미학의 정점을 이룬다. 어느 날 탑선리 안골댁 집에 조용히 찾아온 낯선 여인, 점점 불러오는 그 여자의 배, 그 여자가 낳은 사내아이의 이미지는 북으로 넘어간 남편인 줄 알고 품에 안았던 낯선 남자의 아이, 그 아이를 키우기 위해서 미군 부대에서 흘러나온 옷감을 몸에 걸치고 팔아야 했던 안골댁의 모진 세월과 교직으로 짜인다. 자신의 고통에 갇혀 살아야 했던 안골댁은 어느 날 아비도 없이 아이를 낳아야 했던 여인의 조용한 방문으로 자신의 삶의 의미를 재구성해나간다. 마을 사람들이 낯선 여인에게 보내는 시선이 따뜻해지면 질수록 안골댁과 낯선 여인, 마을 사람들의 공동체 의식은 점점 커져간다. 작가는 안골댁의 과거가 문득 생각난 듯이 자연스럽게 과거의 시공간 속에서 벌어진 일들을 나직한 음성으로 들려주지만, 사실 안골댁의 과거사는 이 마을에 찾아온 여인의 삶과 매순간 극적으로 오버랩된다. 안골댁의 자기 진술은 사실 여미고 살아온 세월 속에 감추어진 자신을 조금씩 드러내는 것이며 감추어진 자신의 그림자를 낯선 여인을 통해서 확인하고 있는 것이다. 바로 그림자 깨닫기(realization of the shadow)는 과거 일부였던 감추어진 나의 모습과 지금의 내가 다시 오버랩되는 방식으로 나타나는 것이다. 이제 아이는 무럭무럭 자라고 그 여자는 도회지의 어느 숨 막히는 갇힌 공기 속에서 살던 사람이 아니라 "그들 모두가 잊었던 어느 곳, 혹은 그들이 늘 생각하고 있던 어느 시간으로부터 온 사람"이 된 것이다.

　"한때는 좀더 찬란한 무엇이 되어 시간보다 더 빨리 가기를 [……] 날개라도 돋친 것처럼 훨훨 나는 자유로운 존재가 되기를" 바라면서 살아왔지만 결국 자기 안에 키우고 있었던 것이 젖은 숲에서 비 맞는 것을 두려워하는 가여운 영혼을 지닌 한 마리 염소였다는 사실을 깨닫는 순간, "메마른

가시덤불처럼, 바닥이 갈라진 우물처럼, 추운 날 차디찬 비석처럼" 삶의 의미가 다가오는 순간, 당신은 무엇을 하는가. 빛바랜 앨범을 뒤적이며 시간 속에 묻혀 있는 당신의 꿈들을 꺼내 따뜻한 햇빛에 말리며 다시 살아가야 하는 날들을 셈하는가.

전경린의 「염소를 모는 여자」는 어느 날 검은 우산을 쓴 남자에게서 부탁받은 염소 키우는 일을 떠안게 된 여자의 에피소드로 이루어져 있다. 그 염소를 키우면서 깨닫게 되는 것들은 완전한 타인이 되어버린 남편과 일상의 허무함, 결혼이 가져다준 돌이킬 수 없는 절망감 같은 것들이다. 누구나 자신의 마음속에 도회지의 그늘에서 서서히 말라가는 염소를 키우고 있으면서도 타인의 마음속에서 말라가는 염소를 보지 못하고 찢겨진 우산을 받고 떨면서 거리를 배회하게 한다는 것이다.

그러던 어느 날 문득 내 옆의 남자 안에서 비에 젖어 웅크리고 있는 염소를 보는 순간 내가 선택할 수 있는 일이란 무엇일까. 놓아주는 일, 남편의 여자와의 문제에서 또는 진부한 결혼 생활의 틈바구니에서 자유롭게 해주는 일이다. 그리고 내 앞에 "있는 것과 없는 것 사이의 심연 속에 현실보다, 현실의 현실보다 더 강한 구름다리"가 있다는 것을. 자신의 숲을 향해 가는 구름처럼 가벼운 구름의 다리가 있다는 것을 깨닫는 것이다. 그 구름다리는 심연에 걸쳐 있을 뿐 건너가면 무엇이 있을지 어떤 형태의 삶이 기다리고 있을지 모르는 무정형의 희망일 뿐이다. 전경린은 "안전 속에 제 운명을 의탁해온 사람들에게 제 빛깔을 찬란히 드리우며 두려움 없이 파탄을 향해 치닫기"(「봄 피안」)를 염원하는, 불행의 매혹을 역설(力說)하는 메시지를 전하고 있다. 철저하게 불행해지기, 자신의 주변성을 인식하기, 역설적이게도 그것이 창백한 삶에 실핏줄을 만드는 것이다.

3. 코라의 블랙홀을 채우는 두 가지 방식

유토피아적 비전을 가장 민감하게 받아들이는 이들은 주변화된 타자들이다. 그 주변화된 타자에게서 보이는 유년기 나르시시즘은 현재의 자기, 그렇게 되고자 하는 자신의 모습에 대한 인식을 통하여 현실 인식을 철저하게 내면화한다. 이때 문제가 되는 것은 주변화된 타자로서의 코라(chora)를 인식하는 방식, 이를 통해 주체를 형성해가는 과정이다. 유아가 기호 체계에 들어가기 전에 경험하는 공간의 미분화된 상태를 코라라고 한다면 서하진과 전경린은 원시적인 것에 대한 그리움과 광기로 코라의 블랙홀을 채운다.

서하진의 「타인의 시간」은 범박하게 말하면 과거의 남자 때문에 지금의 남편과 갈등을 빚고 있는 나(아내)의 이야기다. 같은 시간 속에서 살아가지만 언제나 타인인 남편은 나에게 더 이상의 어떤 의미가 없다. 시간은 흐르지만 나와 나의 남편은 정지된 시간 속에서 서로를 서서히 죽여가고 있는 것이다. 불신, 불신이 잉태한 업보는 "자신이 견디는 동안 견뎌내지 못한 나를 받아들이지 않는" 남편으로 인하여 더욱 증식하고, 결국 나는 나의 노란 방을 떠날 결심을 하게 된다.

서하진의 물음은 타인의 침묵으로 멈추어버린 시간 저편에 지금 여기 있는 '나' 아닌 진정 다른 '나'가 있을지도 모른다는 조심스러운 질문으로 이어진다. 그것은 단지 과거 어느 시간대에 붙박여 있을지도 모르는 자신의 환영을 찾아 현재의 정리하지 못한 또 다른 시간의 파편을 찾아 떠나야 한다는 정언의 이야기가 아니다. 이는 내가 살아온 풀리지 않는, 흐르지 않는 시간의 정체된 응결점을 한순간이라도 실체감을 갖고 느껴보고자 하는 욕망에 관한 이야기로 심화된다. 그때 서하진이 '나'를 구원하는 방식으로 선택한 것은 무엇일까. 바로 잿빛의 길로 다시 나를 옮겨놓는 것이었다. 연한 새순 사이로 눈송이 같은 아몬드 꽃이 피어나는 봄, 푸르다 못해 검게 보이는 잎들이 찬란한 태양빛에 반짝이는 여름에도 잿빛으로 남아 있는 시간대, 카오스의 시간대로 다시 나를 옮겨놓는 길이다. 그곳은 "새도 나비도 날지 않는 길 위에 태고 적부터 찍혀 있던 길"이다. 그 원시적인 무정형의 공간에서 다시 자신의 정체성에 대해 묻는 것이다.

「깊은 물 속」은 '타인의 시간'의 연장이다. 같은 공간 속에서 서로 다른 시간대를 살고 있는 사람들, 그 스산한 뒷모습이 깊은 물 속의 자맥질로 형상화되어 있다. 타인의 시간이 더 깊어져 이제 나는 이름도 잃었다("내 이름은 나의 육체를 떠났다. 나는 제인이고 미세스 리였다"). 나는 과거 사랑이라고 믿었던 민영으로부터, 그리고 지금은 내 이름까지 빼앗고 낯선 타국에서 살게 한 남편으로부터 내 시간을 도난당한 것이다. 시간을 도난당한 내가 할 수 있는 일이란 '말'을 잃고 '글'을 쓰는 것. '말'이란 논리적이고 이성적인 판단에 의해서 흘러나오는 것이다. 그러나 나의 말은 사람들의 눈을 둥그렇게 뜨게 만들거나 한마디를 더 보탤 때마다 입이 돌아가게 한다. 일상적인 커뮤니티의 체계에서 나의 언어는 멀리 떨어져 있는 것이다. 서하진의 글쓰기는 이 자각에서 시작된다. 그 글쓰기가 희구하는 것은 긴 어둠과 안개가 스며드는 공간, 잃어버린 시간의 틈 사이에서 배어나오는 신음 같은 것에 있다. 사람 사이의 어둠, 혼효, 무정형의 어떤 것들 사이. 거기에서부터 진정한 '관계'의 문제가 시작된다는 것이다. 언어 이전의 문제들, 서하진 소설에 나타나는 벙어리의 이미지는 바로 이것과 통한다.

전경린의 「거울이 거울을 볼 때」는 "생명이 광기를 부려대는 시간" "신적인 시간이며 동시에 야만적인 시간. 고래이며 소이며 하마인, 모든 것이 분화되기 이전의 시간. 요컨대, 거울의 존재를 모르는 시간"에서부터 "세계의 표면" "거울의 감옥"을 지나는 다시 고래이며 소이며 하마인 시간으로 되돌아가는 긴 여정을 그린 소설이다. 거울 단계 이전의 상태로 돌아가고 싶은 욕망. 바로 이 소설의 얼개는 "아름다움과 추악함을 넘어서 자웅동체처럼, 배와 등처럼, 다리와 발처럼, 팔과 손처럼, 손과 손가락처럼, 피와 살처럼,

그렇게 야만적으로 교접하고 싶다"는 전언에 의해서 짜여지는 것이다. "태고 적에 고래이면서 소이면서 하마인 동물"을 꿈꾸는 것이다. 전경린이 꿈꾸는 이 동물은 모든 것이 분화되기 이전, 법의 이름이 미치지 못한 거울 이전 단계에 대한 그리움과 원망(怨望)의 상징이다. 자기 검열을 거치지 않았으며 진실이면서 거짓이고 거짓이면서 동시에 진실일 수 있는 열려진 가능성의 공간에 대한 희원과 통한다. 그 공간에 이르는 길은 위로의 상승을 통한 것이라기보다는 땅으로의 추락을 통해, 산산이 부서지는 거울의 파편들을 응시하는 것에서부터 시작되는 것이다.

4. 괴기함(uncanny), 환상 그리고 죽음

죽음의 본능은 자본주의가 낳은 극단적인 욕구불만의 결과로 생겨난 산물이기도 하다. 개인의 삶이 자신의 의지와 관심 밖에 있는 힘들에 의해서 규정된다고 생각될 때, 사회적 운동 법칙에 속하는 어떤 객관적인 요소들 내지는 현 사회를 유지하고 고수하기 위해서 창출된 법칙, 사회 제도들이 개인에게 부가하는 막강한 힘 앞에서 개인의 무력감이 극대화될 때 생기는 것이다. 그 무력감은 자신의 환상과 꿈까지도 검열하게 한다.

서하진의 「홍길동」의 나는 직장을 다니는 40대의 남자다. 사무실과 크고 작은 회의들과 방송이라는 허황된 일을 하면서 하루하루를 보내는 나는 사랑한다고 믿었던 영주의 배반으로 죽음을 꿈꾸는 폐인이 되고 만다. "존재의 소멸을 꿈꾸는 죽음, 티끌로도 남지 않는 영원한 소멸"을 꿈꾸는 것이다. 죽음에 대한 열망은 계속 영주라는 상실의 대상 주변을 맴돌면서 가중된다. 그 고통의 시간 속에서 깨닫게 되는 것은 내 안에 숨어 있는 또 다른 나였던 것이다. 내 안의 타자, 그 타자는 내가 사라질 수 없는 이유를, 존재해야 하는 이유를 말해준다.

이렇게 죽음의 본능은 악마적이다. 욕망이 없는 평화로운 상태로 돌아가고 싶은 유기체의 소망은 죽음의 본능을 낳고 이 본능은 파괴를 추구하며 성적 본능과 결합해서 또는 생의 본능과 결합해서 가학적이거나 피학적인 공격성으로 자기 증식하는 것이다. 죽음의 본능은 생의 본능과 연결되어 작용하기 때문에 상실한 것들에 대한 미련을 쉽게 버리지 못하게 하는 동인이 되는 것이다. 이 부분이 '환상'으로 치환되는 것이다. 이때의 환상은 죽음을 가속화하는 두려운 어떤 것이면서 나에게 다른 생에 다가서게 하는 또 다른 시작의 문이 되는 것이다.

「사랑하는 방식은 다 다르다」에서 다루고 있는 환상의 문제는 남편이 아닌 다른 남자와의 연애, 유혹의 문제다. 남편을 기다리는 동안 나에게 다가온 김창남은 남편이 해주었으면 하는 모든 것을 해준다. 그때 나는 "이 아슬아슬함이 영원히 이어졌으면 〔……〕 저 꿈속 같은 피아노 소리를 계단 삼아 한 발, 한 발 끝없이 올라갔으면 〔……〕 이 계단이 영원히 이어졌으면, 제발 그랬으면 하면서도 한순간 깨어나면 그뿐인 꿈이기를" 바란다. 꿈에서 깨어나면 자신이 한 마리 염소가 되어 있을지도 모른다는 환상에 그녀는 몸을 떤다. 사실 그 환상의 정점에서 나는 초라하게 죽을 수도 있지만, 또 다른 한편 이에 의해서 다른 생을 살 수도 있다. 그것이 진정 가능한 곳은 죽음에 대한 본능적인 유혹과 환상이 걸쳐 있는 경계선이다. 기괴한 것들이 벌이는 환상의 축제.

전경린에게 있어서 죽음은 괴기함의 이미지와 맞물려 있다. 「환과 멸」은 셀룰로이드 책받침에 남겨진 글쓰기의 흔적처럼 정확히 무엇이라 명명할 수 없지만 환과 멸 사이에 존재하는 인간의 한 측면을 예리하게 포착하고 있다. 죽음과 광기, 괴기스러움으로 드러나지 않는 일상에 삶의 논리가 선명한 이미지로 우리에게 다가온다. 전경린 특유의 서사적 이미지는 바로 이 환과 멸 사이의 미세한 떨림에서 비롯되는 것이다.

「환과 멸」의 진과 미는 쌍둥이로 태어나지만 진은 여자아이이면서도 남자아이처럼 자란다. 아들을 원했던 그녀의 아버지는 진을 남자아이처럼 키우기로 했던 것이다. 그러면서 유난히 진을 구박했다. 그런 상황에서도 진은 어머니와 미를 사랑하고 끝까지 지켜주려고 한다. 언제나 그렇듯이 이 세상에 아름답게 존재해야 할 대상은 철저하게 불행해지고 급기야 차에 뛰어들어 목숨을 끊게 된다. 일상생활에 주변인이었던 진과 송의 죽음은 나에게 괴기스러운 꿈에 시달리게 한다. 사라졌다고 생각했던 사람들은 사라지지 않은 채 다시 나타난다. 괴기스러운 모습으로 더 선명하게("내 손에는 감자 껍질을 벗기던 커다란 부엌칼이 쥐어져 있습니다. …지난 밤 그네 아래서 잠자다 밤 사이에 죽은 사내입니다. 그는 돌을 들고 나를 뒤좇았던 남자이며, 머리카락이 긴 소녀의 머리를 돌로 부숴뜨린 남자이며, 칼을 높이 들어 생선을 토막내던 남자입니다"). 사라졌지만 현존하는 사람들 때문에 시간은 당연히 흐르지 않는다. 그리고 묻는다. "환(幻)에 불과한 이 삶에서 한 존재가 정말로 사라졌다는 것을 받아들이기는 영영 불가능한 것이 아닐까." 세상을 환으로 인식함으로써 전경린은 모든 실체에 대해서 의심해보라고 권고하는지도 모른다. 그리고 우리가 무관심했던 존재들이 사라졌다고 해도 그 멸속에 잉태한 환의 그림자가 다시 그 실체를 우리 앞에 게워놓을지도 모른다는 것이다. 앞과 뒤도 없고, 무도 유도 없고, 정형도 무정형도 아닌 그 아슬아슬한 경계선에서 주체는 어떤 정점을 향해 부유하는 것이다. 괴기스러운 모습으로.

5. 마무리

이처럼 전경린과 서하진 소설에서 문제삼고 있는 것은 자신의 욕구와 경험에서 출발한 내적 행동 원리를 기반으로 하여 최선의 준거를 그 자신에게서 찾는 주체, 주체로서의 나(je)이다. 이때의 나란 세상 밖의 원칙, 사회적 질서, 법, 고착된 이데올로기에 대한 대립적인 산물로서 스스로의 경험을 확장시키면서 모든 환상과 모든 형태의 자기도취적 나르시시즘을 극복하고 자신의 행동과 자유에 대한 새로운 가능성을 모색하는 주체를 의미하는 것이다. 사회적인 이데올로기에 의해서 구성되지 않은 채 남아 있는 나. 이는 자기 안에 감추어진 광기, 환상, 꿈을 현실 속에서 재현하고자 하는 욕망과 맞물려 있다. 서하진과 전경린 소설에 나타나는 분열적 현상들은 육체적 폐허를 새로운 경험과 낡은 경험에 충격적으로 결합시키면서 이루어지는 것이다. 그 결합의 과정에서 전유와 전복을 꿈꾸는 것은 당연한 것이 아닐까.

스펀지와 타월의 언어로 시 쓰기
―김혜순, 허수경

1. 더럽고 오염된 것을 닦는 두 가지 방식

더러운 것과 더럽혀진 것과의 차이는 무엇일까. 간단한 듯이 보이지만 이를 '시간'이란 변수로 환원해보면 답변을 내리기가 쉽지만은 않은 것을 알 수 있다. 왜냐하면 더러운 것과 더럽혀진 것 사이의 차이는 시간과 함께 변질되어가는 다양한 '그 무엇'에 의한 것이기 때문이다. 이때 '그 무엇'을 묻는 것은 의미의 파장보다는 그 '흐름'의 과정에 대한 것이며 나아가서 그 흐름을 통해서 말하고자 하는 시인의 무의식적 언어 인식에 대한 질문으로 이어진다.

오염된 것, 더럽혀진 것의 의미는 천천히 젖어가는 것의 이미지를 그대로 닮아 있다. 수건, 타월이나 스펀지같이 오염된 것을 깨끗하게 닦으면서 스스로 젖고 더럽혀지는 것의 이미지를 떠올려보라. 더 이상 더러움을 닦을 수 없을 만큼 더러워진 순간, 신선한 물에 헹구어져 깨끗해지고 싶은 욕망이 서서히 일어난다. 그것은 언어가 그리워하는, 아니 돌아가고 싶어하는 의미의 투명성을 향한 몸부림과도 닮았으며 타락한 자본의 오염을 벗겨내고 싶은 현실적인 욕망과도 통하는 바가 있다. 이 욕망의 마디와 다시 깨끗해질 수 없을지도 모른다는 절망의 매듭 사이에서 시 쓰기의 지난한 길이 시작되는 것이다.

특히 시는 더럽혀지고 깨끗하게 씻기는 행위를 반복하는, 다시 말하면 닦고 지우기를 반복하는 은유적 글쓰기의 정점에 닿아 있다.[1] 시인은 스스로 더럽혀지고 다시 깨끗해지기를 거듭하는 그 반복의 운명으로 타고난 것이다. 그 반복은 자신에게 고유한 것이자 언제나 특이한 사물, 다시 말해 타자에게 고유한 것이며 또한 진흙투성이가 되어 더럽혀지거나 구역질이 나고 혐오스럽게 되지 않기 위한 깨끗함의 이면일 뿐이기도 하다. 더러운 것을 몸으로 닦으며 깨끗해지는 것, 그 이타적인 구조 속에 자신을 빠뜨리고 건져올리면서 스스로 뒤집고 분열시키기를 반복하는 것이 삶의 일상성일 것이다. 이렇게 더럽혀지면서 동시에 깨끗해지고, 깨끗해지면서 동시에 오염되기를 반복하는 시의 운명을 김혜순과 허수경의 시는 잘 보여주고 있다.[2]

자신의 더러워진 내면의 구석구석에 대한 정화를 갈망하는 욕망이 시처럼 정확하게 드러나는 것이 또 있을까. 애써 피하고 싶은 음화를 마주 들여다보는 운명. 그것은 아마도 대립과 비대립 사이, 안과 밖 사이, 구체적으로는 자본과 비자본 사이, 사랑과 비사랑 사이, 아가씨와 창녀 사이, ——그 사이를 오가는 시의 운명에 달려 있을 것이다. 김혜순과 허수경의 시는 그 '사이'의 운명을 어떻게 견디고 있을까.

---

1) 데리다는 시인이란 더러운 것 앞에서 숨지 않고, 더러운 것을 가지고, 더러운 것에 대항하며, 더러운 것 위에서, 더러운 것에 대해서 글을 쓴다고 하면서 더러운 것 자체가 시의 질료라고 한 바 있다. 더럽혀진 천과 스펀지를 원래의 깨끗한 상태, 그 고유성으로 돌려놓고 싶은 것이 시인의 욕망이며, 사물이 사물일 수 있고 언어가 언어일 수 있는 상태로 돌아가기가 텍스트의 욕망인 것이다. 글쓰기에는 세탁물이나 신선한 것에 집착하여 생기는 깨끗한 것에 대한 욕망이 항상 내재되어 있다. 자크 데리다, 허정아 옮김, 『시네퐁주』, 민음사, 1998, pp. 44~51.
2) 여기에서 분석의 대상이 된 시집은 김혜순의 『우리들의 음화』(문학과지성사, 1990), 『어느 별의 지옥』(문학동네, 1997), 『불쌍한 사랑 기계』(문학과지성사, 1997)와 허수경의 『혼자 가는 먼 집』(문학과지성사, 1992), 『내 영혼은 오래되었으나』(창작과비평사, 2001)이다.

2. 스펀지 위에 시를 쓰는 불쌍한 기계

깨끗하든 그렇지 않든, 모든 것을 삼키고 흡수하여 이를 내면화하는 스펀지는 훔치고 닦고 지우면서 더럽고 오염된 것들을 빨아들인다. 그것은 지우고 지우는 메두사의 얼굴, 다시 말하면 쉽게 자신의 형태를 버리고 원래 자신의 상태로 돌아오는 반복성의 특징을 지녔다. 뿐만 아니라 이는 깨끗한 것만큼이나 비-깨끗한 비결정성의 물체를 함께 훔쳐낼 수도 있는 스펀지의 내성과 닮아 있기도 하다. 그 매력이 발휘되는 결정의 지점은 잔뜩 무거워지면 액체를 버리고 가볍게 되기, 절대로 어떤 순간에도 자신을 억압의 상태에 두지 못하는 것, 스스로를 해방시킬 줄 아는 주체의 은유적인 표상에 있다.

이러한 스펀지로 시 쓰기, 김혜순에게 있어서 시의 언어와 그 언어적 대상은 스펀지의 그것과 닮아 있다. 시인이 그 스펀지로 빨아들이는 것은 말 그대로 "들들들들"이다. 풍경의 복수를 의미하는 "들"은 "밤마다 아파트 밖으로/쏟아지는/침묵을 깨는 사람"도 모두 침묵 속에 "잠겨가는 사람 들들들들"(「들들들들」)로 구체화된다. 침묵하는 사람과 침묵을 깨려는 사람이 모두 '침묵'이라는 단어로 흡수되면서 침묵의 복수성을 증가시킨다. 그렇게 증폭된 침묵은 도심이 갖고 있는 무관심, 또는 익명성이라는 의미망 속으로 스며든다. 들, 들, 들을 닦고 훔쳐낸 시인의 스펀지 위에는 자신이 닦아온 침묵의 오물 덩어리만이 남게 되는 것이다. 그 덩어리의 실체가 바로 폭력이다.

김혜순의 시에서 육체에 가해지는 폭력을 구부리는 '주름'을 만드는 데 결정적인 역할을 하는 것은 '시선'이다. 시선은 무수히 많은 주름을 만들면서 밖에서 인위적으로 '보여지는 것'들을 빨아들인다. 시인 자신이 '보는 것'과는 달리 '보여지는 것'의 폭력적인 가학성을 밀어내지 않고 빨아들임으로써 그 자체를 무기력한 미물로 전락시킨다. 김혜순 시의 더럽혀진 육체는 그 더러움을 뱉어내지 않고 오히려 빨아들임으로써 더욱더 고유한 어떤 것이 되어간다는 것이다.

「중앙박물관 길」은 시선을 주름지게 하고 구부리면서 인위적으로 부여된 것들을 거부한다. 그러나 이것이 단순한 '거부'라고 느껴지지 않는 이유는 평평한 시선을 구부리는 '장난'에 있다. 예컨대 「중앙 박물관의 길」은 언뜻 보면 딸을 잃어버리고 찾아 헤매는 어미의 다급한 심정이 빠른 시선의 흐름 속에서 묘사되고 있는 듯 보이지만 사실은 그 시선이 전환되는 마디에서 부 딪치는 사물이 어떻게 그 시선을 방해하는가가 더 중요한 묘사의 대상이 된 다. 그러므로 이 시에는 나의 시선과 사물이 바라보는 시선 두 개가 비스듬 한 균형을 유지하면서 동시에 공존하고 있는 셈이다. 그리고 그 공존이 가 능한 이유는 규칙과 비규칙, 일상과 비일상, 순서와 비순서의 역동적인 것 의 엇-짜임 때문이다. 시인의 시선은 그 사이에 걸쳐 있는 무수한 감정의 기복과 변화를 자연스럽게 빨아들인다. 그 사이를 힘겹게 헤집고 다닐 수밖 에 없는 이유는 바로 잃어버린 딸을 찾는다는 긴급한 상황이 덧씌워져 있기 때문이다.

이조시대관에서 아이를 잃어버린 걸 알았다.

나는 왕의 밥그릇, 술잔, 수저를 잊혀진 후궁처럼 바라보다 말고 백자 연 적의 연꽃잎들을 주르르 흘리며 고려시대관으로 달려간다.

나는 비취빛 화병 사이로 뛴다.

〔……〕

그대는 칠레로.

아니면 남의 나라 사람들이 남의 나라 사람들에게 남작 백작 공작 자작 깃 털을 하사하며 정오엔 깃을 펴라 뽐내어라 연극하던 방일까

그곳에서 코카콜라를 판다.

나는 누군가와 부딪치면서 콜라 세례를 받는다.

흰 치마에 콜라가 썩은 피처럼 번진다.

징징거리면서 계단을 내려간다. 다시 올라온다. 시각의 미로 같다.

그러다 어느 방에 갑자기 고꾸라지듯이 들어선다.

—「중앙박물관 길」

시선에 의해서 포착되고 다시 내뱉어지기를 반복하면서 시인이 말하고자 하는 것은 실제로는 시각상의 미로가 아니다. 오히려 시인은 역사적인 순서 대로 진열되어 있는 전시품들 사이에 존재하는 시간의 연쇄고리를 끊고 시 간의 흔적을 혼탁하게 만들면서 뛰어다니는 자신의 몸에 대해서 이야기한 다. 웅장하고 어마어마한 역사의 유물들은 내가 지금 긴급하게 찾고 있는 것을 찾아가는 길에 방해물로 작용한다. 딸을 찾고자 하는 마음에 투영된 것들만이 몸통 속으로 빨려들어가고 이리 가라 저리 가라 명령하는 (역사 적) 불순물은 그대로 '불순물'인 채로 시인의 몸 밖으로 튕겨져나간다. 눈 에 들어오는 것들은 일정한 순환적 질서를 지키면서 눈앞에 펼쳐지지만 시 인의 몸은 그것을 따라갈 수 없고 따라가고 싶어하지도 않는다.

시각에 의해서 빨아들일 것, 알갱이로 표면에 남길 것들을 분명하게 구분 하면서 순수한 물(딸)을 포착하는 순간 여지없이 원상 복귀, 계단 위로 올 라오는 아이의 손을 맞잡으며 아무 일도 없었다는 듯이, 한순간 몸통만이 더러워졌을 뿐이라는 듯이, 시치미를 떼면 "엄마 이게 뭐야?" 하고 묻는 아 이에게 "으응 이건 철갑 옷이야"라고 대답한다. 그 간결한 대답은 모든 더 러운 오물을 흡수하고 표면 위에 남겨진 불순물을 그대로 얹어놓은 채 원래 상태로 돌아온 스펀지의 이미지, 바로 그것이다. 오염된 것을 짜내고 원래 의 순수하고 고유한 자신의 모습으로 돌아오기.

빨아들인다/뱉어낸다의 반복이 김혜순 시에서는 열린다/닫힌다의 동작 동사의 중층적인 의미 확대로 나타난다. 그 자동성은 그 중층적인 심연을 채우는 또 다른 의미가 되는 것이다. 그리하여 "문은 닫혔다 열린다/저 어

196

두운 밤을 향해/시신들의 기다림을 향해/[……]/문은 닫혔다 열린다, 눈물도 없이/울고 있는 아이들 앞에서/[……]/감옥의 문은 닫혔다 열린다/죽음의 문은 닫혔다 열린다"(「문」)에서 '닫히고' '열림'은 '빨아들이고' '짜내지는'이라는 동사로 바꾸어도 의미가 통한다. 모든 문은 빨아들임과 동시에 들어오지 못하는 것을 뱉어내는 것이다. 더군다나 죽음 앞에 서 있는 우리네 의식의 문은 이 걸러냄을 계속적으로 반복할 수밖에 없는 것이다. 기억하고 싶은 것, 망각하고 싶은 것, 간직하고 싶은 것, 버리고 싶은 것, 그 모든 총체적인 사유의 갈등은 바로 여기에서 비롯되는 것이리라.

깨끗해지고자 하는 욕망, 오염을 씻어내고자 하는 욕망, 김혜순 시에 나타나는 그 욕망의 결정체는 바로 태어나지 않은, 아니 태어나기를 거부하는 '아이' 이미지에서 절정에 달한다. 그 아이는 아직도 태어나지 않은 아이/얼굴도 이름도 지어지기 전에 나/[……]/태어날 때부터 지금까지 한 발자국도 크지 않는 아이/새파란 아이"(「내가 모든 등장인물인 그런 소설 3」)다.

그런데 그 아이는 원초적인 깨끗함을 지닌, 꿈으로 충만한 태아의 발아기에 있는 아이가 아니다. 그 아이는 이미 늙어버린 늙은이의 품에 안겨 운명이 결정되어 "무서워 무서워" 떨고 있는 가련한 영혼일 뿐이다. 그래서 "우리 엄마 뱃속에서 아직도 눈 못 뜬 아이/나 죽어도 살아 있을 그 아이"는 "봄 여름 가을 겨울은 수억만번 흘렀고/산맥들은 자신의 리듬을 다 연주했다/이름도 얼굴도 삭아버린 그 노인/너무도 늙어 여전히 어린 아기인 그 노인/나 죽어야 비로소 죽을 그 노인" 품에 안겨 "이를 간다." 그 아이는 어디서도 안전하지 못하다.

쥐가
잠에 빠진 흰 토끼를 갉아먹는다
토끼장 밖으로 검은 피가 쏟아진다
[……]

쥐가 요람에 든 새 아가를 갉아먹는다
아가 엄마는 식당에 설거지하러 갔다
쥐가 이제 땅 속에 갓 묻힌
싱싱한 시체의 몸 속으로 드나든다
훔치지 않은 것은 한번도 먹어본 적이 없는 쥐가   —「이 밤에」

식당에 밥벌이 하러 간 어미를 둔 아이는 밤새 쥐 때문에 고통을 받는다. 쥐에게 갉아먹힌 아이는 잠에 빠진 흰 토끼이며 아직 아무것도 훔쳐보지 않았다. 쥐같이 더러운 것은 더러운 것을 지고 다니며 세상에 오물을 뿌려놓는다. 어디에도 안전하지 못한 인간의 운명과 착취의 현실은 아기의 요람 속에서 그대로 재현되고 있다. 결국 갑갑하게 내 속으로 자꾸만 스며드는 오염된 것들과 견디기 힘든 현실은 시인의 의식을 부러뜨리고(fracture), 자르고(fraction), 조각낸다(fragment).

「현기증」은 조각난 의식의 파편들이 어떻게 더러운 넝마들과 조우하는가를 잘 보여준다.

왜 이리 신호가 안 바뀌지?
횡단보도 앞에 멈춰서 있으려니
누군가의 시선이 길 건너편 은행 빌딩
검은 유리창에 매달려 있다
한참 마주 쨰려보니 그게 바로 나다
저 뻬닥하게 선 여자가 바로 나로구나 하고
있는데 까만 그랜저가 지나가고
또 내가 거기 미끈거리는 차체에 들러붙어 있다
왜 이리 신호가 안 바뀌지?
횡단보도 옆 은행나무 잎들이 부르르 떤다

햇빛 받은 이파리 한잎 한잎 수정 거울 같다

징그러워라 거기 잎잎이 노란 거울에

내가 매달려 떨고 있다

〔……〕

눈길 가는 데마다 전부 나다
—「현기증」

　시인을 둘러싸고 있는 사물은 모두 '나'다. 누군가의 시선, 삐딱하게 선 여자, 떨고 있는 은행나무 잎, 너란 거울에 매달린 잎에 나는 여기저기 잘려 나가 있고 조각나 있다. 그 사물의 어떤 부분도 상식적인 차원에서 정상적이지 못하다. 까만 그랜저로 상징되는 물질적인 더러움에 붙어 있는 나는 더럽혀지고 오염된 것들과의 '차이'를 느끼지 못하는 오물을 잔득 머금은 스펀지, 그 자체가 되는 것이다. 이제 나의 욕망은 스펀지에 스며들어 있는 그 더러운 물을 짜서 밖으로 내보내고 한없이 한없이 가벼워지려 한다.

　사랑하는 기계가 불쌍한 이유는 대상이 더러운가 아닌가와 상관없이 닦아주고 헹구는 행위를 반복할 수밖에 없는 운명을 타고났기 때문이다. "화가가 세필을 흔들어/자꾸만 가는 선을 내리긋듯이/그어서 뭉그려진 몸을/자꾸만 일으켜 세우듯이/뭉개진 몸은 지워졌다가/또다시 뭉개지네" 그러면서도 "내 앞에 있으면 좋을 사람에게 말을 거네/——한번만 다시 한번 생각해봐요/더러운 걸레 같은 내 혀로/있으면 좋을 그 사람의 젖은 머리를 닦네"(「비에 갇힌 불쌍한 사랑 기계들」).

　이렇게 시인이 마지막으로 도달한 것은 더러운 혀, 오물을 머금는 스펀지로 불순물을 닦아내는 것밖에는 더러운 현실을 깨끗하게 할 수 있는 방법이 없는 것이다. 사랑하는 사람과 나는 자웅동체이므로 '그'를 닦는 것은 '나'를 닦는 것에 다름 아니다. 그것이 스펀지의 운명이다. 자신의 몸으로 오염물을 닦아내고, 불순물을 짜낸 후 원래 상태로 돌아오기를 반복하는 것, 스펀지로서의 육체, 그 스펀지로 김혜순은 사랑의 지난한 행위를 반복하고 있

는 것이다. 그 극점에 오염된 아이를 깨끗한 상태로 되돌려놓고 싶어하는
어머니로서의 여성이 존재한다. 김혜순 시에서 더럽혀진 세상과 언어를 닦
는 스펀지의 마지막 구원의 이미지는 여성적인 것에 있다. 위태로운 가지를
하늘로 뻗게 하고 꽃을 피우게 하는 그 생명력은 스스로 더러운 스펀지, 그
스펀지는 바로 걸레라는 구체적인 물질로 자신의 육체성을 확보한다.

　　물동이 인 여자들의 가랑이 아래 눕고 싶다.
　　저 아래 우물에서 동이 가득 물을 이고
　　언덕을 오르는 여자들의 가랑이 아래 눕고 싶다.

　　땅 속에서 싱싱한 영양을 퍼올려
　　굵은 가지들 작은 줄기들 속으로 젖물을 퍼붓는
　　여자들 가득 품고 서 있는 저 나무
　　아래 누워 그 여자들 가랑이 만지고 싶다
　　짓이겨진 초록 비린내 후욱 풍긴다

　　가파른 계단을 다 올라
　　더 이상 올라갈 곳 없는
　　물동이들이 줄기 끝
　　위태로운 가지에 쏟아 부어진다
　　허공에 분홍색 꽃이 한꺼번에 핀다

　　분홍색 꽃나무 한 그루 허공을 닦는다
　　겨우내 텅 비어 있던 그곳이 몇 나절 찬찬히 닦인다
　　물동이 인 여자들이 치켜든
　　분홍색 대걸레가 환하다　　　　　　　　　　　　──「환한 걸레」

훼손된 것들을 복원하려고 애쓰는 가련한 사랑 기계의 실체는 "분홍색 대걸레"가 되어 오염을 닦고 있는 원초적인 생명력에 있다. 그 원초적인 생명력은 단순히 아이를 낳고 기르는 여성의 모성애적인 것이 아니다. 말 그대로 살아 있음과 살아남을 통해서 더러운 것들을 밀어내는 숭고한 '살아 있음'인 것이다.

이처럼 김혜순의 시는 현실적으로, 언어적으로 고유한 본래의 상태, 더럽혀지지 않은 태초의 상태를 향해서 입을 벌리고 있다. 환한 걸레가 된 채로. 오염된 것들을 짜내고 자신의 모습으로 돌아온 스펀지의 내성을 모성성의 생명력으로 치환한 채로.

3. 타월로서 시 쓰기

깨끗하건 그렇지 않건 간에 액체를 흡수하고 지우는 것 가운데 또 하나는 타월이다. 타월이 영향을 받는 것은 철저히 주체가 아닌 대상, '이다(est)'이다. 그 작용점은 주체에 있는 것이 아니라 주체에게 영향을 '미치는 것'에 있다. 스펀지와 유사하지만 짜는 방식으로는 도저히 자신의 원래 상태로 돌아올 수 없음. 젖어가면서 더러운 것을 훔치면서 깨끗하게 해주는 비누를 만나지 못하는 한 더러운 것을 계속 닦아야만 하는 운명. 그렇게 타월이 원래 상태로 돌아올 수 있는 방법은 비누에 의해서 깨끗하게 빨리는 것밖에는 달리 길이 없는 것이다.

타월의 상태를 규정하는 것은 타월이 아니라 타월에 묻은 오염된 것이다. 오염된 것에 의해서 타월의 상태는 결정된다. 그러므로 비유 차원에서 타월은 완벽한 자기 동일성 안에 갇혀 있는 주체가 아니라 이것의 불가능함을 아는 주체이다. 욕실에 정돈된 타월처럼 누구나 꺼낼 수 있지만 완전히 깨끗해지기를 거부할 수 있는 주체, 이타적인 것을 한 몸에 지닌 채 껄끄러움을 간직하고 살아갈 수 있는 주체. 그것은 시의, 아니 시인의 또 다른 삶의 모습이다. 스펀지처럼 원래 상태로 돌아오지 못하고 오염을 훔쳐낸 직후의 모습, 그대로의 타월. 그것도 삶을 견디는 우리의 또 다른 모습일 뿐이다.

허수경 시의 주체는 언제든지 꺼내 쓸 수 있는 타월의 모습으로 개어져 있다. 켜켜이 내려앉아 있는 주체의 다양한 층위처럼 저 아래 아주 오래 전에 세탁해서 접어놓은 타월부터 시작해서 지금 막 세탁기에서 꺼낸 타월까지 한눈에 보이는 투명 유리장 안에 놓여 있다. 『내 영혼은 오래되었으나』의 시들은 모두 이렇게 쌓여 있는 타월의 형상을 하고 있다. 시집을 펼치는 순간, 검정 때가 묻은 오래된 타월부터 방금 개어놓은 깨끗한 타월까지, 심지어는 접어놓은 타월과 타월 사이의 '시간'적인 간격까지가 모두 한눈에 들어온다. 그 맑은 장식장을 가진 시인이 바로 허수경이다.

허수경이 빈번하게 사용하는 타월은 여러 겹으로 접혀 있어 더러워지면 뒤집고 또 더러워지면 다시 뒤집기를 반복한다. 그러므로 김혜순 시에서처럼 '내가 죽더라도 살아 있을 아기'의 이미지가 허수경에게는 없다. 왜냐하면 그녀는 더러운 오물을 짜내고 자신으로 돌아오는 스펀지와는 달리 끊임없이 더러워지기만 하는 타월 위에 시를 쓰기 때문이다. 그러므로 세상의 더러움을 닦고 있는 시인의 마음속에 아이는 이미 "시체"일 뿐이다. 지나가는 세월의 흔적은 더러운 것만을 남긴다. 그러므로 "상류에 은어/하류에 말 풀/중류에 아가들의 시체"(「그러나 지나가는 세월도」)는 그 흔적이 만들어 낸 퇴사물일 뿐이다.

허수경 시의 검은색은 죽음과 무덤, 전쟁이나 군인의 이미지를 하고 있다. 그 검은색은 밖으로 빠져나가지 못하고 안으로 스며든다. 타월에 닦인 오염된 물질처럼 "검은 군인"은 안으로 스미는 슬픔이 된다. 갓 태어난 바닷새가 먼저 듣는 것도 생선의 비명이다. 그리고 그 새는 "생선의 비명을 들으며 태어난 바다새가 있었다./아주 오랜 세월이 흘러 유조선이 그 바닷

속에 빠졌고 바다새는 기름 속에서 죽어갔다"(「여관에서 태어난 아이들은」). 깨끗해지지 못한 운명을 타고난 것들은 시커먼 기름에 깔려 서서히 죽어간다.

허수경 시에 나타나는 더러운 것의 실체는 신전이라는 고색창연하지만 현재까지 막강한 위력을 가진 억압적인 대상과 가난, 그리고 뜻대로 되지 않은 사랑이다. 빈곤하게 살아가는 인간을 보며 시인은 "도시전철 안에서 전쟁을 피해온 가수는 노래한다/그의 입 안으로 탱크가 지나가고 탱크 안에는 목 잘린 태아가 웅/크리고 있다. 1마르크에 태아를 구경할 수 있다"(「베를린에서 전태일을 보았다」)고 되뇐다. 1마르크를 내고 듣는 가수의 노래와 그 노래를 부르는 가수의 입 속에는 이미 생명을 거세당한, 또는 전쟁으로 죽어간 아이들의 영혼이 박혀 있다. 시인이 시로 더러움을 닦듯이 가수는 노래로 더러움을 삼킨다. 그 오물이 스며들지 못하고 고스란히 표면에 남아 있음은 허수경의 타월이나 그 가수의 노래나 마찬가지인 것이다. 닦여진 채로 수건에 그대로 묻어 있는 오물처럼 가수의 입 속에는 목 잘린 태아가 걸려 있다.

지나간 세월(시간)을 고스란히 훔쳐내는 타월에는 사랑의 시간적인 층위의 흔적도 그대로 묻어 있다. 그 흔적을 쉽게 지울 수 없는 타월처럼 시인은 쉽게 오염된 것을 망각하지 못한다. "내 영혼은 오래되었으나 장갑차에 아이들의 썩어가는 시체를 싣고 가는 군인의 나날에도 춤을 춘다 그러니까 내 영/혼은 내 것이고 아이의 것이고 내 영혼은 오래되었으나"(「내 영혼은 오래되었으나」), 아니 내 영혼은 오래 기다렸으나 온전히 무뎌지지 못하고, 또한 쉴 곳을 찾지 못한 것이다. 그 오래된 영혼에게 추억은 동일성을 확인하는 안식처가 아니라 썩어가고 있는 공중변소일 뿐이다. 그러므로 시인은 망각과 기억 사이를 오가기보다는 기억 속에 숨겨진 망각의 욕망을 철저하게 제거시키면서 모든 기억을 타월로 닦는다. 타월에 닦인 기억은 썩어가고 있으면서 동시에 '지금' 다시 닦이는 오물과 섞인다. 언어는, 말은, 편지는 그

의미를 그대로 간직한 채 전달되지 못하고 이런저런 것들로 오염되는 것이다. 의미를 덧붙이려고 하면 할수록 근원적인 의미에서 점차 멀어지는 언어처럼, 내 사랑도 그렇다. 그렇게 언어(말)와 사랑은 시간이 지날수록 더러워진다. 그래서 (어느 날 애인들은). "나에게 편지를 썼으나 나는 편지를 받아보지 못하고 내/영혼은 우는 아이 같은 나를 날랜다 그때 나는 갑자기 나이/가 들어 지나간 시간이 어린 무우 잎처럼 아리다 그때 내가/기억하고 있던 모든 별들은 기억을 빠져나가 제 별자리로/올라가고 하늘은 천천히 별자리를 돌린다 어느 날 애인들은/나에게 편지를 썼으나 나는 편지를 받지 못하고 거리에서/쓰러지고 바람이 불어오는 사이에 귀를 들이민다"(「어느 날 애인들은」) 편지를 받지 못했다는 것은 물리적인 의미만이 아니라 편지에 박혀 있는 언어의 심정적인 의미까지를 포함하는 말이다.

언어가 근원적인 의미로 돌아가지 못하는 것에 대한 향수를 포기할 수 없듯이 나는 내 안식처에 대한 갈망을 접을 수 없다. 그러니 언어의 근원적인 의미, 태어나기 이전의 나의 순결함으로 돌아가는 것은 불가능한 것이다.

고향 언저리에서 나지 않는 열매들이 추억을 채우네
이국의 푸성귀들이 내 살을 어루네
사랑은 뜻대로 되지 않았으며
입술은 사랑의 노래로 헤어졌네
과거는 소멸되지 않았으나 우리는 소멸했네

오 오 나는 추억을 수치처럼 버리네
내 추억에서 나는 공중변소 냄새

　　　　　　　　　　　　—「그날의 사랑은 뜻대로 되지 않았네」

밤 또한 편안한 안식처가 아니다. 오히려 더럽고 추한 것들이 검은색의 베일을 쓰고 여기저기서 두더지처럼 얼굴을 내미는 시간이자 공간이다. 잠드는 것은 그런 오물을 뒤집어쓰고 누워 있는 것뿐이다. 밤은 흐르지 못하고 고이고 썩는다. "밤이었구요 공중에서 흐르는 것들은 아팠는데요/〔……〕/밤이었구요/흐르는 것의 몸이 흐르지 못한"(「연등 아래」) 채 그대로 머물러 있다. 중심으로 흘러들어가지 못하는 주변인, 이방인 의식이 강한 허수경에게 있어서 도시는 서울이건 베를린이건 간에 "자본이 소유해낼 수 있는 꿈을 가졌으면 좋으련만 빌어먹을"(「표정 1」) 꿈이 너무도 커서 "자본"을 가지고도 해결할 수 없는 것이란 총체적인 의미를 갖는다.

그녀는 타월로 더러워진 육신, 창녀의 몸을 닦고(「도시의 등불」) 고향을 떠나와 도시를 배회하는 아가씨의 무표정한 얼굴과 자본 밖을 벗어난 꿈을 닦는다. 그러고 난 후 그녀의 타월에는 "시커멓게 박히는 것들, 시커멓게 박혀/박혀 진저리/박혀 눈 부릅뜨다/아무것도 뵈지 않아 진저리/산천은 잎을 벌리고/받아내네요 들리나요/갤 것 같지 않는/막막한/막막한 너머의 주저앉은 것들"(「거름비」)이 그대로 묻어나는 것이다. 절대 밖으로 빠져나오지 못하고 들러붙어 있는 오염된 것들. 원래 상태로 회복될 수 없는 타월의 운명.

결국 허수경에게 있어서 시란 더럽고 추악한 오물들을 닦고 훔치면서 깨끗하게 빨아줄 비누를 필요로 하는 타월 같은 것이다. 그러나 허수경 시에는 그 비누의 구체적인 대상이나 상징은 전혀 드러나지 않는다. 허수경의 오래된 영혼의 시는 더러운 것을 닦다가 찢기기도 하고 헤어지기도 하면서 "먹고" "눕고"를 반복한다. 그것이 "낫을 가져다 내 허리를 찍어라/찍힌 허리로 이만큼 왔다 낫을/가져다 내 허리를 또 찍어라/또 찍힌 허리로 밥상을 챙긴다//비린 생피처럼 노을이 오는데/밥을 먹고/하늘을 보고/또 물도 먹고/드러눕고"(「詩」)를 반복하지만 결코 어떤 구원과 희망을 말하지 않는다는 것이다.

그러므로 김혜순이 마지막에 도달한 스펀지의 오물을 닦아줄 원초적인 생명력이 허수경 시에는 완전히 거세되어 있다. 오래 전에도 그랬듯이 삶을 연장시키는 것은 희생과 노동을 강요하는 고통스러운 현실적인 여건뿐이다. 이것이 어쩔 수 없이 생명을 붙들게 하고 육체를 움직이게 한다. 하여 허수경에게 여성이란 존재는 더러운 하늘을 닦아줄 숭고한 걸레가 아닌, "생산기계," 밤낮으로 일하는 노동자일 뿐이다("여자들은 밤에도 낮에도 일을 했네/물과 피로 이루어진 생산기계/공장은 삶은 과일들의 자궁/여자들의 흰 손이 양수 속을 헤엄쳐 다니네"「그 옛날 공장은 삶은 과일들의 자궁」). 그러니까 자본과 노동의 생산자로서의 여성은 더러운 오물을 대변하는 매개이지 이를 정화시키고 새로운 꽃을 피워낼 희망의 의미를 담지하고 있지 않다는 것이다. 그 깨달음의 순간 허수경은 "나의 어머니, 당신은 왜 더 이상 대지가 아닌가"(「붉은 노래」)라고 반문한다.

이처럼 허수경에게 여성은 순수하지도 않고 숭고하지도 않은 단지 세속과 자본의 생산 논리에 더럽혀지고 더럽혀진 "생산기계"에 불과한 것이다. 그 절망 속에서 허수경은 오염된 타월을 깨끗한 고유성의 상태로 되돌려줄 그 무엇을 찾고 있는 중이다. 더럽혀진 타월을 차곡차곡 쌓으면서.

4. '처녀성 파기'로서의 시 쓰기: 시의 음화적 진정성

순수한 근원에 대한 향수가 내포하고 있는 것, 즉 더럽기도 하고 깨끗한 이중성을 파헤치는 시 쓰기는 모든 근원의 자기 동일성, 또는 자기 현존성을 가진 고정된 불변체를 지향하지 않는다. 단지 이질적인 이타성 속에서 지연되는 불연속적인 배회를 계속적으로 반복한다. 그것은 물이 있기 때문에 생기는 갈증 같은 것이며, 시란 바로 그 갈증에 다름 아닌 것이다. (비누가 나타나기 전까지) 다시 깨끗해질 수 없는 스펀지나 타월의 운명처럼 오물을 닦고 짜내고 스스로 천박해지기를 자처하면서 암실에서 고통스럽게 현상되는 것이 시다. 아니 시 '쓰기'다. 시 쓰기가 언어적 순결함과 깨끗함을 지향하는 것은 그것이 영원히 불가능할지도 모른다는 절망에서 비롯된 것이다. 시를 쓰는 행위 자체가 어떤 측면에서 해방이 될 수 있는 것은 일정한 형태로, 또는 다시 깨끗해질 수 있는 어떤 것으로도 환원이 불가능하다는 사실 자체를 이미 인정하고 있기 때문에 가능한 것이다. 중층적인 심연에 쌓여 아무것도 가진 것이 없는 텅 빈 나를 만들고자 하는 욕망은 그 절망에서부터 시작된다.

따라서 시인이 말에 대해서 느끼는 무력감은 시인에게 숨을 끊게 만들고 말을 빼앗아가버리는 실어증에 걸리게도 한다. 그것은 시인이 오물을 닦는 스펀지와 타월을 잃어버린 것과 똑같다. 더러운 것을 닦으면서 개념적인 질서 또는 비개념적인 질서의 위치를 바꾸는 형식, 바로 시어만이, 아니 시만이 가능한 것이다. 자신이 타자로서 말하면서 자신의 시체를 들여다볼 수 있는 해체의 메커니즘은 그 살점을 파먹으면서 증식하는 것이다.

인간 속에 유전되어온 범죄와 고통의 부담을 표현하기 위해서 의도적으로 고안된 차갑고 잔인하고 냉정한 어머니처럼 시인은 타자의 가면을 쓴다. 그 가면이 김혜순에게는 스펀지, 허수경에게는 타월의 얼굴을 하고 있는 것이다. 김혜순 시의 내성이 스펀지처럼 더러움을 생명력으로 닦아낸 후 원래 상태로 돌아오는 것에 있다면 허수경 시의 경우에는 오염을 닦고 넝마가 된 타월을 깨끗하게 빨아줄 무엇인가를 기다리는 간절함으로 채워져 있다.

이처럼 더럽혀지고 오염된 것은 말의 '의미'이기도 하면서 동시에 깨끗해져야 하는 몸의 은유이기도 하다. 더럽혀진 '말'과 '몸'을 동시에 다시 깨끗하게 하기란 시의 자기 정체성을 벗어나 갈가리 찢겨진 자신의 몸, 분열을 감수하면서 계속 깨끗한 물에 헹구기를 반복해야 하는 운명, 그래서 무의미한 것 속에서 스스로 의미를 만들어가는 과정, 그것은 언어가 희구하는 것이자 동시에 시인이 욕망하는 것이리라. 그 욕망의 끝에서 김혜순은 '여성'이란 전언의 고유성(불쌍한 사랑기계)을 찾았고 허수경은 그 '여성'이란 고

유성(생산하는 기계) 자체도 더럽혀진 무엇에 지나지 않는다고 말하면서,
다른 어떤 것을 기다리고 있는 중이다. 그 절망이 어떤 대상을 통하여 구원
에 이르게 될지가 자못 궁금할 뿐이다.